U0113354

"十三五"国家重点出版物出版规划项目

《一带一路沿线国家法律风险防范指引》系列丛书

一带一路沿线国家法律风险防范指引

Legal Risk Prevention Guidelines of One Belt One Road Countries

（尼日利亚）

Federal Republic of Nigeria

《一带一路沿线国家法律风险防范指引》系列丛书编委会　编

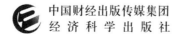

中国财经出版传媒集团

经济科学出版社

图书在版编目（CIP）数据

一带一路沿线国家法律风险防范指引. 尼日利亚/
《一带一路沿线国家法律风险防范指引》系列丛书
编委会编. —北京：经济科学出版社，2017.12
　（《一带一路沿线国家法律风险防范指引》系列丛书）
　ISBN 978 - 7 - 5141 - 8704 - 5

　Ⅰ.①一…　　Ⅱ.①一…　　Ⅲ.①法律 - 汇编 - 世界
②法律 - 汇编 - 尼日利亚　Ⅳ.①D911.09②D943.7

　中国版本图书馆 CIP 数据核字（2017）第 287222 号

责任编辑：程憬怡
责任校对：王苗苗
版式设计：齐　杰
责任印制：潘泽新

一带一路沿线国家法律风险防范指引（尼日利亚）

《一带一路沿线国家法律风险防范指引》系列丛书编委会　编

经济科学出版社出版、发行　新华书店经销

社址：北京市海淀区阜成路甲 28 号　邮编：100142

总编部电话：010 - 88191217　发行部电话：010 - 88191522

网址：www. esp. com. cn

电子邮件：esp@ esp. com. cn

天猫网店：经济科学出版社旗舰店

网址：http：//jjkxcbs. tmall. com

固安华明印业有限公司印装

710 × 1000　16 开　18.5 印张　240000 字

2017 年 12 月第 1 版　2017 年 12 月第 1 次印刷

ISBN 978 - 7 - 5141 - 8704 - 5　定价：48.00 元

《一带一路沿线国家法律风险防范指引》
系列丛书

编委会名单

（尼日利亚）

主　任：肖亚庆

副主任：王文斌　郭祥玉

委　员：（按姓氏笔画为序）

于腾群　王书宝　卢新华　衣学东　李宜华

肖福泉　吴道专　张向南　欧阳昌裕

周永强　周法兴　高　洁　傅俊元

本书编写人员：（按姓氏笔画为序）

王寅玮　吴林霞　沙　烨　房　莹

咸海生　秦铁平　梅　婕

编 者 按

习近平总书记统筹国内国际两个大局、顺应地区和全球合作潮流，提出了"一带一路"重大倡议。这一重大倡议引起世界各国特别是沿线国家的广泛共鸣，60多个国家响应参与，"一带一路"建设取得了丰硕成果，为促进全球经济复苏和可持续健康发展注入了新的活力和动力。中国企业积极投身"一带一路"沿线国家基础设施建设、能源资源合作、产业投资和园区建设等，取得积极进展。中央企业充分发挥技术、资金、人才等方面的优势，先后参与合作项目近2 000个，在创造商业价值的同时为当地经济社会发展作出了重要贡献。

党的十九大指出，要以"一带一路"建设为重点，坚持"引进来"和"走出去"并重，遵循共商共建共享原则，加强创新能力开放合作，形成陆海内外联动、东西双向互济的开放格局。习近平总书记在"一带一路"国际合作高峰论坛上提出，要推进"一带一路"建设行稳致远，迈向更加美好的未来。《"一带一路"国际合作高峰论坛圆桌峰会联合公报》明确了法治在"一带一路"建设中的重要地位和作用，强调本着法治、机会均等原则加强合作。中国企业参与"一带一路"建设的实践充分证明，企业"走出去"，法律保障要跟着"走出去"，必须运用法治思维和法治方式开展国际化经营，进一步熟悉了解沿线国家的政策法律环境，妥善解决各类法律问题，有效避免法律风险。

尼日利亚

为此，我们组织编写了《一带一路沿线国家法律风险防范指引》系列丛书，系统介绍了"一带一路"沿线国家投资、贸易、工程承包、劳务合作、财税金融、知识产权、争议解决等有关领域法律制度，提示了法律风险和列举了典型案例，供企业参考借鉴。

在丛书付印之际，谨向给予丛书编写工作支持和帮助的有关中央企业领导、专家及各界朋友表示衷心的感谢。

《一带一路沿线国家法律风险防范指引》
系列丛书编委会
2017 年 12 月 20 日

目　　录

第一章　尼日利亚法律概况 ·············· 1

第一节　尼日利亚概况 ·················· 1

第二节　法律渊源和部门法体系 ·········· 19

第三节　国内主要法律制度 ·············· 25

第四节　国际法律制度 ·················· 39

第二章　尼日利亚投资法律制度 ·········· 45

第一节　尼日利亚投资法概述 ············ 45

第二节　投资的监管与审批 ·············· 68

第三节　投资风险与防范 ················ 83

第三章　尼日利亚贸易法律制度 ·········· 90

第一节　尼日利亚贸易管理体制 ·········· 90

第二节　尼日利亚对外贸易法律体系及

　　　　基本内容 ···················· 95

第三节　与尼日利亚进行贸易的法律

　　　　风险与防范 ·················· 103

第四章　尼日利亚工程承包法律制度 ······ 114

第一节　在尼日利亚进行工程承包的方式和

　　　　业务流程 ···················· 114

尼
日
利
亚

1

第二节　尼日利亚工程承包相关立法及

　　　　管理制度 ……………………………………… 119

第三节　尼日利亚工程承包的法律风险与防范 ……… 120

第四节　典型案例 …………………………………… 126

第五章　尼日利亚劳工法律制度 ……………… 133

第一节　尼日利亚劳工法及基本内容 ……………… 133

第二节　尼日利亚劳务合作的主要法律 …………… 145

第三节　尼日利亚劳务合作的法律风险与防范 ……… 149

第六章　尼日利亚财税金融法律制度 ………… 155

第一节　尼日利亚财税金融体系 …………………… 155

第二节　尼日利亚财税金融法律制度 ……………… 160

第三节　尼日利亚财税金融法律风险与防范 ………… 181

第四节　典型案例 …………………………………… 194

第七章　尼日利亚争议解决法律制度 ………… 205

第一节　尼日利亚国家争议解决法律

　　　　制度概述 ……………………………………… 205

第二节　诉讼制度 …………………………………… 211

第三节　仲裁制度 …………………………………… 217

第四节　争议解决的国际法机制 …………………… 225

第五节　典型案例 …………………………………… 232

第八章　尼日利亚其他法律风险防范提示 …… 237

第一节　国家安全审查 ……………………………… 237

第二节　外国投资者的待遇标准 …………………… 243

第三节　外交保护 …………………………………… 246

第四节　特许协议 …………………………………… 250

目　录

第五节　国有化问题 ……………………………………… 261

第六节　特殊性问题 ……………………………………… 263

附录一：尼日利亚主要法律法规 ………………………… 270

附录二：尼日利亚部分政府部门和相关机构 …………… 276

附录三：能够为中国企业提供咨询的机构 ……………… 278

参考文献 …………………………………………………… 280

后记 ………………………………………………………… 286

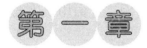

尼日利亚法律概况

第一节　尼日利亚概况

一、国家象征

尼日利亚，全称尼日利亚联邦共和国（The Federal Republic of Nigeria），首都阿布贾（Abuja），是非洲第一人口大国，也是非洲第一大经济体。

尼日利亚国旗呈横长方形，长宽之比为2:1。自左至右由绿、白、绿三个相等的垂直长方形组成。绿色象征农业，白色象征和平与统一。

尼日利亚国徽以黑色盾徽上的一个白色波纹状"Y"字母为中心图案。字母"Y"形象地表明尼日尔河与贝努埃河在尼日利亚境内的融汇交融，纯黑的底色代表两河沿岸的千里沃土，盾徽两侧昂然挺立的白马是国家尊严的标志，顶端的红色凝聚着民族的力量，一条黄色饰带跨过国徽下端的美丽田园，上面用英文写着尼日利亚格言："团结与忠诚"。

尼日利亚国歌是《同胞们起来，响应尼日利亚号召》。

二、地理环境①

（一）地理位置

尼日利亚位于西非东南部，南濒大西洋几内亚湾，北邻尼日尔，西接贝宁，东靠喀麦隆，东北隔乍得湖与乍得相望。国土面积 92.38 万平方公里，海岸线长 800 公里。

尼日利亚全境地形复杂多变，地势北高南低。沿海为宽约 80 公里的带状平原；南部为低山丘陵，海拔 200～500 米；中部为尼日尔—贝努埃河谷地；北部豪萨兰高地超过全国面积的 1/4，海拔 900 米；东部边境为山地，西北和东北分别为索科托盆地和乍得湖湖西盆地。

尼日利亚河流众多，尼日尔河及支流贝努埃河为主要河流，尼日尔河在境内长 1 400 公里。

（二）气候特点

从植被分布看，尼日利亚南部为热带雨林，北部为热带稀树草原。尼日利亚属热带草原气候，总体高温多雨。全年分为雨季和旱季，全年平均气温为 26～27℃，沿海地区平均气温为 32.2℃，最北部可达 40.6℃。

---

① 中华人民共和国驻尼日利亚大使馆经济商务参赞处：《尼日利亚概况》，http：//nigeria. mofcom. gov. cn/article/ddgk/，最后访问日期 2017 年 7 月 20 日。

（三）自然资源

尼日利亚自然资源丰富，已探明具有商业开采价值的矿产资源30余种，主要有油、天然气、煤、石灰石、大理石、铁矿、锌矿以及锡、铌、钽和铀等。尼日利亚是非洲第一大产油国、世界第十大石油生产国及第七大原油出口国。已探明天然气储量达5.1万亿立方米，居世界第9位。已探明高品位铁矿石储量约30亿吨，天然沥青储量420亿吨，优质煤矿预测储量27.5亿吨，是西非唯一产煤国。

（四）行政区划及主要城市

尼日利亚全国设联邦、州和地方三级政府。1996年重新划分行政区域，全国划分为1个联邦首都区、36个州以及774个地方政府。

阿布贾（Abuja）是尼日利亚的新首都，坐落于尼日尔州境内，位于尼日利亚地理位置中心，面积7 315平方公里。20世纪70年代尼日利亚政府为加强联邦政府与各地区、各民族的联系，并解决原首都拉各斯（Lagos）规模过大所带来的问题，决定迁都到此，并划定联邦首都区范围，1991年建成。随着中央机构的迁入，带来了大量就业机会，阿布贾商业发达程度虽然不能和旧首都拉各斯比，但生活也很便利。阿布贾处在基督教和伊斯兰教在尼日利亚的分界线上，文化呈现多元化。

拉各斯位于国境西南端，几内亚湾沿岸，面积740平方公里。从殖民时代起就是尼日利亚的首都，是尼日利亚经济、商贸、金融、航运中心，西非第一大城市，也是西非中国人最多的城市。

卡诺（Kano）是尼日利亚北部最大城市，也是豪萨人的最大聚居地和精神故乡，是伊斯兰教传入豪萨地区的最早据点，豪萨语的通用程度超过英语。卡诺古城格局保留完好，是尼日利亚最具历史感的城市。

三、历史沿革

尼日利亚是一个多民族的国家，其历史可以追溯到史前时代。公元 1000 年前后，很多部落已经具有鲜明的政治特征，先后出现了贝宁、奥约、豪萨城邦和加涅姆—博尔努等诸多王国。这一时期各邦国主要依赖农业、手工业和贸易，生产出高质量的陶器、木器和皮革产品，供消费和贸易。[1]

在很长一段时间，尼日利亚北部地区一直受益于同西苏丹、撒哈拉、北非等地的贸易往来。在贸易往来中，伊斯兰教开始在北部的豪萨城邦和加涅姆—博尔努王国传播，国王们皈依了伊斯兰教，也鼓励臣民皈依，还建立伊斯兰学校，推行伊斯兰法（沙里亚法）。1804 年尼日利亚北部爆发伊斯兰革命，建立了强大的哈里发王国，推动了伊斯兰文化在尼日利亚的传播。[2]

不同于北部地区与北非密切的贸易关系，尼日利亚南部自 15 世纪开始与欧洲建立起联系。15 世纪中叶，葡萄牙人首先登上贝宁南部海岸，用廉价的欧洲产品换取象牙和胡椒。16 世纪英国、法国等更多国家侵入尼日利亚，重点开展奴隶贸易。尼日利亚成为非洲受奴隶贸易影响最严重的地区之一。在奴隶贸易过程中，欧洲语言传播到尼日利亚，与本地语言相混合形成了皮钦语，基督教也开始在尼日利亚南部迅速传播。[3] 18 世纪开始，英

---

① 托因·法洛拉：《尼日利亚史》，中国出版集团 2010 年版，第 11 页。
② 托因·法洛拉：《尼日利亚史》，中国出版集团 2010 年版，第 28 页。
③ 托因·法洛拉：《尼日利亚史》，中国出版集团 2010 年版，第 30 页。

国逐渐在几内亚湾建立起优势地位。19 世纪中叶,英国借口禁止奴隶贸易,开始干涉尼日利亚地方事务。1861 年,拉各斯成为英国的殖民地。1914 年,尼日利亚沦为英国殖民地。英国的侵略扩张,遭到了尼日利亚各族人民的英勇反抗。1960 年 10 月 1 日,尼日利亚宣布独立,并成为英联邦成员国。1963 年 10 月 1 日,成立尼日利亚联邦共和国。

尼日利亚独立后,多次发生军事政变,长期由军人执政。1993 年 11 月,以阿巴查为首的军政府接管政权。1998 年,阿巴查突发心脏病猝死,国防参谋长阿布巴卡尔接任国家元首,制定还政于民计划。尼日利亚现任总统穆罕默杜·布哈里(Muham-madu Buhari)于 2015 年 5 月就职。

四、政治环境[①]

(一)政治制度

尼日利亚实行三权分立的政治制度,立法权、司法权和行政权相互独立,相互制衡。根据尼日利亚 1999 年宪法,尼日利亚实行联邦制,设立联邦、州和地方三级政府。

(二)国民议会

国民议会由参、众两院组成,议员由直接选举产生,任期四年,可连选连任。参议院 109 席,由每州的 3 名参议员和首都区 1 名参议员组成,众议院 360 席。

---

① 中华人民共和国驻尼日利亚大使馆:《尼日利亚之窗:国家概况》,http://ng. chineseembassy. org/chn/nrlyzc/gjgk/,最后访问日期 2017 年 7 月 20 日。

（三）政府

尼日利亚政府设立联邦执行委员会，即内阁，由总统、副总统、各部部长和国务部长组成。总统是国家最高行政长官，领导内阁。总统由直接选举产生，任期 4 年，连任不得超过两届。尼日利亚现任总统为布哈里。下一届总统大选将于 2019 年 2 月举行。

（四）司法机构

联邦设有最高法院、上诉法院和高等法院，各州设高级法院，地方政府设地方法院。有的州还设有习惯法上诉法院。

（五）外交关系

尼日利亚奉行广泛结好、积极参与国际事务、促进和平与合作的外交政策。长期执行以非洲为中心的外交战略，推动西非地区经济一体化进程并参与联合国和非洲地区组织的维和行动，力图发挥地区大国作用。重视发展同美国、英国等西方大国关系。

尼日利亚与中国长期友好，关系发展平稳。1971 年 2 月两国正式建立大使级外交关系。近年来，两国高层交往频繁，经济合作加快发展，在国际事务中相互支持，密切合作。2006 年两国确立战略伙伴关系。

（六）主要党派

尼日利亚共有 50 多个注册政党，其中主要政党有：全体进步大会党、人民民主党。全体进步大会党是现行执政党。人民民主党曾是尼日利亚政坛影响力最大的党，在尼日利亚北部、总部和东南部地区影响较大。

五、经济环境[①]

（一）总体情况

尼日利亚是非洲第一大经济体，在非洲具有举足轻重的地位。尼日利亚原为农业国，20世纪70年代起成为非洲最大的产油国。石油业是尼日利亚支柱产业，其他产业发展滞后。粮食不能自给，基础设施落后。1992年尼日利亚被国际货币基金组织（IMF）列为低收入国家。1995年起政府对经济进行整顿，取得一定成效。

近几年受油价下跌影响，尼日利亚经济陷入衰退。2016年尼日利亚经济更是降至25年来最低点，经济首次出现萎缩，失业率攀升，贫困率增加。根据尼日利亚国家统计局最新公布的数据，2016年尼日利亚国内生产总值67.98万亿奈拉，比上一年增长 - 1.51%。2017年一季度，国内生产总值（实际GDP）18.3万亿奈拉，同比增长 - 0.52%，环比上升1.21%，是自2016年一季度以来连续第五个季度出现经济收缩；2016年四季度，失业率攀升至14.2%，是2014年四季度以来连续第9个季度上升。在2017年1月15日召开的"世界经济展望"会议上，国际货币基金组织（IMF）确认尼日利亚经济已从衰退中复苏，预测2017年经济增长率为0.8%，2018年增长率为2.3%。该预

---

① 中华人民共和国驻尼日利亚大使馆经济商务参赞处：《尼日利亚经济》，http：//nigeria. mofcom. gov. cn/article/e/，最后访问日期2017年7月24日。

测较 2016 年 10 月 IMF 预测的 0.2％ 和 0.7％ 有所改善，究其原因是尼日利亚安全形势改进使原油产量增加。2017 年 9 月，全世界最大的评级机构标准普尔（S&P）将尼日利亚主权信用评级定为 B/B，前景稳定。标准普尔指出，进入 2017 年，尼日利亚经济得益于石油行业回暖，带来了稳定的外汇与财政收入，预计未来 12 个月将有较快增长。但其经济财富水平仍处在低位，外部局势疲软，实际人均国内生产总值增长率低于同水平经济体，未来政策不明朗。博科圣地的零星袭击以及尼日尔三角洲的紧张局势，都对其评级有较大影响。

（二）石油天然气

石油天然气是尼日利亚最核心产业，油气收入是尼日利亚最重要的经济收入来源，为尼日利亚贡献了约为 90％ 的外汇收入和 70％ 的财政收入。

虽然油气产业是尼日利亚经济重中之重，但尼日利亚油气下游行业发展落后，国内炼化能力不足，燃油严重依赖进口。尼日利亚国家石油公司尝试多种办法解决燃油短缺问题，但到目前为止，都以失败告终。

尼日利亚南部三角洲一带输油管线频遭武装破坏，导致原油产量大幅下降。据统计，2016 年前三个月，尼日利亚全国输油管线遭遇破坏点有 959 处，较去年同期的 768 处破坏点上升 25％。

（三）制造业

尼日利亚制造业发展水平低，多数工业制品仍依赖进口。纺织、车辆装配、木材加工、水泥、饮料和食品加工等行业大多集中在拉各斯及其周围地区。据尼日利亚制造业专家的研究报告，受宏观经济等因素影响，2016 年尼日利亚制造业总体状况不佳，目前未出现明显好转迹象。2016 年，纺织服装鞋帽行业的增长率由 2013 年的 34% 降至 -1%；基本金属与钢铁行业由 2013 年的 13% 降至 1%；木材及木材制品行业的增长率由 2013 年的 9% 降至 -4%；化工行业增长率由 50% 降至 1%。

制造业下滑原因是多方面的，包括经济环境总体恶劣、缺少本地产原材料、燃油费用高企、假冒伪劣产品充斥市场、高进口关税以及社会安定状况不佳、信贷利率居高不下、外汇短缺、交通及电力基础设施落后、缺少现代设备及走私猖獗等。

（四）农业

尼日利亚是传统的农业国，棉花、花生、棕榈油、可可等许多农产品在世界上居领先地位。随着石油工业的兴起，农业迅速萎缩，产量大幅下降。近年来，石油经济辉煌不再，依赖单一石油经济的财政税收支柱坍塌，使经济一直徘徊在历史最低谷。尼日利亚政府下大决心实现经济多元化，农业综合经济和农业相关产业的发展再次被提至历史高度。政府为鼓励农业发展及青年从事农业生产出台了很多优惠与支持措施，取得了显著效果。随着尼日利亚政府加大对农业投入，农作物产量有所回升。据尼日利亚央行公布的数据，2016 年一季度农业在国内生产总值中所占比重为 24.18%，超过了制造业和油气产业的比重。

全国 70% 的人口从事农业生产。可耕地 7 080 万公顷，其中48% 为已耕地。木薯年产量超过 5 000 万吨，位居世界第一。大米、小麦、玉米等粮食不能自给，仅大米消费缺口就高达 400 万吨/年。2012～2014 年，尼日利亚农业领域共吸引外资 60 亿美元，主要投向化肥、种子、家禽业和棕榈油、水稻生产等领域。

（五）固体矿

尼日利亚矿产资源丰富，全国 36 个州 350 个不同地点分布

44 种重点矿种。富有的矿产资源相对应的是极端低下的开采和利用能力，而采矿业在 GDP 中所占比例极低。尼日利亚已探明的天然沥青储量约为 420 亿吨，几乎是石油储量的两倍，可是目前绝大部分筑路用的沥青却仍然依赖进口。类似的情况屡见不鲜，坐拥宝山却无宝可用，"尼日利亚资源丰富"变成了一个听起来很美的神话。

布哈里政府上台后，提出去石油经济单一化，发展经济多元化，并将农业和固体矿产业作为未来经济发展重点，但固体矿产目前仍未见多大起色。2015 年，尼日利亚矿业收入仅为 4 000 亿奈拉，且非法采矿现象严重，据测算每年因非法采矿损失至少 4 万亿奈拉。目前，尼日利亚政府正在加强打击非法采矿行为，禁止原矿物资出口。

（六）基础设施

作为西非第一大国，尼日利亚的基础设施状况有待改善。近年来，尽管尼日利亚各级政府在基础设施领域投入了许多资金，但效果并不明显。落后的基础设施已经成为尼日利亚经济和社会发展的瓶颈。

铁路：总长 3 742 公里，其中 3 505 公里为 1.067 米轨距的单轨线。因年久失修，运行能力低。国家铁路公司在 15 个州有 270 个车站。2012 年客运量为 410 万人次。全国 70% 的机车需要修理和更新。2006 年 8 月，尼政府宣布用 25 年完成铁路现代化改造，计划到 2043 年新建铁路 6 000 公里。近年来，尼日利亚积极推进铁路项目建设。2016 年 7 月 26 日，从阿布贾开往中部城市卡杜纳的阿卡铁路正式通车，这是尼日利亚第一条现代化铁路，由中国土木工程集团公司负责设计和施工。

公路：总长 194 394 公里，其中联邦政府负责修建的第一级主干道公路总长约 32 980 公里，由州政府出资修筑的第二级公路总长约31 040公里，由地方政府修建的第三级简易公路总长约129 980公里。三级公路已基本形成一个连接首都阿布贾和各州首府的交通网，利用率逾90%。公路运输分别占国内货运量的95%和客运量的96%。由于雨季影响和缺乏维护等原因，尼日利亚东南部和西北部公路段情况较差，路面毁损严重，尤其乡村地区道路状况极差。目前尼日利亚与周边国家尚未形成有规模的、整体性的公路网络。

水运：尼日利亚濒临几内亚湾，海岸线长800公里，优越的地理条件为其海运发展提供了得天独厚的条件。海运在经济发展中起着举足轻重的作用。尼日利亚有8个主要海港、11个油码头、102个码头泊位。2006年尼日利亚港口实施私有化，货物吞吐量从4 200万吨增长至2012年的7 709万吨。尼日利亚海运贸易约占西非地区的68%。尼日利亚海港设备较为先进，西非许多国家和地区的进出口贸易也通过尼日利亚港口来完成。拉各斯港是西非最繁忙、最大的港口，每年有几十家航运管理公司的上千条货轮在此港口卸货，中国出口到尼日利亚的货物大多数运到此港。尼日利亚内河通航河流有12条，承担内河航运的主要是尼日尔河和贝努埃河，内河航线总长约3 000公里。由于缺乏投入和河流淤塞等原因，尼日利亚水运并不发达，主要服务于东南部尼日尔三角洲地区。

空运：尼日利亚全国共有机场22个，皆隶属于尼日利亚联邦机场管理局，承担全国全部的商业旅客运输和货物运输。这些机场主要分布在各州首府和联邦首都区，其中拉各斯、阿布贾、哈克特和卡诺国际机场是尼日利亚通往世界的窗口。卡塔尔航空公司、阿联酋航空公司、荷兰航空公司、法国航空公司、英国航空公司、土耳其航空公司以及德国汉莎航空公司等均开通了从中国到尼日利亚的航线。尼日利亚航空公司是国有航空公司，曾开设多条国内和国际航线，但由于经营不善导致亏损严重。另有国内的几家私营航空公司，从事国内航线及少量国际航线经营。

2012 年 6 月，Dana 航空公司发生重大坠机事故，机上及地面共 193 人死亡。

管道运输：有 5 000 公里长的输油管道，将各炼油厂和部分港口、油井和储油库相连。

通信：目前，尼日利亚共有 10 家移动电话网络运营商，服务几乎覆盖全国。据尼日利亚通信委员会（NCC）发布的报告，截至 2016 年 1 月，尼日利亚活跃电信用户数量 1.51 亿，环比增加 34.05 万个。国际电信联盟 2011 年发布的统计报告显示，尼日利亚网民数量高达 4 500 多万人，排名非洲第一、世界第十，占全非洲互联网数量的 39.6%。尼日利亚有数量众多的互联网服务运营商，各运营商价格和服务质量存在较大差异，但价格普遍偏高，速度相对较慢。据尼日利亚当地媒体报道，2017 年尼日利亚对信息通信技术（ICT）基础设施投入将达到 410 亿奈拉，增幅达到 50%。尼日利亚国有企业银河骨干网（Galaxy Backbone）的预算提高 30%，达到 40 亿奈拉，其他国有资金支持的 ICT 公司投入增加的比例也类似。现在，尼日利亚正试图从近 20 年来的经济最低迷期走出来。发展 ICT 行业，不仅可增加税收，还可带动经济综合发展。同时加快政府管理朝着数字化转变，提高政府部门工作效率及透明性，打击政府腐败顽疾，促进投资环境的改善。

电力：尼日利亚电力供应非常落后。截至 2014 年底，尼日利亚境内电力装机容量为 1 040 万千瓦，有 22 座火电站和 4 座水电站，火电站总装机容量为 846 万千瓦，水电站总装机容量为 194 万千瓦。但可利用的电力仅约 300 万千瓦，需求缺口巨大，全国约 55% 的居民无电可用。尼日利亚电网与周边国家几无互联互通。尼日利亚现有发电量约有 61% 来自火电，31% 来自水电，且多数发电设备陈旧，缺乏应有的维护和保养。电力供需矛盾成为阻碍尼日利亚经济发展的主要问题之一。尼日利亚政府下一步拟重点提升电力供应水平，虽然尼日利亚天然气资源丰富，但天然气对电厂供应不足，成为制约其电力业发展的一大瓶颈。

（七）外国资本及外国援助

尼日利亚主要外资来源国有美国、英国、中国、荷兰、南非等。除油气行业外，吸引外资重点领域还包括交通、电力、电信、金融业、农业、矿产开发、制造业、服务业等产业和国有企业私有化。

主要援助方为国际组织和西方国家，受援领域主要为医疗、减贫、教育等。联合国是尼日利亚最大援助方，占尼日利亚实际受援总额一半以上。美国国际开发署向尼日利亚累计提供 4.22 亿美元。欧盟向尼日利亚累计提供 3.74 亿美元。非洲开发银行自 1971 年以来，共向尼日利亚提供约 20 亿美元优惠贷款，已建成项目 30 个，涉及公共设施、工农业等。

六、社会文化环境[①]

（一）人口

尼日利亚人口总数约为 1.8 亿，是非洲第一人口大国。尼日利亚人口分布不均衡，南部雨林区和北部草原区人口较多，尤其是南部沿海地区和三角洲地区，面积约占国土面积的 20%，却居住着全国近一半的人口。中部地区人口相对稀少。当地华人约 6.5 万人，主要集中在拉各斯、卡诺、阿布贾等城市。

---

① 商务部：《对外投资合作国别（地区）指南（尼日利亚 2016 版）》，http：//fec. mofcom. gov. cn/article/gbdqzn/upload/niriliya. pdf，最后访问日期 2017 年 7 月 25 日。

（二）语言

英语是尼日利亚的官方语言，同时广泛使用的本地语言还有豪萨语、约鲁巴语、伊博语。另外，本地语言和英语混合而成的皮钦语也广泛流行。

（三）宗教和部族

尼日利亚的宗教呈现多样性，穆斯林集中于北部和西南部，约占总人口的 50%；基督徒集中于南部和中部，约占人口的 40%；本土宗教徒 10%。由于不论是伊斯兰教还是基督教的领袖都竞相获取政治权力，宗教在尼日利亚政局中的作用愈发重要。教派之争也引发了一系列冲突。

尼日利亚是一个多民族国家，有 250 多个民族。三大主要部族是豪萨—富拉尼族、约鲁巴族、伊博族。三大部族在历史上都曾建立过自己的独立王国，语言宗教各异，经济发展水平也不一样。豪萨—富拉尼族人主要生活在尼日利亚北方，人口约 2 500 多万。以农业和牧业为主，信奉伊斯兰教，主要使用豪萨语。约鲁巴族主要生活在尼日利亚西部，人口约 1 800 多万。约鲁巴人受西方影响较大，以经商为主。居民中有约一半人信奉基督教，一半人信奉伊斯兰教。主要语言是约鲁巴语。伊博族主要生活在尼日利亚东部，人口约 580 万。伊博人在东部曾建立过以家族和宗教为基础的村社式政府，以农业和渔猎为生，居民多信奉基督教，主要语言是伊博语。

殖民统治期间，英国对三大部族采取"分而治之"政策，利用部族间矛盾，大力扶植豪萨和富拉尼族上层集团作为其政治统治的支柱，同时利用经济文化发展程度较高的南部约鲁巴人和伊博人担任政府中的高级文官作为牵制，并在约鲁巴地区利用拉各斯港对全国进行经济剥削。因此，尼日利亚宣布独立时，虽然成立了联邦政府，但是实际上三个地区有各自的政府、内阁、议会、警察和法律、财政收入，甚至在外交上也有各自的驻外代表，一直保持着以三大部族为基础的三足鼎立的格局。尼日利亚独立后的几次政权更迭都与部族矛盾有密切的关系。1967 年爆发的比夫拉内战，就是因伊博族和豪萨族为争夺石油利益而引发的。目前，包括三大部族在内的许多部族都有自己的组织。部族武装组织时常引发一些社会治安问题，甚至挑起部族冲突和骚乱，对社会稳定造成不利影响。

（四）礼仪习俗

尼日利亚人性格直爽，热情好客，讲究礼貌，注重礼仪。在商业交往活动中，尼日利亚人见到外国客人，一般会主动打招呼，握手致意，热情问候对方。尼日利亚人在施礼前总习惯先用大拇指轻轻地弹一下对方的手掌再行握手礼。尼日利亚豪萨人对亲密的好友相见，表示亲热的方式不是握手，也不是拥抱，而是彼此用自己的右手使劲拍打对方的右手。尼日利亚豪萨人晚辈见长辈时要施礼问安。一般情况下，要双膝稍稍弯曲一下，向前躬一下身子。平民见酋长，必须先脱鞋走近酋长，然后跪下致礼问安，在酋长没下命令的情况下是不能随便站起来的。

到尼日利亚人家中做客，应事先约定时间，选择主人方便的时间，并要按约准时抵达，一般不可贸然到当地人家中。谈话中不可打听主人的收入或有几个妻子等，应回避宗教问题，恰当的话题是有关尼日利亚的工业成就和发展前景。尼日利亚人还喜欢谈论非洲的政治活动，特别是他们对非洲统一组织、西非国家经济共同体以及其他非洲国家所作出的贡献。

尼日利亚人在交谈中，从不盯视对方，也忌讳对方盯视自己，因为这是不尊重人的举止。他们认为左手是不洁的，忌讳左手传递东西或食物，否则便是对人的挑衅和侮辱。他们忌讳数字"13"，认为数字"13"是厄运和不吉祥的象征。尼日利亚伊博人对来访客人若迟迟未端出柯拉果，就是表示拒客，识相的客人就应该赶紧告辞，免得发生不愉快。尼日利亚伊萨人认为食指是不祥之物，无论谁用右手的食指指向自己，都是一种挑衅的举动，若有人伸出手并张开五指对向自己，更是粗暴侮辱人的手势。这些都是令人不能容忍的。

（五）教育

尼日利亚实行小学免费教育。学制为小学 6 年，初中 3 年，高中 3 年，大学 4 年。截至 2016 年 8 月，全国共有大学 143 所，著名大学有艾哈迈德·贝罗大学、拉各斯大学、伊巴丹大学、尼日利亚大学和伊费大学等。尼日利亚大多数学校教学设施陈旧，师资不足。截至 2015 年，尼日利亚仍有文盲 6 500 万，文盲率 40.4%。

（六）媒体

尼日利亚政府官方通讯社为尼日利亚通讯社（News Agency of Nigeria，NAN）；主要电视台为尼日利亚国家电视台（NTA），全国共有 45 个电视台，其中 13 个为私人有线电视和卫星转播站；主要广播媒体是尼日利亚联邦广播电台（FRCN）。目前，尼日利亚拥有 100 多种新闻出版物，是非洲大陆新闻行业最有活力的国家之一。主要报纸有：《今日报》《卫报》《每日信报》《太阳报》《抨击报》和《先锋报》等。

尼日利亚媒体总体对华友好，但有关中资企业和人员的负面报道也偶见报端，主要涉及用工制度、逾期滞留、非法走私、环境保护等，偶尔也有些对中国的不实报道。

（七）医疗

尼日利亚医疗卫生条件较差。根据世界卫生组织 2016 年公布数字，尼日利亚医疗卫生体系综合指数在 191 个成员中排名第 187 位，2015 年尼日利亚人均寿命为 55 岁。疟疾、艾滋病、痢疾为尼日利亚三大疾病，2015 年致死人数分别为 19 万、14 万、13 万。尼日利亚是全球唯一小儿麻痹症发病率上升的国家。2010 年 11 个州爆发霍乱疫情，造成 700 多人死亡。2014 年，埃博拉疫情在西非爆发，此次疫情中尼日利亚共发现 20 例埃博拉病例，其中 8 例死亡。2014 年 10 月 20 日，世界卫生组织宣布尼结束疫情。

（八）节假日

尼日利亚实行每周五天工作制，周六、周日为公休日。法定节日包括：1 月 1 日，新年；4 月 6 日，耶稣受难日；春分月圆后第一个星期日，复活节；5 月 1 日，劳动节；5 月 29 日，民主日；10 月 1 日，国庆节/独立日；12 月 25 日，圣诞节；12 月 26 日，礼盒节；先知穆罕默德生日、开斋节和宰牲节为穆斯林假日，时间不固定，由尼联邦政府提前通知。

七、社会治安及腐败问题

（一）恐怖袭击[1]

尼日利亚政局总体保持稳定，但安全形势较为严峻。近年

---

[1] 商务部：《对外投资合作国别（地区）指南（尼日利亚）》（2016 年版），http：//fec. mofcom. gov. cn/article/gbdqzn/upload/niriliya. pdf，最后访问日期 2017 年 7 月 25 日。

来，尼日利亚因爆恐活动已造成220万人流离失所，并面临食物缺乏等危机。

近些年，伊斯兰极端组织"博科圣地"袭击尼日利亚多地，造成严重的人员伤亡。2014年5月，联合国将该组织列为国际恐怖组织。2016年3月，世界银行发布的报告显示，过去7年间，尼日利亚博尔诺州因"博科圣地"损失59亿美元，2万人丧生，百万儿童失学。

尼日利亚中北部地区的富拉尼游牧武装分子与当地基督教农民频繁冲突。虽经地方长老多次调停，但宗教、部族冲突未见明显缓和。据国际美慈组织（Mercy Corps）2016年4月发布的报告，尼日利亚高原、纳萨拉瓦、贝努埃和卡杜纳等四州农牧民冲突每年造成约2.3万亿奈拉的损失，并导致数千人丧生。

（二）商业欺诈[①]

随着中尼经贸合作的不断发展，各类诈骗案也不断增多，诈骗方式也更趋多样，并出现了一些新手段。一些不法商人自称认识中方、尼方高官或具备较强政治经济背景，以保证获取石油区块、建立原油购买渠道、廉价出售矿产或土地等方式进行诈骗。

为避免在对尼经贸活动中蒙受损失，中资企业在与尼商和代理公司接触时，务必提高警惕，切实加强防范意识，不轻信传言，不贪图便宜，认真核实有关材料，谨慎付款，并注重信息保密，采取有效措施规避风险。如遇疑似诈骗或已经被骗，应立即终止交易，避免更大损失，尽快核实对方身份，及时报警并与中国驻尼使领馆取得联系。

尼日利亚

---

① 中华人民共和国驻尼日利亚大使馆经济商务参赞处：《安全提示》，http：//nigeria. mofcom. gov. cn/article/w/，最后访问日期2017年7月25日。

（三）腐败问题

一直以来，很多非洲国家存在较为严重的腐败问题，政府官员素质令人担忧，法律未能得到有效执行和遵守。尼日利亚的腐败问题也较为严重，根据国际透明组织（Transparency International）针对全球 168 个国家和地区发布的 2015 年全球清廉指数（Corruption Perceptions Index），尼日利亚排名 136 位，排名比较靠后。布哈里总统上台以来，反腐败工作取得一定的成效，但其反对派称其反腐败是有选择性的，还需进一步改善绩效和审核体系。

第二节　法律渊源和部门法体系

一、尼日利亚的法律渊源

因历史原因，尼日利亚受到多种类型法律文化的影响，既有来自本地的法律系统，又有从外部移植的法律制度，不同的法律文化相互融合，形成了独特的法律体系。从历史渊源看，尼日利亚的法律渊源主要包括成文法、习惯法、英国法、伊斯兰法、国际条约等。

（一）成文法

成文法，即由国家机关根据法定程序制定发布的具体系统的法律，包括宪法、行政法、刑法、民商事法律等。

（二）部族习惯法

尼日利亚习惯法是由团体内成员所认可的，并对他们具有约束力的习俗所组成。尼日利亚没有统一的习惯法，它因团体的不同而不同，即使在同一团体内，该团体某一部分所适用的习俗可能和该团体另一部分所适用的习俗存在差异，比如奥干州（Ogan State）某个乡镇的习惯法制度和本州内邻镇的习惯法规则不同，即使两个镇的当地居民都是约鲁巴人（Yuroba）。部族习惯法大部分是口头的，是"铭记在法官心中的法律"，源于社会经验而非正规教育。

在英国殖民统治之前，尼日利亚各族人民当中就存在大量的习惯规则。殖民统治期间，英国侵略者通过"间接统治"方式向尼日利亚移植英国法律制度，但殖民统治并没有使传统习惯法完全消失。独立之后，尼日利亚在进行法律现代化的同时，对本国的习惯法进行了正确评价，发挥习惯法的积极作用。尼日利亚习惯法所调整的对象主要是民事经济方面的纠纷，例如选定财产继承人、财产分配、家族新的领导的任命、婚姻问题、土地分配等，习惯法在社会管理中有力地制约着个人行为。

习惯法鲜明的特征就是尊奉神灵、崇拜祖先，尊重传统，强调社会和谐。所有的问题都是"家庭事务"，通常由受人尊敬的老者来执行。酋长或长老可以直接适用习惯法对当事人提交的争端进行仲裁。在尼日利亚农村社区，这种争端解决方式是唯一合理的方式，因为某个团体中的智者或首领是唯一可接近的审判权威。

尼日利亚设立习惯法庭、地区法庭、习惯法上诉法庭，这些法庭可以适用习惯法处理案件。尼日利亚法院对某一特定情况适用习惯法时，一般通过证据和司法识别来确定习惯法。习惯法在法庭上适用需要司法确定，需要当事人证明该习惯法符合《证据法》的相关要求。传统上，确定习惯法需要当事人向法庭提供一位在该社区长期居住的人证。习惯法确定的常见方式是通过审判庭确认，即法庭利用司法通知（Judicial Notice of Custom）对习惯法进行确认。如果习惯法已由本地区的高级法院或同级法院做出确认，那么习惯法在类似情况下的司法中具有约束力。①

（三）伊斯兰法

尼日利亚种族众多，信仰比较复杂，全国有一半人口信奉伊斯兰教，伊斯兰法作为重要的习惯法在婚姻家庭领域发挥重要作用。1999 年尼日利亚新宪法实施后，出于尊重伊斯兰法的考虑，允许各州根据自己的实际情况设立伊斯兰法院和伊斯兰上诉法院，"伊斯兰上诉法院有资格审理任何与伊斯兰属人法有关的问题，如婚姻、继承、遗嘱等。"

一直以来，伊斯兰法只是在北方各州以习惯法的形式存在，范围仅限定在婚姻家庭领域，并没有上升为国家制定法。如在北方各州法院中，地方治安法庭适用普通法、地方法院在民事方面适用伊斯兰法，刑事方面适用刑法典。1999 年新宪法颁布之后，尼日利亚北部 11 州设立伊斯兰法庭和州伊斯兰上诉法庭，制定并颁布伊斯兰刑法典，将处于习惯法层面的伊斯兰刑法上升为国家制定法。伊斯兰法庭负责审理双方都是穆斯林的民事案件和刑事案件；州一级设立伊斯兰上诉法庭，负责审理来自伊斯兰法庭的上诉案件。

伊斯兰刑法典颁布之后，围绕该部刑法是否合宪以及伊斯兰法在尼日利亚法律体系中的地位展开广泛争论，体现了现代社会与伊斯兰传统理念在价值取向上的冲突，而调试伊斯兰法与世俗

---

① Omosioni Sean Oru 著：《习惯法在司法体系中扮演什么角色》，引自万猛、顾宾主编：《中非法律评论第二卷》，中国法制出版社，第 124 页。

法的冲突是一个长期过程。[①]

（四）英国法

英国殖民者对尼日利亚各族人民统治期间，通过"间接治理"的方式向尼日利亚移植英国法律制度。尼日利亚独立后，英国法中普通法和衡平法的内在特性也被有效继承下来，成为尼日利亚法律体系的重要渊源。同时，尼日利亚司法制度中严格遵循"服从先例"的判例法原则，即上级法院的"在先判决"是审判类似案件的法律依据，如果没有类似案件的先例，还可以援引英国判例或者英联邦其他国家判例。[②]

（五）国际条约

国际条约是尼日利亚法律重要的法律渊源，尤其在商事法律领域。尼日利亚加入了世界贸易组织，签署了包括《承认和执行外国仲裁裁决公约》《解决国家与他国国民之间投资争端公约》等。除了世界性的公约，尼日利亚还加入和签署了一些区域性的组织和条约，如非洲联盟、西非经济共同体、石油输出国组织等。此外，尼日利亚还同世界上大多数国家签署了投资贸易协定、避免双重征税协定等双边条约。

二、尼日利亚的部门法体系

尼日利亚法律体系中对部门法系的划分并不明确。尼日利亚

---

① 张怀印：《尼日利亚伊斯兰刑法述评——从阿米娜"石刑"案谈起》，载于《长春工业大学学报（社会科学版）》第 19 卷第 1 期，第 54 页。

② 驻尼日利亚使馆经商处：《尼日利亚从事经贸活动的法律制度和应对工作建议》，商务部网站，http://www.mofcom.gov.cn/aarticle/i/dxfw/gzzd/201103/20110307427484.html，最后访问日期 2017 年 8 月 17 日。

政府网站在对法律体系的介绍中，将法律按实践领域进行罗列，分为军事海事法、金融法、反垄断及贸易法、航空法、税法、银行法、刑法、家庭法、健康社保法、移民法、商业工业法、劳工法、知识产权法、科学技术法、诉讼法等法律。

根据目前已经检索到的尼日利亚法律法规，参照我国的部门法划分标准，对尼日利亚法律体系进行简要介绍。

（一）宪法

尼日利亚宪法发端于殖民地时期。1923 年，英国驻尼日利亚总督克利福德颁布了一部关于尼日利亚殖民政治体制的宪法，史称"克利福德宪法"，是尼日利亚宪法史开端的标志。尼日利亚独立后，共颁布过 3 部宪法，分别为 1960 年宪法、1979 年宪法和 1999 年宪法。

第一部宪法颁布于 1960 年，又称为独立宪法，该宪法规定尼日利亚实行联邦制，联邦会议由英国女王、联邦参议院和众议院组成，确定了君主立宪制的宪政制度。1963 年，尼日利亚废除了英国女王为国家元首的规定，决定改行共和制，设立联邦总统为国家元首，联邦总理主持的内阁政府作为国家行政机构，联邦议院作为国家立法机构，形成了三权分立的现代政体模式。

第二部宪法颁布于 1979 年，是奥巴桑乔为了即将建立的"尼日利亚第二共和国"制定的新宪法，故又称为第二共和国宪法。1979 年宪法共有 279 条和 6 条附则，规定了立法、司法和行政三权分立的原则，为尼日利亚构建了一个中央集权的联邦制政府。

第三部宪法是现行宪法。这部宪法以 1979 年宪法为基础修订而成，于 1999 年 5 月 5 日颁布。主要内容包括：尼日利亚是不可分割的主权国家，实行联邦制；实行三权分立的政治体制，总统为最高行政长官，领导内阁；国民议会分参、众两院，是国家最高立法机构；最高法院为最高司法机构；总统、国民议会均由直接选举产生，总统任期四年，连任不得超过两届。

（二）刑法

由于宗教信仰的影响，尼日利亚存在着两套不同的刑法体系。南部地区信奉基督教，北部地区信奉伊斯兰教。南方各州实行的是联邦政府颁布的《尼日利亚刑事法典》，而北方各州实行的是具有古老伊斯兰教传统的《尼日利亚北部刑法典》。北方各州内部，还有根据伊斯兰教义和《古兰经》制定的习惯刑法。1999 年以来，尼日利亚北方各州设立伊斯兰法庭和州伊斯兰上诉法庭，适用伊斯兰刑法进行审判。

（三）民商法

民商法是民法和商法法律部门的合称。尼日利亚的民法包括婚姻家庭法、人身损害赔偿、知识产权法等，知识产权法律包括《商标法》《专利和设计法》《版权法》《国家工业技术产权办公室法》。商法包括 1990 年颁布的《公司与相关事务法》《保险法》《投资证券法》《证券交易委员会规则和条例》等。

（四）经济法

经济法是调整国家在协调经济运行过程中发生的各种经济关系的法律规范。经济法主要包括两部分：一是创造平等经济环境；二是规范国家对经济的监管。[1] 尼日利亚的经济法包括

---

[1] 李其瑞：《法理学》，中国政法大学出版社 2011 年版，第 107 页。

《中央银行法》《银行与其他金融机构法》《消费者保护理事会法》等。

（五）行政法

行政法规定了国家行政的组织和管理活动，调整国家行政管理活动中发生的行政关系。尼日利亚行政法包括环境保护法、税法、海关法、劳动法等。

（六）程序法

程序法是指关于实施步骤、方式、方法的规范，尼日利亚的程序法包括禁止反言、证据法、诉讼法等法律。

第三节　国内主要法律制度

一、尼日利亚公司法

尼日利亚现行的公司法是 1990 年颁布的《公司与相关事务法》（Companies and Allied Matters Act）。[①] 该法律文件由公司、商号、公司组建受托人、法律简称四个部分组成，共计696 条。

《公司法》规定，公司类型包括以下三种：（1）股份有限公

---

① 《公司与相关事务法》：www. nigeria - law. org/CompaniesAndAlliedMattersAct. htm，最后访问日期 2017 年 8 月 3 日。

司，即股东按照公司章程规定的数额为限承担责任；（2）担保有限公司，即当公司清算时，股东按照公司章程规定的数额为限保证缴付相应的资产；（3）无限公司，即股东对公司承担无限责任。在公司名称上，担保有限公司要标注"有限担保"（Limited by Guarantee 或 Ltd/Gte）的字样，无限公司标注"无限"（Unlimited 或 Ultd）的字样。

尼日利亚允许外国公司在境内以设立独资公司、合资公司、子公司、分公司等方式从事经营活动。所有外资参与的企业在尼日利亚公司事务委员会注册后，应当再去尼日利亚投资促进委员会进行注册。[①]

尼日利亚投资促进委员会设立了投资一站式服务中心，尼日利亚政府各有关部门均在中心设立办事处，外国投资者在该中心完成公司注册相关的全部手续。

二、尼日利亚土地使用法

依照尼日利亚宪法和1990年《土地使用法》的规定，全国土地属于人民，尼日利亚联邦、州和地方三级民选政府代行管理权。其中，联邦政府负责首都区及划拨给联邦政府机构的其他土地，州政府负责各州的城镇区域的土地，而所有的农业用地则由地方政府负责管理。政府划拨土地给开发商进行保障性住宅和商业配套建设。其中，政府所有土地，给开发商一定年限的经营权；私人所有土地，产权99年，主要指开发商从政府手中购买土地或到私人手中购买土地；集体所有土地，产权99年，主要指政府行政部门建设用地。

私人投资者可以从政府手中获取土地，也可以在土地市场上

---

① 商务部：《对外投资合作国别（地区）指南（尼日利亚）》，2016年版，第42页。

向其他土地所有者以转让的形式购买，例如通过中介公司、政府出让土地信息部门或者直接从私有土地主手中购得；私人投资者之间可以自由转让土地，然后缴纳相关的税费，到相关政府部门办理变更手续，但建筑指标必须符合规划部门要求；私人投资出让土地一般都有政府规划用途、使用年限，不同地段和不同用途土地价格均不同，但使用期限最长 99 年，到期后可以办理相关手续，继续使用。[①]

土地分为农业、工业、住宅、商业、混合用地、城市保留用地、基础设施用地等不同类型。不同类型用途土地转换非常困难，手续极其烦琐，且多数存在违规操作。

根据《土地使用法》的规定，外资企业可以取得最长不超过 99 年的土地使用权，也可以通过租赁使用土地。

三、尼日利亚税法

尼日利亚有较完整的税法和系统的税收征管体系。税收管理部门实行联邦政府、州政府和地方政府三级管理。联邦政府征收的税赋有 8 种，州政府征收的税赋有 11 种，地方政府征收的税赋有 20 种。尼日利亚实行属地税。

尼日利亚的税法包括《公司所得税法》和《个人所得税法》两部主要法律以及一些条例性质的其他规范性文件。现行的《公司所得税法》（Companies Income Tax Act）颁布于 1990 年，最新修订于 2007 年 12 月。该法由管理、征税和应税利润、利润确定、应税利润确定、总利润确定、天然气产业激励、税率减税和避免双重征税、应税主体、纳税申报、评估测算、上诉、征收和返还、违法和惩罚、杂项条款等 14 部分组成，共计 106 条。

---

① 商务部：《对外投资合作国别（地区）指南（尼日利亚）》，2016 年版，第 56 页。

《个人所得税法》颁布于1993年，最新修订于2011年6月，共13部分，109条。[①] 联邦税由尼日利亚联邦国内税收局（Federal Inland Revenue Service）[②] 负责征收，主要包括公司所得税、石油利润税、增值税、教育税、公司资本收益税、公司印花税、公司扣缴税、信息技术发展费等税种。此外，联邦首都区居民的个人所得税、个人扣缴税、资本收益税、印花税，尼日利亚外交部职员、警察人员、武装人员的个人所得税，以及非尼日利亚居民的个人所得税也由尼日利亚联邦国内税收局征收。州内税由各州的州内税收委员会负责征收，主要包括州内居民的个人所得税、个人扣缴税、资本收益税、赌博和彩票税、商用场所注册费及州首府道路注册费等。地方税由地方政府税收委员会负责征收，主要是与地方政府行政管理有关的税费，比如酒税、出生和婚姻注册费、公共广告费、州首府以外的道路注册费、动物牌照费、电视许可费等。

所得与收入税种包括：公司所得税（Company Income Tax）、个人所得税（Personal Income Tax）、资本利得税（Capital Gains Tax）、石油利润税（Petroleum Profits Tax）。公司所得税为30%，为防止企业偷税，实行部分所得税预扣缴制度；个人所得税实行累进制；资本利得税税率10%。

流转税包括：增值税（Value Added Tax）、印花税（Stamp Duty）、关税（Custom and Exercise Duty）。增值税税率5%；印花税根据活动类型的不同采用不同的税率。

为避免对企业所得双重征税并防止偷税漏税，中尼两国政府于2002年4月15日签署了《关于对所得避免双重征税和防止偷漏税的协定》。该协定于2009年3月21日起生效，自2010年1月1日起执行。根据该规定，中国对外投资企业在尼日利亚设立

---

① 唐勇编：《当代非洲七国经济法概述》，浙江人民出版社2017年版，第66页。
② 关于尼日利亚联邦国内税务局，详见：http://www.firs.gov.ng/aboutus/default.aspx.最后访问日期2017年8月9日。

公司的，该子公司在中国取得的收入缴纳中国税收后，再缴纳尼日利亚税收时可将该部分应税收益抵免；中国对外投资企业未在尼日利亚设立公司，则它在尼日利亚获得的收益缴纳尼日利亚税收后，可在中国税收中将该部分税额予以抵免，从而避免对所得双重征税。

四、尼日利亚能源法

（一）石油法

尼日利亚现行的石油法以 1969 年颁布的石油条例为基础，已经实施了 40 多年。进入 2000 年以后，尤其是 2003 ~ 2008 年国际石油高油价阶段，尼日利亚政府无法忍受巨额石油利润被外国石油公司赚取，便有了推出新石油法案的想法和举措。现将新旧两个法案进行介绍。

1. 现行石油法案。1969 年，尼日利亚颁布了《石油法》。1971 年，尼日利亚成立国家石油公司（NNPC）代表国家在石油的勘探、开采、运输、提炼、化工、销售等环节行使权利。1977 年，原 NNPC 与矿产能源部合并，成立新的国家石油公司（以下简称 NNPC）。20 世纪 80 年代以来，NNPC 对外资石油公司进行参股，逐步从外国石油公司手中收回石油主权，扭转了石油资源为外资控制的局面。根据法律，石油资源属于联邦政府，联邦政府委托石油资源部负责石油方面的管理工作。石油资源部下设 4 个局，最主要的是石油资源局，其代表石油资源部负责受理所有石油许可证及租约的申请事宜，负责监督环保及安全的执行，代表政府监督石油公司的业务活动。该法建立了石油许可证制度，许可证包括石油探测许可证、石油勘探许可证、石油矿区租约，许可证仅得授予设立于尼日利亚当地的公司。尼日利亚石油合同主要有产量分成合同、矿税制合同（Concession）、服务合同等模式。

产量分成合同模式（Production Sharing Contract，PSC）：原油产量在各方之间按照约定的份额进行分配。不同于矿税制模式，PSC 下所产石油除非合同另有约定，仍属尼方所有，只是合同者对所产石油拥有特定比例分成。

矿税制合同模式：政府通过招标，把待勘探开发的油气区块租让给石油公司，石油公司在一定期限内拥有区块专营权并支付矿区使用费和税收。这种模式与分成合同制、服务合同制最主要的区别是，开发者可以在一定时期内、一定条件下根据专营权获得资源的所有权，石油公司有很大的经营自主权；政府的收益主要来自于合同者缴纳的税收和矿区使用权。

服务合同模式：尼日利亚在 20 世纪 70 年代采用了一些服务合同模式，实际上是一种风险勘探服务合同。1979 年，NNPC 同三家石油公司签署了石油服务合同，最初期限是 2 到 5 年。合同主要内容包括合同者承担所有合同区块或合同面积内的全部勘探、开发和生产活动资金。如果期限内没有商业性发现，合同自动终止；一旦获得商业发现，合同者获得投资收益，但无权拥有石油。合同者有合同区所产石油某一固定比例数量的优先购买权。合同者可以获得操作费、资本性费用、报酬费。服务合同仅限于单一 OPL 区块，每一个合同自成一个篱笆圈。[①] 总体来看，石油服务合同模式认可度非常有限。

2. 即将颁布的新石油法案。2017 年 5 月，尼日利亚参议院通过酝酿十余年几经修改的《石油工业管理法案》（PIGB）的审议。参议院通过后，PIGB 还需提交众议院审议，并经总统签字后方能正式实施。PIGB 是用于布哈里改革核心部门以取代旧

---

① 篱笆圈一般是指在国际石油勘探开发项目的财税合同条款中，资源国政府通常对称成本油回收以及应税税收入扣除费用范围有具体的规定，以确定项目成本油回收的范围以及税后净现金流的计算方法、步骤和层次。篱笆圈就是用来确定核算范围，以便精确计算财税条款规定的应税收入的财税条款规定。

《石油工业法》（PIB）的 4 个法案中的第一部，主要内容是对目前的尼日利亚国家石油公司和石油资源部进行机构重组以提高相关领域的效率、透明度并建立问责制度。根据 PIGB 规定，将成立尼日利亚石油资产管理公司（NPAMC）、国家石油公司（NPC）和尼日利亚石油责任管理公司（NPLMC）以取代 NNPC，相关公司将允许私人持有部分股份。与此同时，还将建立石油平等基金（NEF）和尼日利亚石油监管委员会（NPAMC）。石油平等基金负责对石油产品进行有效分配，为石油领域基础设施发展提供资金。石油监管委员会负责监督维护环境标准、监督与石油工业相关法律的遵守情况，办理石油勘探所需的相关许可证或租赁事务。[1]

（二）矿产法[2]

尼日利亚矿产资源丰富，采矿业发展潜力巨大。2007 年 5 月，在世界银行协助下，尼日利亚联邦政府推出新的《矿物和开采法》（以下简称《矿产法》），以取代 1999 年版的同名法律。《矿产法》突出体现了尼日利亚政府希望利用推动固体矿产资源开采私营化产生的利益吸引私人资本及先进技术大举进入该领域，最终促成本国快速发展的意图。法案共有 6 章 165 节，分别是：第一章　矿产、勘探、采矿和采石（1～89 节）；第二章　小型采矿（90～91 节）；第三章　占有和购买矿产资源（92～96 节）；第四章　环境考量和当地社区利益（97～130 节）；第五章　违法和惩罚（131～142 节）；第六章　杂项规定（143～165 节）。以下对该法案几项突出的特点进行探讨，一窥其立法意图。

1. 《矿产法》通过"特定部门负责制"确定国家对矿产资

---

① 佟刚：《域外法学之尼日利亚投资和融资法律报告》，载于北大法律信息网，http://article. chinalawinfo. com/ArticleFullText. aspx? ArticleId =67096。最后访问日期 2017 年 9 月 22 日。

② 《浅析 2007 版尼日利亚矿物和开采法》，中国驻尼日利亚经商参处，http://www. mofcom. gov. cn/aarticle/i/dxfw/gzzd/200804/20080405457053. html. 最后访问日期 2017 年 9 月 21 日。

源开发的管理手段。设立矿权地籍办公室，作为管理矿权的唯一机构，负责受理矿权申请，批准、签发、中止及撤销矿权，接收和处置关于矿权转让，更新、调整矿权及矿权范围的扩展等。中央矿权地籍办公室设在阿布贾，有最高的排他性的职权及管辖权。

2. 《矿产法》在矿权的申请和所有权方面做了一系列安排，基本可以保证程序公正。在矿权申请阶段，规定了"先到先得"制：当数份针对同一区域的申请，两个或以上有地点重叠的申请在同一个工作日被提交给矿权地籍办公室时，最早收到的符合规定的申请有优先权；当遇有针对同一专有区域的竞争性申请时，矿业地籍委员会必须严格遵照本法规定的"先到先受理"原则，确定矿权区域的专属权，规定不得在同一区域重复设置矿权。授予采矿租约的持有者在矿区内的独家使用、占有、开采权和独家探测权等。

3. 法案制定了一系列矿产开采的激励措施，为从业者制造了一个相对宽松自由的经营和销售空间。主要有以下特点：对矿权主体较少限制。根据法案规定，有完全民事行为能力及无犯罪记录的尼日利亚公民、根据尼日利亚公司法设立的法人和采矿合作公司等都可以成为矿权的申请和持有者。法案赋予外资以国民待遇，并未限制外资的持股比例并附有多项免税措施。所有采矿从业者享有对于专门用于采矿作业的厂房、设备、机器、配件的进口免关税及进口税。授予矿权持有者 3～5 年的免税期，在土地使用权上保证采矿优先。法案规定，用于采矿作业的土地使用优先于其他目的的土地使用。根据土地使用法，用于采矿目的的通道、土地使用及占有构成高于一切的公共利益。在这种优先权之下，对于权利受损者，法案也规定了一系列补偿措施，成本由受益人负担。

4. 法案中对除勘探许可证外的各项矿权都设有最低工作量要求。首先规定了开采和生产的最迟日期，分别是 18 个月和 36

个月。同时规定，最低工作量影响矿权的存在和延续。如在探测许可证中延期的一项先决条件是许可证持有者达到了最低工作标准承诺，这对采矿租约也是一样。最后，小型采矿租约和采矿租约中，矿权持有者在连续 6 个月内完全未进行任何作业，矿权就可以被撤销。

5. 《矿产法》对环境保护的重视是法案的突出特点，与当地社区利益一起设专章规定。对于矿权持有者，要求他们"注意开采作业对环境造成的影响并采取必要步骤防止开采导致的环境污染"。采矿租约的持有者在提交并经过矿产环保部门对环境评估研究及解决方案的认可之后，才能开始在矿区内的开发和矿物提取作业。任何探测许可证、小型采矿租约、采矿租约、采石租约和水使用许可证持有者在开采活动开展前，或延期申请提交时，或矿权变更申请提交至矿产环保部门时，均需要提交：一份经联邦环境部批准的矿区/探测区环境影响评估报告和一份环境保护和复原计划。

6. 法案对矿权周边地区利益的保护非常充分。对矿权所包含的土地的划拨需经过原所有者的认可：对一项矿权的申请涉及任何私人土地或根据州租约或权力被占有的土地，申请应按照规定方式通知给土地的所有者或占有者，并在获得其同意的基础上颁发许可证。否则，许可证范围将排除该私人占有土地。同时，如果矿权区域包含他人的土地所有权，矿权持有者对于地表的专属使用权是受到一定限制的：只要不妨碍到采矿作业，土地的合法占有者在采矿租约区域内有权继续放牧牲畜和耕种土地。对于使用他人土地，矿权持有者必须为其向土地所有者缴纳租金，租金的具体数量在征询土地所有者意见后确定，并且根据具体情况的变更每 5 年修订一次；在用水方面，除非按照法案规定的程序（申请—批准），任何增加水使用量的变更都不能允许，同时对于水使用量增加的申请不得在有人反对的情况下作出；该法案希望矿权周边区域能因此得到发展的机会。法案规定：采矿租约、小型采矿租约或采石租约的持有者在开始进行任何开发行动之前，需与当地社区签署一份社区发展协议，以保证社区能切实从矿产开采作业中获得社会和经济利益。如对当地社区居民的教育奖学金、学徒、技术培训和雇佣机会，为基础设施发展和教育、医疗及其他社区服务提供资金或其他方面的支持，向小型和微小型企业提供支持等。

7. 矿权转让。在按照法案规定程序执行，获得部长同意及在矿权地籍办公室登记后，矿权可以转让。矿权持有者应以规定的格式向矿权地籍办公室提交转让申请，并提供后者需要的所有信息。如果受让人是合格的申请者，矿权地籍办公室将批准转让。如果系自然人拥有矿权，矿权持有者死亡，适用继承法。矿权的受让人继续承担涉及该矿权的所有合同和活动，包括转让前的环保方面的义务及第三方索赔。

8. 法案对各项矿权的相关规定见表1－1。

表1－1　　　　　　　　各项矿权相关规定一览表

	地域限制	有效期	是否可延期
勘探许可证	任何可进行采矿的非专属区域	1 年	需每年申请更新
探测许可证	不超过 200 平方公里	3 年	可延期两次，每次两年
采石租约	不超过 5 平方公里	5 年	不可延期
小型采矿租约	不小于 5 公顷，不超过 3 平方公里	无	不需延期

五、尼日利亚环境保护法

（一）环境保护机构及立法情况

尼日利亚负责环境保护的主要部门是尼日利亚联邦环境部，

该部负责管理和执行尼日利亚环境保护的法律法规，统筹、协调、指导尼日利亚联邦政府各有关部门和各州政府环保部门的环保工作。[①] 尼日利亚联邦环境部下设土壤保持、污染控制、森林保护、气候变化和环境影响评估等职能司局，以及国家保护区管理局、尼日利亚森林研究所和国家石油泄漏勘查和处理局等机构。

为了保护环境，尼日利亚联邦政府制定了一系列的法律和法规，主要包括：《联邦环境保护署法案（1988 年）》（简称《FEPA 法案》）（Federal Environment Protection Agency Decree）、《环境影响评估法案（1992 年）》（简称《EIA 法案》）（Environmental Impact Assessment Decree）《有害废物法案（1998 年）》《尼日利亚石油工业环境指南和标准》。此外，尼日利亚各州也有权制定本州的环保法规。比如巴耶尔萨州的《环境保护法》和三角洲的《环境保护规范与标准》等。尼日利亚政府尚未在其网站上公布上述法律的查询网址。

（二）环境评估的相关规定

《环境影响评估法案（1992 年）》要求相关项目建设必须进行环评，涵盖农业开发、机场建设、排灌系统、围填海工程、渔港建设、林地使用、住房建设、工业建设、基础设施建设、港口建设、矿产开发、油气开采、发电输电、采石作业、铁路建设、交通设施、旅游设施、废物处理和供水项目等领域。

尼日利亚环境部环评司主管项目环境评估事宜。环评工作一般主要包括以下阶段：一是确定是否适用环评法律；二是检查项目的潜在环境影响；三是调查确定环境影响的时空范围；四是开展详细的基准线研究，以确定项目实施前的环境条件；五是准备

---

① 尼日利亚联邦环保部网址：www. climatechange. gov. ng/，最后访问日期2017 年 8 月 3 日。

尼
日
利
亚

一份详细的环评报告；六是如果必要，对环评报告进行专门小组审查；七是批准签发环境影响报告书（EIS）等证明文件。费用和所需时间根据实际情况确定。

（三）环保法规的基本要点

1. 森林保护。对现存和新的森林保护区要加强保护；对森林资源进行可持续管理，以确保尼日利亚森林资源为当代和后人持续提供产品和服务，确保尼日利亚环境的稳定；保护河流和水体周围的防护林，对河流和水体周围退化的防护林要进行恢复；加强城市森林带建设，为城市增加绿化、休闲、社会和经济价值。

2. 大气保护。保护并提高尼日利亚的空气质量，以改善公众健康和福利，提高尼日利亚人口、动物和植物的发展和繁殖能力。

3. 水体保护。保护尼日利亚的水体；消除和控制水体污染；设定水体质量标准，以保护公共健康和福利，提高水质；工业废水要进行处理，达标后方可排放。

4. 污染事故处理和赔偿标准。废物来源单位负责废物的收集、处理、运输和最终处置，并负担有关费用；企业或其他机构应对废物的清除、环境的清洁和恢复负责。如有必要，应向受影响的各方支付赔偿金。

违反环保法律的要承担法律责任。除尼日利亚法律允许外，严禁向尼日利亚的天空、土地、水体或海岸排放有害物质。违反上述法律的个人将被处以不超过 10 万奈拉的罚金或不超过 10 年的监禁，或者两者并罚。违反上述法律的公司，将被处以不超过 50 万奈拉的罚金（如果非法行为继续进行，另外处以每天 1 千奈拉的罚金）；公司有关负责人如不能证明自己不知情或采取了一切必要的防范措施，也将受到相应处罚。此外，违法的个人或公司还要承担清除有害物质、清洁和恢复环境的费用，并向有关各方进行赔偿。由于自然灾害、战争而违反有关法律造成污染的，有关人员和公司将不承担法律责任。购买、销售、进口、运输、储藏有害废物者，将被处以终身监禁。

六、尼日利亚知识产权法

尼日利亚是世界版权公约、伯尔尼公约、巴黎公约（里斯本版本）的签约国，1995 年成为世界知识产权组织成员。尼日利亚的知识产权保护法律包括：《商标法》（Trade Marks Act）《专利和设计法》（Patents and Designs Act）《版权法》（Copyright Act）《国家工业技术产权办公室法》（National Office of Industrial Property Act）。

《商标法》用于规范商标的注册，规定商标所有权人对产品已注册商标的独占权。商标注册后保护期为 7 年，可以不断延期，每延期一次有效期延长 14 年。[①]

《专利和设计法》用于规范专利和设计的登记注册，规定一旦授予专利，专利所有权人享有制造、进口、销售和使用专利产品的独占权。专利保护期 20 年。工业设计保护期 5 年，可延期 2 次，每次 5 年。[②]

《版权法》规定，未经版权所有者允许，一切仿造、进出口、展览、表演或销售版权所有人的著作行为都属非法。文字、音乐、艺术作品的著作权保护期为作者死亡或第一次出版次年起 70 年，电影和照片、录音、广播的版权保护期为第一次发行、录制、播放次年起 50 年。[③]

---

① 商标法查询网址：www. nigerialaw. org/Trade – Marks – Act. htm。
② 《专利和设计法》查询网址：www. nigerialaw. org/Patents – and – Designs – Act. htm。
③ 《版权法》查询网址：www. nigerialaw. org/CopyrightAct. htm。

《国家工业技术产权办公室法》规定成立国家工业技术转让办公室，负责对外国技术的购买实施监管，并对外国技术转让的商业合同和协议进行注册登记，为国内外技术转让、开发、推广提供便利，促进和鼓励本国的技术创新和发明。

七、尼日利亚海关法

尼日利亚负责海关管理、办理海关手续的机构是海关服务局（Nigeria Customs Services，NCS），隶属于尼日利亚财政部。[①] 海关的职权包括：征收税（进口/消费税和其他税收征收）；打击走私活动；安全功能；生成统计数据规划和预算的目的；监控外汇利用率等；从事研究、规划和执行政府的财政政策；海关人员的许可和登记；注册和指定收集银行；在所有港口和边境检查站与其他政府机构共同合作。

2004 年颁布的《海关及税务管理法案》（The Customs & Excise Management Act，简称 CEMA 法案）[②] 是尼日利亚海关管理的主要法律制度。尼日利亚现行关税税率于 2003 年开始实施，并于 2008 年进行了修订，主要商品进口关税如下：必需品 0，原材料 5%，半成品 10%，制成品 20%，限制进口商品 35%。

八、尼日利亚投资法

尼日利亚的投资法律为《尼日利亚投资促进委员会法令》。目前，尼日利亚对投资建立实体的法律规定非常宽松。外国投

---

① 尼日利亚海关服务局网站：https：//www. customs. gov. ng/，最后访问日期 2017 年 8 月 8 日。
② 《海关及税务管理法案》查询网址：https：//www. customs. gov. ng/Statutory/management_act. php，最后访问日期 2017 年 8 月 8 日。

资者几乎可以自由参与投资除武器弹药制造、麻醉剂生产、精神类药品生产和军队、警察、海关人员的服装生产之外的所有领域。[①]

尼日利亚涉及并购的法律主要包括：《投资证券法令》《证券交易委员会规则和条例》《公司及相关事务法》《银行及其他金融机构法》《保险法》《公司所得税法》等。其中，《投资证券法令》是尼日利亚规范并购活动的基本法律，《证券交易委员会规则和条例》对并购相关规定进行了细化，主要包括信息披露和申报程序等内容。

尼日利亚允许外资并购当地企业，外资企业可用任何可兑换的外国货币购买尼日利亚企业的股份，也可以设备等方式入股。按照尼日利亚法律规定，外国投资者的投资收益可以自由汇出，但实际难以实现。[②]

第四节　国际法律制度

一、尼日利亚国际法律制度概述

国际法渊源包括条约、国际习惯以及一般法律原则。条约是两个或两个以上国际法主体之间依据国际法所缔结的用于确定相互间权利义务关系的书面协议[③]，是国际法的重要渊源。同国际习惯和一般法律原则相比，条约具有成文化和系统化的特点。而

---

①　商务部：《对外投资合作国别（地区）指南（尼日利亚）》，2016年版，第38页。
②　商务部：《对外投资合作国别（地区）指南（尼日利亚）》，2016年版，第42页。
③　王虎华：《国际法渊源的定义》，载于《国际法学》2017年第6期。

国际习惯和一般法律原则较为分散，且实践中存在不同的认识和分歧。因此，本章重点介绍尼日利亚参加的双边条约和多边条约。因尼日利亚参加的各种国际组织对其经济政策也产生了重要影响，故一并将尼日利亚参加的重要国际组织也放在本节介绍。

二、尼日利亚与中国签订的双边协定

中尼两国政府积极鼓励各自企业互相投资。2001年8月，中尼两国在北京签署《中华人民共和国政府和尼日利亚联邦共和国政府相互促进和保护投资协定》，于2010年2月18日正式生效。2002年4月，中尼两国在阿布贾签署《中华人民共和国政府和尼日利亚联邦共和国政府避免双重征税协定》，于2009年3月正式生效。中尼两国间签署的其他经贸协定有：《关于建立中国投资开发贸易促进中心和尼日利亚贸易办事处的议定书》（2000年2月签于北京）《石油工业合作框架协议》（2001年8月签于北京）。

三、尼日利亚与中国共同参加的主要国际公约

（一）《解决国家和他国国民之间投资争端公约》

《解决国家和他国国民之间投资争端公约》（Convention on the Settlement of Disputes between States and Nationals of Other States）于1965年在世界银行倡导下，在华盛顿签署，又称华盛顿公约。该公约于1966年10月14日生效，中国和尼日利亚均为公约的成员国。世界银行根据该宗旨，成立了解决投资争端国

际中心（International Center for Settlement of Investment Disputes, ICSID）。该公约和 ICSID 是世界上最重要的投资争端解决机制，其主要工作在于通过调解和仲裁方式帮助解决政府与外国私人投资者之间的争端。该机制的最大特点是相对独立于各成员国法律体系，仲裁裁决生效后对当事双方均有法律拘束力，并应在各缔约国领土上得到承认和执行。

（二）《承认和执行外国仲裁裁决公约》

《承认和执行外国仲裁裁决公约》（Convention on the Recognition and Enforcement of Foreign Arbitral Awards），1958 年 6 月在纽约签署，又称纽约公约。纽约公约是当代最重要的国际商事仲裁立法。纽约公约条款非常宽泛，保证了国内法院和仲裁庭能以持续、有效的方式来执行国际仲裁协议和裁决。公约的核心目的是对仲裁协议和裁决的执行设立一套单一的国际法律标准。公约规定了统一的国际规则：（1）要求国内法院承认和执行外国仲裁裁决；（2）要求国内法院承认仲裁协议的有效性；（3）要求国内法院在当事人签署了依据纽约公约规定有效的仲裁协议时，让当事人寻求仲裁。[①]

中国和尼日利亚均为纽约公约成员国。1988 年，尼日利亚通过本国《仲裁与调解法》，将公约义务转化为国内法。在其他成员国获得的有利于我国投资的仲裁裁决，可以较方便地在尼日利亚执行。

（三）《多边投资担保机构公约》

20 世纪 80 年代初，许多发展中国家面临严重的债务危机，

---

① 加里·B. 博恩：《国际仲裁法律与实践》，商务印书馆 2015 年版，第 26、27 页。

无力还债，导致国际债务纠纷频起。流向发展中国家的外国直接投资出于对东道国信用等政治风险的担心，在全球国际直接投资流动总额中的比重急剧下降，在这种背景下，世界银行制定了《多边投资担保机构公约》（Multilateral Investment Guarantee Agency，MIGA），于1988年生效。MIGA公约宗旨是向发展中国家成员国融通生产性投资，促进东道国和外国投资者间的相互了解和信任，为发达国家向发展中国家的海外私人投资提供担保，以加强国际合作。担保机构享有国际法主体资格，同时具备私法意义上的法人资格；该公约只限于非商业性政治风险，具体分为货币汇兑险、征收险、违约险、战争和内乱险。

中国和尼日利亚都是该公约的成员国。在中国出口信用保险公司（以下简称"中信保险"）承保尼日利亚出口信用险不便时，可以探讨投保MIGA的可行性。

四、尼日利亚参加的主要国际组织

（一）世界贸易组织

世界贸易组织（World Trade Organization，WTO）是一个独立于联合国的永久性国际组织，1995年1月1日开始运作。世贸组织负责管理世界经济和贸易秩序，总部设在瑞士日内瓦莱蒙湖畔。其基本原则是通过实施市场开发、非歧视和公平交易等原则，来实现世界贸易自由化的目标。尼日利亚是世贸组织的创始成员之一，中国自2001年12月11日开始，正式加入WTO。

世界贸易组织争端解决机制是世贸组织不可缺少的部分，具有统一性、灵活性、效率性和强制性的特点。如果我国和尼日利亚发生国际贸易争端，亦可通过世界贸易组织争端解决机制解决双方的贸易争端。

（二）石油输出国组织

尼日利亚是石油输出国组织成员国之一。石油输出国组织，即 OPEC——Organization of Petroleum Exporting Countries，中文音译为欧佩克，成立于 1960 年 9 月 14 日。其宗旨是协调和统一成员国的石油政策，维护各自和共同的利益。欧佩克成员国的石油、天然气产量分别占世界石油、天然气总产量的 40% 和 14%。但是，欧佩克成员国出口的石油占世界石油贸易量的 60%，对国际石油市场具有很强的影响力，特别是当其决定减少或增加石油产量时。欧佩克旨在保持石油市场的稳定与繁荣，并致力于向消费者提供价格合理的稳定的石油供应，兼顾石油生产国与消费国双方的利益。欧佩克通过自愿减少石油产量，或在市场供应不足时增加石油产量的方法来达成上述目标。例如，1990 年海湾危机期间，欧佩克大幅度增加了石油产量，以弥补伊拉克遭遇经济制裁后石油市场上出现的每天 300 万桶的缺口。

（三）非洲联盟

尼日利亚是非洲联盟成员国之一。非洲联盟（African Union）有 54 个会员国，是集政治、经济和军事于一体的全非洲性的政治实体，非盟总部位于埃塞俄比亚首都亚的斯亚贝巴。非盟的主要目的是帮助发展及稳固非洲的民主、人权和经济，同时减少非洲内部的武装战乱及创造一个有效的共同市场，最终目标是建立"非洲合众国"。

非盟在维护地区安全、调解地区战乱和冲突方面采取了积极行动。非盟参与调解了布隆迪、刚果（金）、利比里亚、索马里、科特迪瓦和苏丹等国的冲突，有效地避免了这些国家安全局势进一步恶化。

（四）西非经济共同体

西非经济共同体（Economic Community of West African States）（以下简称"西共体"）是非洲最大的区域性经济合作组织，成立于1975年5月28日，总部设在尼日利亚首都阿布贾。西共体的宗旨是促进成员国在经济、社会和文化等方面的发展与合作，提高人民生活水平，加强相互关系，为非洲的进步与发展作出贡献。最终目标是实现西非地区经济一体化。

西共体自成立以来，一直致力于协调成员国经济发展，推动地区经济一体化进程。西共体在2001年12月举行的首脑会议上，决定对西共体合作、补偿和发展基金进行全面改革，放开基金参股成分，扩大融资渠道，强化吸收国际游资的能力。会议还决定在原基金的基础上组建西共体投资与发展银行。2004年1月起，西共体开始实行统一护照。各成员国公民持统一护照将不需事先获得签证便可前往西共体任何国家旅行、工作和定居，完全实现了成员国间人员的自由流动。这一举措使得西非地区成为非洲大陆目前唯一公民可自由流动的地区。2009年6月，西共体批准对西非单一货币实施路线图进行修订，拟于2020年开始实行单一货币。2009年10月西共体快速反应部队进行首次后勤军演，这意味着西共体将拥有统一的武装力量，区域集体防务已现雏形，有利于西非地区共同打击贩毒、买卖人口、海盗和其他跨国犯罪活动，保证人员和货物流动的安全与顺畅。

尼日利亚投资法律制度

第一节　尼日利亚投资法概述

一、投资立法

（一）投资立法背景及历史发展

在英国殖民统治时期，尼日利亚在外商投资领域没有任何话语权，只能由外来资本家制定规则，被迫接受资本输入。1960年独立以前，尼日利亚是典型的殖民地农业经济，工业基础极其薄弱，经济结构单一，大量生活日用品和生产经营资料均需依赖进口。独立后，尼日利亚联邦政府高度重视经济发展，尤其注重民族经济和民族工业的发展壮大，制定了一系列措施，促进尼日利亚从传统农业经济向现代工业经济转变。为鼓励外国资本投资参与本国项目开发和经济建设，尼日利亚开始制定外商投资促进法律。尼日利亚外商投资法律经历了不断发展和完善的过程，其发展历程大致可分为两个阶段。

第一阶段：1963～1999年，军政府统治时期。这一时期，尼日利亚制定了大量的涉外投资法律，形成了一个比较完整的外商投资法律体系。1962年《外汇管制法》、1972年《企业发展法案》、1988年《工业发展合作委员会令》和1989年《工业促进法》等法令（被称为旧投资法制）① 对外资准入做了严格限定，就投资者在尼日利亚公司的投资设置上限，并限制一些投资者在尼日利亚相关投资的所有权和股权。1995年颁布的《投资促进委员会法令》（1998年第32号法令对其进行了修订）消除了关于外国投资的各种歧视性规定，成为尼日利亚最基本的综合性投资法令，是尼日利亚关于外商投资立法的一次重大进步。该法令的主要内容包括：投资促进委员会这一专门机构的设立及其职能的确定；投资及投资保护政策；投资先锋地位、优惠政策及居留配额等相关规定。为进一步规范外商投资企业在注册、外汇、税收、劳保等方面的管理，尼日利亚立法部门先后制定并施行了相关法律，主要包括：（1）涉及公司登记注册的《公司及相关事务法》（1990年）；（2）涉及外汇管制的《外汇（监管及各项条款）法令》（1995年）；（3）涉及特定行业投资的《第45号投资证券法令》（1999年）、《投资和担保法》（1999年）等；（4）涉及税收的《公司所得税法》《增值税法》《个人所得税法》《石油利润税法》；（5）涉及劳动保证的《移民法》《工厂法》《工人赔偿法》等。

第二阶段：1999年至今，尼日利亚外商投资法律进一步完善。民选政府1999年上台之后，西方国家相继取消了对尼日利

① 刘健、石慧：《尼日利亚新投资法评析》，载于《湘潭大学学报》1999年第5期，第8页。

亚实施的制裁，外商在尼日利亚投资逐步恢复。为稳定外商投资市场，尼日利亚进一步修订相关法律并先后出台一系列措施，以推动外商投资规模进一步扩大。上述措施主要包括：扩大外商可投资领域；先后与多个国家签署双边投资保护和避免双重征税协定；2006年初为外商投资企业设立"一站式"服务，最大限度地为投资者办理所需的证书和许可提供方便。

（二）投资法律主要内容

1.《投资促进委员会法令》（1995）。

该法令是尼日利亚规范和鼓励国内外投资的最根本的法令。尼日利亚于1998年对该法令进行了修订，并专门成立尼日利亚投资促进委员会（NIPC）负责尼日利亚境内的所有投资事务，同时承担联络投资者和政府各部门及其他相关机构的作用。该法令取消了外国投资可持股份的上限，根据该法令规定，无论本国人还是外国投资者均可以投资除武器弹药制造、麻醉剂生产、精神类药品生产以及军队、警察、海关人员的服装生产之外的所有领域，并可拥有100%的股权，但油气领域的经营须由尼方控股。

该法令规定：（1）外国投资者可以以任何可自由汇兑货币购买尼日利亚公司的股份；（2）扩大外国投资者出资方式，零配件、原材料和其他所需业务资产均可以出资，而无须支付外汇；（3）保证外国投资者可以不加限制汇出和转让利润和红利，甚至撤回资金。外国投资者只需凭相关文件即可指示指定的外汇经纪人转移资金；（4）通过尼日利亚公司获取和支付外汇贷款和利息，无须事先征得政府部门同意；（5）尼日利亚保证投资者资本不会被国有化、没收或以其他形式强制转让。如果由于国家或公共利益需征用，尼日利亚将给予公正足额的补偿，所有权人同时有权就补偿事宜提起诉讼。

2. 特殊区域法律。

(1)《尼日利亚出口加工区法令》(1991 年)。

为发展出口型经济,尼日利亚政府于 1991 年颁布了《出口加工区法令》,该法令就外国投资者在尼日利亚出口加工区的投资及其收益、享受的优惠政策、税收、雇员、外汇及利润的汇出及申请程序等作出相应规定。1992 年尼日利亚成立尼日利亚出口加工区管理局(NEPZA),具体负责尼日利亚境内的出口加工区建设。

(2)《尼日利亚自由区投资程序、规章及操作指南》(2004 年)。

从 2001 年起,尼日利亚政府批准设立自由贸易区,并于 2004 年在《尼日利亚出口加工区法令》框架下颁布了《尼日利亚自由区投资程序、规章及操作指南》(Investment Procedures, Regulations and Operational Guidelines for Free Zones in Nigeria. 2004)。指南主要内容包括:自由贸易区的投资程序;自由贸易区基本管理规定;海关规定及程序;区内企业颁发执照、注册程序及规定;区内税收、银行、人力资源管理、移民、健康、安全和环境、规划程序及规定。

3. 先锋地位。

2014 年 1 月 30 日,投资促进委员会颁布了《先锋地位促进条例》(Pioneer Status Incentive Regulations)。在 2014 年 1 月 30 日之后,欲申请先锋地位的所有公司必须遵守该条例的要求。条例规定了申请先锋地位的具体步骤、要求及程序,明确了先锋地位申请不合格的情形,设定了申请服务费用,规定了公司已获得的先锋地位被撤销的情形。对于先锋地位企业可享有的具体优惠政策,则由《工业发展及所得税减轻法案》(Industrial Development and Income Tax Relief Act)进行规定。

（三）与投资相关的其他法律

1. 公司法律制度。

为了鼓励外来投资，尼日利亚早在 20 世纪 80 年代就取消了对外商投资的严格限制。除禁止从事生产枪支弹药、军队制服和生产销售药品、麻醉品等经营活动外，外国投资者可以自由参与其他任何行业和领域经营。

（1）公司设立规定。

根据尼日利亚《公司及相关事务法》规定，外国投资人在尼经营，必须按照规定程序设立法人实体，并经过公司事务委员会（CAC）注册，公司事务委员会还负责公司的规范、监管以及注册维护。任何投资者都可以全资 100% 控股公司或者与当地人联合成立公司，但是该公司必须首次在尼成立。

（2）免税规定。

投资者经营满足下列情形之一的，可向联邦政府申请免税：①接受联邦政府邀请或者经联邦政府批准从事特定独立项目经营的；②外国政府所有的公司在尼日利亚实施特定独立贷款项目经营的；③外国政府所有的公司从事出口促进活动的；④工程监理和技术鉴定中执行与尼日利亚各级政府、代理机构签订的合同或实施经政府批准的个人合同的。[①]

（3）资金流动规定。

尼日利亚根据《对外交易法》建立独立的外汇交易市场，并且保证投入尼日利亚的资金在除该法律规定的情形外，不被侵占、处罚和没收。外国货币可通过被授权的交易方（通常是特许银行和金融机构）将外资货币兑换成当地货币奈拉，交易方将发给外国投资方一份资金流入证明。同时，法律规定外国投资

---

① 中国驻尼日利亚大使馆：《相关法律法规》，http://www.fmprc.gov.cn/ce/ceng/chn/nr-lyzc/xgflfg/，最后访问日期 2017 年 9 月 20 日。

者可将通过投资获得的资金、盈利和分红进行无限制转移，但须符合以下两个条件：一是具备资金流入证明，二是完成尼日利亚投资促进委员会登记。

（4）技术转移规定。

尼日利亚根据《技术获得和促进法》组建了技术获得和促进办公室，管理国外技术转让。根据该法规定，所有涉及技术转让的合同应在合同实施或者履行之日起60日内向技术获得和促进办公室登记。

合同标的全部或者部分内容涉及以下情形的，属于技术转让合同：①商标的使用；②专利发明权；③以方案或者操作手册等方式提供专业技术服务；④提供基本的或者具体的工程技术服务；⑤提供机械或者设备；⑥操作人员、辅助管理和人员培训。[①]

2. 反不正当竞争法律制度。

尼日利亚正在策划出台专门的反不正当竞争法。在目前的法律框架下，与反不正当竞争相关的法律法规主要为《投资证券法令》及《证券交易委员会规则和条例》。根据这两个法律文件，证券交易委员会有权决定某一并购是否会对市场竞争形成限制。此外，尼日利亚通信委员会颁布的《竞争实务规定》（Competition Practices Regulation）对通信行业这一特殊领域中的不正当竞争行为进行了规定。截至2017年10月，反不正当竞争法草案已提交国民议会审议，但尚未通过。根据该草案，严格限制竞争的限制性合同和商业行为将被严格禁止。草案旨在防止滥用市场支配地位、垄断性商业并购等行为。反不正当竞争法若获得通过，还将设立反不正当竞争委员会，由其对并购是否产生了统治性市场地位进行判定。

---

① 尼日利亚经参处：《尼日利亚有关从事经贸活动的法律制度和应对工作建议》，中国驻尼日利亚使馆经参处网站，http：//nigeria. mofcom. gov. cn/article/ztdy/201103/20110307427484. shtml，最后访问日期2017年8月20日。

3. 反商业贿赂法律。

尼日利亚反商业贿赂相关法律主要有：《腐败犯罪及其他相关犯罪法》《经济和金融犯罪委员会法》《公共采购法》等。根据《腐败犯罪及其他相关犯罪法》，尼日利亚政府设立反腐败和相关犯罪独立调查委员会（ICPC），负责预防和打击贿赂、贪污等腐败行为及其他相关犯罪行为；根据《经济和金融犯罪委员会法》，设立经济和金融犯罪委员会（EFCC），负责调查和打击洗钱、非法费用转移、合同欺诈等各类经济和金融犯罪活动。

《腐败犯罪及其他相关犯罪法》第 18 条、第 19 条和第 22 条分别对公职人员贿赂行为、与拍卖有关的贿赂行为、在合同方面提供协助的贿赂行为等进行了界定，并就不同犯罪行为规定了对行贿人以及受贿人的处罚措施，包括 3 ~ 7 年监禁、重体力劳动、5 万 ~ 100 万奈拉的罚金等。①

二、产业发展目标及政策

（一）尼日利亚总体发展目标

为进一步推动尼日利亚经济和社会发展，尼日利亚政府于 2009 年发布"愿景 20：2020"（Vision 20：2020）②，设定了尼日利亚发展的中长期总体目标：即：至 2020 年使尼日利亚位列世界 20 大经济体之一，GDP 达到 9 千亿美元以上、人均年收入达到 4 000 美元以上，以此减少贫困、均衡财富分配并实现一系列的社会及经济发展目标。为实现"愿景 20：2020"所提出的

---

① 中国驻尼日利亚大使馆：《相关法律法规》，http：//www. fmprc. gov. cn/ce/ceng/chn/nr-lyzc/xgflfg/，最后访问日期 2017 年 9 月 20 日。

② 全文详见尼日利亚预算及国家计划部网站，http：//www. nationalplanning. gov. ng/images/docs/NationalPlans/nigeria - vision - 20 - 20 - 20. pdf，最后访问日期 2017 年 9 月 10 日。

目标，需要对农业、非石油矿产业、制造业进行工业化改造以减轻对石油的依赖，并对 29 个主要领域进行改革，最终从社会、经济、机构、环境四个维度达成目标。在经济方面强调产业多元化，建成具有竞争力的、高度整合的制造业，并对 GDP 贡献率达到 25% 以上。

（二）尼日利亚经济发展计划

为实现"愿景 20：2020"，尼日利亚预算及国家计划部（Ministry of Budget and National Planning）于 2017 年就宏观经济 2017～2020 年的发展规划制定了《经济复苏及增长中期计划》[①]，对尼日利亚经济向多元化、工业化、现代化的结构性转型进行指导。计划设定了恢复经济增长、投资于民、建设具有全球竞争力的经济体三大目标，并明确了包括稳定宏观经济、实现农业和食品安全、保证能源充足、改善交通基础设施、促进中小企业工业化在内的五项重点工作。总体而言，尼日利亚拟摆脱对石油的严重依赖，降低因初级产品出口价格波动而给外汇收入造成的负面影响，增加外汇储备。尼日利亚将充分推进国内经济的多元化发展，尤其是制造业工业化，推动中小企业发展，稳定宏观经济并提升经济发展动力。具体行业发展目标如下：

1. 农业。2017 年实现土豆自给自足，2018 年实现大米自给自足，2019 或 2020 年实现小麦自给自足。至 2020 年，农业国内生产总值由 2015 年的 16 万亿奈拉增长至 21 万亿奈拉，2017～2020 年，年增长率达到 6.92%。

2. 制造业。制造业国内总产值增长率由 2016 年的 -7.84% 上升至 2020 年的 10.6%，即 2018～2020 年间保持 8.48% 的平

[①] NIGERIA ECONOMIC RECOVERY & GROWTH PLAN 2017 - 2020，尼日利亚预算及国家计划部网站，http://nationalplanning. gov. ng/images/pub/ERGP% 20document% 20as% 20printed. pdf，最后访问日期 2017 年 9 月 10 日。

均增长率。联动不同经济部门，构建上下游产业链。提高当地成分要求，增加就业机会，减少在原材料、机械设备购买中的外汇支出。提升制造业产品赚取外汇的能力，增加外汇储备。加强技术研发、创新，赋予制造业进入国际市场的竞争力。至2020年，制造业就业人数每年增加8%。

3. 矿业。矿业对尼日利亚GDP贡献不大，但确是尼日利亚最具增长潜力的行业。矿业对GDP的贡献将从2015年的1 030亿奈拉增长至2020年的1 410亿奈拉，2017～2020年间年均增长率达到8.54%。尼日利亚将促进煤炭开采，以满足燃煤电站使用需要，同时鼓励和推动矿石加工等附加值较高的工业建设，完善上下游产业链。

4. 能源。（1）增加石油产量：短期内提升石油产量至日产原油220万桶，至2020年提升至日产原油250万桶，以此实现石油出口收入及政府财政收入年增加额8千亿奈拉的目标。（2）加强电力领域基础建设：优化至少1万兆瓦电力供应，推动可再生能源的更广泛使用。同时通过优化实际装机量、鼓励小规模项目、增加机组量提高发电量，投资建设电力传输基础设施。促进私营领域投资发电、输电及配电。（3）加强原油、天然气下游产品炼制、生产，至2018年将石油产品进口量降低60%，至2020年成为石油产品净出口国。

5. 交通基础建设。尼日利亚将加大对公路、铁路、港口等交通基础设施建设的投资力度。至2020年，修复联邦高速公路，形成4 000公里以上的公路网络。完成拉各斯至卡诺、拉各斯至卡拉巴之间的铁路建设。对4个主要机场采用特许经营形式以提高机场的基础设施维护水平及运营效率。疏浚1 000公里内陆河道、加固河岸以提高内陆河道通航能力。鉴于完成上述目标需要大额的资金投入，因此尼政府将采取措施提高融资吸引力，广泛引入私人资本。

6. 建筑及房地产业。2017～2020年，平均增长率预计将达到 5.39%。尼日利亚将增加在建筑业的可融资额度,加大对当地工人的技术和职业培训力度。尼日利亚拟设立家庭住房基金,以此刺激建筑业发展并提供价格适当的房屋资源。该基金将以 PPP 模式运作,基金规模为 1 万亿奈拉。

7. 服务业。(1)银行业:增加融资工具的多样性,鼓励通过银行、银团贷款的方式向农业、制造业提供利率适当的贷款。(2)旅游业:增加旅游业对 GDP 的贡献;吸引更多的外国游客,实现 10% 的年增长率;拓展国内旅游量;鼓励旅游业经营者对本地农业、创意产业及制造业的投入,加强产业链上下游联动。

(三)尼日利亚财政计划

尼日利亚联邦执行委员会于 2017 年 8 月 10 日通过了发展《2018~2020 年中期开支框架和财政战略报告》(2018 - 2020 Medium - Term Expenditure Framework and Fiscal Strategy Paper)。尼日利亚预算和国家计划部表示联邦政府将在 2018 年实现 3.5% 的增长率,2019 年为 4.5%,2020 年将达到 7%。[①]

三、外资市场准入

(一)外资准入行业

根据《投资促进委员会法令》,尼日利亚政府禁止外国投资

---

① 刘克:《尼联邦政府通过发展战略,2020 年 GDP 目标 7%》,中国驻尼日利亚使馆经参处网站:http://nigeria. mofcom. gov. cn/article/e/i/201708/20170802626277. shtml,最后访问日期 2017 年 8 月 20 日。

者进入下列领域：武器弹药等军火制造、麻醉剂等精神类药品的制造与销售、军事或准军事性（如军队、警察、海关、移民官属、监狱等）制服和械备的生产、海岸与内河航运等。除上述领域外，外国投资者均可以投资。同时，该法令还明确在钢铁生产、水泥生产、制药、车辆制造等96个先锋行业对外国投资者给予税收优惠支持。

（二）外资准入条件

1. 当地股权成分。根据《投资促进委员会法令》的规定，除下列特定行业外，外国投资者可设立100%全资控股的子公司。

（1）《石油投资促进法令》规定，跨国公司在尼日利亚开展石油勘探开采合作，其所持股权比例不得超过40%。[1]

（2）外国投资者投资尼日利亚银行，单个外国个人或机构投资者购买的股份不得超过尼日利亚最大单个个人或机构股东所持股份，同时外国投资者总持股比例不得超过银行总资本的10%。如外国银行要并购尼日利亚银行，该外国银行必须在尼日利亚经营5年以上，并在尼日利亚2/3以上的州设立分行（不包括州首府），同时外国银行在并购后的持股比例不得超过合并体总资产的40%。[2]

2. 最低注册资本金。《公司及相关事务法》规定，独资公司最低注册资本金为1万奈拉，合资公司为50万奈拉。《银行投资促进法令》则要求在尼日利亚设立银行的最低资本金必须达到250亿奈拉。除上述基本规定外，尼日利亚有关法律将外商投资企业注册资本金最低限额与资质获取或某些优惠政策的享受做了关联性规定，如尼日利亚《工人法》规定，外籍劳务配额制度

---

① 唐明：《中国和尼日利亚外商投资法律制度比较研究》，载于《中国海洋大学》，2010年版。
② 驻尼日利亚使馆经商处：《尼日利亚针对外国企业和个人开展经贸活动的禁止性、限制性法律法规及措施》，http：//nigeria. mofcom. gov. cn/article/ddfg/200812/20081205935973. shtml，最后访问日期2017年9月21日。

的适用范围包括本国企业、合资企业和外商独资企业，在尼申请外籍劳务配额的外资企业最低注册资本金为 1 000 万奈拉；《投资促进委员会法令》规定，注册资本金不低于 1 000 万奈拉的外商投资企业才有资格享受先锋地位行业减免税优惠政策。

3. 本地雇员要求。为促进本国就业，尼日利亚政府在引进投资的同时对雇员本地化比例也做了特别规定。如根据《石油促进法令》规定，外国石油公司自经营之日起 10 年内，雇佣的尼日利亚本国职工不得少于企业员工总数的 75%，并且必须设立至少一所用于培训尼日利亚本地员工技能的技术学校。[①]

4. 本地成分要求。在石油天然气领域，根据 2010 年《尼日利亚石油及天然气行业成分发展法令》，尼日利亚在项目投标、许可证发放等方面优先考虑尼日利亚本国企业，即本地投资人持股比例不低于 51% 的企业。[②]

（三）外商投资审批及投资程序规定

根据《公司及相关事务法》和《投资促进委员会法令》等法律的规定，外国投资者在尼日利亚投资需事先向法人事务委员会注册登记成立有限责任公司，向尼日利亚投资促进委员会申请营业许可和居留配额，向内务部申领居留许可。另外，就一些特定行业尼日利亚政府设置了前置审批程序，比如：进入通信领域需获得尼日利亚通讯委员会的批准，涉足电力工业需获得钢铁电力部的批准，进入石油天然气领域需获得石油资源部门的许可，在尼日利亚生产和销售食品、药品和医疗器械须向尼日利亚食品药品管理控制署注册登记并获得许可等[③]。

为进一步简化投资程序，改善投资环境，尼日利亚政府于

---

① 何勤华、洪永红：《非洲法律发达史》，法律出版社 2006 年版，第 290 页。

② Udo Udoma & Belo - Osagie, *Guide to Doing Business in Nigeria*, P. 8, P. 10, LexMundi, http://www.lexmundi.com/lexmundi/Guides_to_Doing_Business.asp，最后访问日期 2017 年 9 月 10 日。

③ 唐明：《中国和尼日利亚外商投资法律制度比较研究》，载于《中国海洋大学》，2010 年版。

2006 年 3 月在投资促进委员会成立一站式投资服务中心，包括投资促进委员会、法人事务委员会、移民局、海关、联邦税务局、中央银行、统计局等部门在内的相关投资审批部门，为投资者提供公司注册、工作许可、税务登记等一站式服务。具体审批程序可参见本章第二节。

（四）尼日利亚外商投资方式

1. 设立新企业。

尼日利亚允许外国公司在境内以设立独资公司、合资公司、子公司、分公司等方式从事经营活动。所有外资参与的企业在公司组建或注册后，应到尼日利亚投资促进委员会进行注册。

《公司及相关事务法》规定，外商投资必须以股份公司的形式注册，股份公司包括两种形式：即私营有限责任公司和公共有限责任公司。私营有限责任公司是出资人以股份为限对公司承担责任，公司股东在两人以上五十人以下，不允许股东转让股份，不允许邀请公众认购公司股份与债券。私营有限责任公司是外国投资者在尼投资使用的最广泛的经营方式。公共有限责任公司出资人以股份为限对公司承担责任，公司股东在两人以上，无上限，股东可自由转让股份，公众可认购公司股份，股票可申请上市。在尼日利亚投资的中资企业，应同时到中国驻尼日利亚使馆经商参处报到备案。[①] 中资企业在尼日利亚建设工业园区等可参看《尼日利亚 63 号法案》和《尼日利亚工业改革计划》。

2. 外资并购。

《尼日利亚投资促进法令》规定，外国投资者可以用任何可自由汇兑的货币购买尼日利亚公司的股份。根据《外汇交易法令》的规定，外国投资者可以进入尼日利亚证券市场，且任何

---

① 中国驻尼日利亚经参处：《办理境外中资企业（机构）报到登记的相关手续》，http://nigeria. mofcom. gov. cn/article/bd/201604/20160401299844. shtml，最后访问日期 2017 年 8 月 20 日。

人不论其住所或国籍都有权买卖、投资、获得、抛售、转移、受益于有价证券和其他货币市场上的流通工具。

尼日利亚涉及并购的法律主要包括：《投资证券法令》《证券交易委员会规则和条例》《公司及相关事务法》《银行及其他金融机构法》《保险法》《公司所得税法》等。其中，《投资证券法令》是规范投资并购活动的基本法律，就并购行为进行了专门规定，且涉及反垄断审查内容。《证券交易委员会规则和条例》依据《投资证券法令》对并购相关规定进行了细化，主要包括信息披露及申报程序等内容。

根据《投资证券法令》第99条规定，有两类收购活动无须经过证券交易委员会审批：一是控股公司纯为投资目的收购股份；二是联邦政府所属机构依法授权完成的交易。

根据《投资证券法令》第100条规定，并购主要流程和要求包括：（1）有关公司单独或共同向联邦高等法院提出收购或合并计划，联邦高等法院召集召开各公司独立会议讨论收购或合并计划；（2）各公司经过决议同意通过收购或合并计划，至少需要获得3/4股份代表或股权代表同意；（3）收购或合并计划获得通过后，提交证券交易委员会审批；（4）收购或合并计划获证券交易委员会批准后，有关公司独立或共同向联邦高等法院提出申请，后者须就此作出裁决；（5）联邦高等法院裁决须在7日内转交公司事务委员会，以便办理公司注册、变更等相关手续；（6）联邦高等法院裁决须在政府公报及至少一家以上在全国发行的报纸上予以公布。

外国投资者投资尼日利亚银行，须参见上文特定行业的准入规定。

外国机构投资者在尼日利亚证券市场进行证券交易必须事先得到证券交易委员会的批准，获得注册证书。①

---

① 尼日利亚证券交易委员会网站：http：//sec. gov. ng/investment－and－securities－act/，最后访问日期2017年8月20日。

3. 其他形式。

（1）设立代表处。尼日利亚法律明文禁止任何外国投资者在其境内以分支机构的形式开展商业活动，并规定外国企业在尼从事投资或其他经营活动必须先在尼当地注册法人实体，并申请开业许可。依据尼日利亚法律规定，外国投资者可以在尼日利亚设立代表处，但不能从事具体经营活动，不能对外签订合同或开立或谈判任何信用证，其职能定位只能是作为联络机构，且办公所需相应资金及费用由总部机构承担并从国外汇入。外国投资者在尼日利亚设立代表处必须向尼日利亚法人事务委员会申请注册登记，手续类似于申请注册公司，但相对简化。

（2）合作开发。尼日利亚吸收的外国投资主要集中在石油开采领域。[①] 为避免尼日利亚国家石油公司缺乏资金致使重大石油勘探开采项目陷于停顿，尼日利亚政府通过与跨国石油公司签订产量共享合同来弥补资金缺口。[②]

（3）公私合作（Public Private Partnership，PPP）。尼日利亚政府意识到其基础设施的落后状态对经济发展形成了制约，同时为减轻政府在基础设施建设上的财政负担，尼日利亚政府开始在基础设施建设领域引入私营部门，大力发展 PPP 模式。为此，联邦政府层面于 2005 年出台了《基础设施特许经营监督管理委员会法》并后续出台了补遗。各州均有权就其区域内的基础设施建设进行立法，目前在 PPP 方面立法较为完善的为拉各斯州，主要法律包括《拉各斯州道路、桥梁和公路基建法》《道路维护机构法》《公私合作法》。尼日利亚 PPP 具体合作模式多样，包括：BOT（建设—运营—移交）、BOOT（建设—所有—运营—移交）、DBOT（设计—建设—运营—移交）、OM（运营—维护）、JDA（联合开发协议）等。投资者可通过参与联邦或州政

---

① 梅新育：《中海油尼日利亚投资评析》，《新理财》2006 年第 2 期，第 39 页。

② 刘瑾丹：《尼日利亚石油天然气工业发展进程与我纵深介入尼油气领域的相关对策建议》，中国驻尼日利亚经参处网站，http://ng.mofcom.gov.cn/article/slfw/200310/20031000132978.shtml，最后访问日期 2017 年 8 月 20 日。

府公开招标及主动发起的方式参与 PPP 项目。在私人主动发起的项目中，政府相关部门对技术、经济方案进行审核，对项目与公共利益、国家发展目标的契合性进行判断。政府部门认为项目可行的，将对项目进行公开招标，项目发起人有权根据其他投标人中的最优投标方案调整其方案以获得项目。基础设施特许经营监督管理委员会提供联邦政府 PPP 项目清单，2014 年联邦政府正在执行及拟建的项目达到 40 个。① 拉各斯穆罕默德机场二期项目是尼日利亚本土公司在基础设施领域成功承接的第一个 BOT 项目，被认为是尼日利亚首个成功实施的 PPP 模式项目。2003 年，拜—科特尼（Bi – Courtney）公司与尼日利亚联邦政府签署 BOT 项目协议，主要包括穆罕默德机场国内航站楼及配套设施建设。②

（五）尼日利亚对外国投资者享有权利的规定

《投资促进委员会法令》对外商投资企业的权利做了明确规定：（1）在依法设立企业和进行生产经营活动方面可获得政府帮助；（2）从经营中获得的合法权益可受到保护；（3）对自己的资产拥有所有权；（4）享受土地租赁或特许经营所得利益；（5）可以使用外国劳工，但不得超过企业劳工总数的 10%；（6）外国投资者及其家庭成员，包括企业的外籍技术人员、管理人员可按尼日利亚政府规定在多次出入境签证以及在尼日利亚长期居留方面享受便利，依照尼日利亚国籍法可申请尼日利亚国籍；（7）向尼日利亚有关部门注册的知识产权可受保护；（8）依照法律法规，全部完成纳税、缴费义务后，可通过设在

---

① Fred Onubia, Okechukwu J Okoro, Bibitayo Mimiko, Nigeria, Bruno Werneck & Mario Saadi, *The Public – Private Partnership Law Review*, 2nd Edition, Law Business Research Ltd, 2016, P. 174.

② 中国驻尼日利亚大使馆：《相关法律法规》，http：//www. fmprc. gov. cn/ce/ceng/chn/nr-lyzc/xgflfg/，最后访问日期 2017 年 9 月 20 日。

尼日利亚的银行将利润、资金和其他收入汇回母国或第三国；（9）在尼日利亚境内的银行开设本币或外汇账户；（10）在生产经营中，如果发现自己的权益受到侵害，可向有关机构请求公正解决或提起诉讼；（11）依照法律规定享有的其他权益等。

（六）尼日利亚对外商投资的鼓励规定

根据尼日利亚《投资促进委员会法令》相关条款，尼日利亚对外资进入尼日利亚投资实行统一的优惠政策。尼日利亚还针对不同行业制定了一系列行业鼓励政策。

1. 先锋地位。

为扩大制造业的规模，鼓励投资者在尼日利亚制造业的投资力度，尼日利亚政府将包括农业、制造业、矿业、制药、化学、机械、印刷、通信、旅游、房地产、基础设施等领域的96个国内缺乏相应制造能力的行业确定为优先发展的行业（先锋行业），享受一定的专有优惠政策。根据尼日利亚法律规定，一般情况下公司所得税税率为30%（油气领域除外），被确定为先锋地位的行业可享受3~5年的免税待遇，该期限在一些经济欠发达地区可延长至7年。先锋地位的获得须符合以下条件：（1）所属行业在政府确定的先锋行业范围内；（2）外资企业注册资金不少于1 000万奈拉（约7.8万美元）且须经工业部出具相关报告证实该投资已到位；（3）免税仅限于企业生产的属先锋地位之列的产品；（4）须在开始商业生产后的1年内提出申请。①

此前，有69个部门被批准列入先锋地位，可获得相应免税待遇（见表2-1）。

---

① *Nigerian Investment Promotion Commission releases Pioneer Status Incentive Regulations*，安永网站，http://www.ey.com/gl/en/services/tax/international - tax/alert—nigerian - investment - promotion - commission - releases - pioneer - status - incentive - regulations，最后访问日期2017年9月2日。

表 2 - 1　　　　　　　　　　　先锋工业/产品一览

序号	部门	产品
1	农作物和水果栽培，加工及储存	罐装食品、水果、茶、咖啡、精炼糖和番茄酱等
2	合成奶制品	黄油、奶酪、牛奶、奶粉及冰激凌
3	a）深海捕捞及加工； b）近海鱼虾捕捞	可储存的海产品，鱼、虾、鱼粉
4	地下开采铅、锌、铁矿	铅、锌、铁矿石
5	钢铁生产	钢铁产品
6	有色金属冶炼及其合金制造	精炼有色金属及合金
7	重晶石开采及加工	重晶石、斑脱土及相关矿产品
8	以尼日利亚原材料为主石油钻井材料	重晶石、斑脱土及相关矿产品
9	水泥生产	水泥、煤渣
10	玻璃及其制品生产	平板玻璃、医药及实验室用玻璃器皿
11	用当地石灰石生产石灰	石灰
12	大理石开采及加工	大理石及加工的大理石
13	陶瓷产品生产	耐热绝缘建筑产品、实验室用品
14	以当地原材料为主生产的基本化工品及中间体生产	基本及中间有机（及无机）化工品、化肥、烧碱、氯、农药、杀虫剂、石化产品
15	制药	药品
16	酵母、酒精及其相关产品生产	酵母、工业酒精及相关产品
17	纸浆生产	纸浆
18	棉纱及人造纤维生产	棉纱、人造纤维
19	以当地产品为主要部件的机械制造	办公和工业机械设备、器具
20	全部或主要由金属构成的产品制造	管道
21	以当地原材料生产的网具制造	渔具、蚊帐及相关产品
22	汽缸制造	汽缸
23	本地面粉加工	面粉及麸皮
24	橡胶种植及加工	橡胶
25	阿拉伯橡胶种植及加工	阿拉伯树胶
26	化肥生产	磷肥、氮肥、氨、尿素

续表

序号	部门	产品
27	车辆制造	汽车、摩托车、汽部件
28	油棕种植及加工	棕榈油、棕榈籽
29	机动车及部件制造	机动车及部件
30	书籍印刷	书籍
31	大规模机械化耕作	小麦、玉米、大米、高粱
32	500 头以上规模养牛、养猪场	不少于 500 头牛和猪
33	石膏生产	石膏
34	废油再炼和再循环	低能油
35	电力设施设备和部件制造	发电机、变压器、电表、控制台、开关装置、测试设备、镇流器、启辉器、照明灯、电阻器、电容器、感应圈、半导体和导体
36	造船、海洋船舶维修	轮船、坐艇
37	计算机和计算机芯片制造	计算机硬件、软件、芯片
38	照相机、成像设备和其他材料制造	照相机、成像设备及相应部件
39	潜水和水下工程	水下工程服务
40	机械设备本地装配	机械
41	工具制造	机器、手工工具
42	飞机制造维修设施安装、飞机制造	飞机维修和制造
43	科学仪器和通信设备安装	收音机、扩音系统、麦克风、天线、录像机、科学仪器、放大系统、无线电收发机、电话机
44	燃气生产和传输	燃气及传输
45	太阳能发电设备和装置制造	太阳板、计算器
46	大规模内陆养鱼	鱼、虾
47	沥青开采加工	沥青
48	制盐	盐
49	灭火设备及报警系统制造	灭火设备及报警系统
50	缆线制造	输电线、电话线、其他电缆
51	医疗设备制造	X 射线、氧气设备等
52	矿物油勘探生产	石油

尼日利亚

序号	部门	产品
53	润滑剂生产	润滑油、液压/发动机油、齿轮油等
54	钢板生产	钢板
55	灶具、炊具、冷冻柜和空调制造	灶具、炊具、冰箱、冰柜、空调
56	农业机械设备制造	收割机、脱粒机、播种机
57	材料处理设备制造	起重机、铲车等
58	铸造厂建设	模具、铸造等
59	制铝	铝
60	酵素生产	酵素
61	浓缩果汁生产	浓缩果汁、果汁
62	电焊条生产	电焊条
63	钉子生产	钉子及相关产品
64	铁线材生产	锭线材
65	啤酒花生产	啤酒花
66	信息通信设备生产及技术开发	信息通信设备、软件
67	旅游业	旅游景点、酒店、运动及休闲设施
68	房地产开发	商业及住宅房屋出租所得、处置被闲置一定期限房产所得
69	公用事业	使用天然气、煤或其他可再生能源作燃料的独立电站，公路、铁路及水上运输，尼本地企业从事电信行业（不包括移动通信）。

资料来源：《对外投资合作国别（地区）指南——尼日利亚》（2016），走出去公共服务平台网，http://fec.mofcom.gov.cn/article/gbdqzn/，最后访问日期2017年8月18日。

尼日利亚联邦政府于2017年8月又将27个行业部门新纳入"先锋行业"之列，以吸引合格的投资者投向该类行业。"先锋行业"意味该领域的投资企业可享受企业所得税的减免，将大大降低企业的经营成本。新纳入的27个行业部门涉及煤炭、肉类、家禽、可可、音乐、出版及分销行业等[1]。

---

[1] 杨丽：《尼日利亚政府将27个行业部门新纳入"先锋行业"之列以吸引外资增长》，中国驻尼日利亚使馆经参处，http://nigeria.mofcom.gov.cn/article/e/p/201708/20170802623879.shtml，最后访问日期2017年8月20日。

2. 从事研究和开发的企业可享受税收优惠。

如果该研究和开发在尼日利亚境内进行，并与该企业的业务密切相关，那么用于研究和开发费用的 12% 免予征税；如使用尼日利亚本地的原材料从事研究和开发，用于研究和开发费用的 14% 免予征税；如果企业从事长期研究，投入的费用将视为资本支出，免予征税。

3. 补贴。

在尼日利亚经营的制造企业，每年获得的补贴不得超过其可评估利润的 75%；其他企业不得超过 66%。与农业相关的企业不受此规定限制。如果出租的资产用于农业相关领域，该企业可获得 100% 的资本补贴。如果出租的资产是农业机械或设备，企业的上述投资还可以获得 10% 的额外补贴。2007 年尼日利亚制造企业资本补贴标准见表 2 - 2。

表 2 - 2　　　　　　尼日利亚制造企业资本补贴标准一览

序号	资金补贴的种类	首次补贴的标准	年度补贴标准
1	建筑费用	5%	10%
2	工业建筑费用	15%	10%
3	采矿	20%	0
4	工厂（不包括家具和装修）	20%	10%
5	家具和装修	15%	10%
6	车辆费用	25%	20%
7	耕地设备费用	20%	33%
8	住宅费用	20%	10%
9	放牧与耕地的费用	25%	15%
10	研究与开发费用	25%	15%
11	公共交通车辆	30%	—

资料来源：《对外投资合作国别（地区）指南——尼日利亚》（2016），走出去公共服务平台网，http://fec. mofcom. gov. cn/article/gbdqzn/，最后访问日期 2017 年 8 月 18 日。

4. 公司内部培训。

内部建立培训设施的企业可享受 2% 的税收减免，期限为 5 年。

5. 基础设施建设投资。

如果公司投资修建通常由政府负责的基础设施，包括道路、供水和供电，公司上述投资的 20% 免予征税。

6. 劳动力密集型企业。

劳动力密集型企业可以获得税收减免优惠。雇用 1 000 人及以上的企业可享受 15% 的税收优惠；雇用 200 人及以上的企业可享受 7% 的税收优惠；雇用 100 人及以上的企业可享受 6% 的税收优惠。

7. 本地增加值。

对从事本地生产（不仅仅是进口零部件进行装配）的企业，可以享受 10% 的税收优惠，期限为 5 年。

8. 再投资补贴。

如果制造业企业将资本用于扩大再生产，包括扩大生产能力、提升生产设备现代化水平以及相关产品的多样化经营，企业可以获得再投资补贴。

9. 本地原材料的使用。

达到本地原材料使用最低水平的企业可享受 20% 的税收优惠，期限为 5 年。农业相关行业，本地原材料使用最低水平为 70%；工程行业，本地原材料使用最低水平为 60%；化工行业，本地原材料使用最低水平为 60%；石化行业，本地原材料使用最低水平为 70%。

10. 出口企业优惠。

保税区内的原材料生产后再出口，享受 60% 退税；出口创汇企业凭相关证明享受出口补贴；政府设立出口发展基金为私营出口企业提供企业开办初期的费用支持等。[①]

---

① 资料来源：《对外投资合作国别（地区）指南——尼日利亚》（2016），走出去公共服务平台网，http://fec.mofcom.gov.cn/article/gbdqzn/，最后访问日期 2017 年 8 月 18 日。

11. 特殊区域优惠政策。

尼日利亚一般有出口加工区/自贸园区和石油天然气行业专业自贸园区两类特殊优惠区域。截至 2013 年，尼日利亚政府已批准了 25 个出口加工区/自贸园区，其中有 11 个已经运营。中国企业在尼日利亚建设有莱基自贸区（位于拉各斯州）和奥贡—广东自贸区（位于奥贡州）。截至 2013 年底，分别有 5 家和 14 家企业入区运营。此外，中国企业也在卡拉巴自贸区等投资设厂。

（1）根据《尼日利亚出口加工区法令》，外商投资者在出口加工区可享受如下的优惠政策：①免除所有联邦、州、地方政府的税收、费用；②园区内进口设备及配件、备品备件、消费品、原材料及其他与投资项目有关的物品，免征进口关税；③园区企业可由外资 100% 控股；④企业的资本金、利润、分红可 100% 汇出；⑤所有进出口无须获得许可；⑥无外籍员工配额限制；⑦所有审批、许可提供一站式服务；⑧所有在加工区内生产的产品可在尼日利亚境内销售，仅需就进口原材料缴纳进口关税；⑨海关禁止进口的货物，如在加工区内生产且达到 35% 的本地增加值，则可在尼日利亚境内销售；⑩在政府所有的区域内，工厂建设期前 6 个月免土地租金等。[1]

自由贸易区享有与出口加工区同样的优惠政策。与出口加工区不同的是，自由贸易区可以进口整件的成品进行转口贸易，而出口加工区只能进口散件商品。

（2）石油天然气自贸园区的优惠措施：免个人所得税；100% 的资本和利润可自由汇出；免进口货物的装船前检验。

---

[1]　中国驻尼日利亚大使馆：《相关法律法规》，http：//www.fmprc.gov.cn/ce/ceng/chn/nr-lyzc/xgflfg/，最后访问日期 2017 年 9 月 20 日。

第二节 投资的监管与审批

一、投资管理部门

（一）尼日利亚投资促进委员会及其职责

尼日利亚工业、贸易与投资部（Federal Ministry of Industry, Trade and Investment）是尼日利亚投资主管部门，其下属的尼日利亚投资促进委员会（The Nigerian Investment Promotion Commission，以下简称投资促进委员会，NIPC）是投资促进主管部门，[①]所有外资企业均需在投资促进委员会办理登记，申请开业许可（Business Permit Certificate）。

投资促进委员会依据尼日利亚1995年《投资促进委员会法令》设立。作为联邦政府机构，其在促进投资方面主要负责：对在尼日利亚境内投资设立和运营的企业进行协调、监督、提供必要的协助和指导；对与投资机会及资金来源有关的信息、数据进行收集、整理、分析、宣传；对合作伙伴提出建议，明确可由潜在投资者申请参与的具体项目。[②]根据《投资促进委员会法令》，其具体法定职责共13项，包括：（1）是联邦政府协调和监督本法适用的所有投资促进活动的具体机构；（2）启动并支

[①] 尼日利亚出口加工区管理局网站，http://www.nepza.gov.ng/incentives.asp，最后访问日期2017年9月20日。

[②] 《对外投资合作国别（地区）指南——尼日利亚》（2016），走出去公共服务平台网，http://fec.mofcom.gov.cn/article/gbdqzn/，最后访问日期2017年8月18日。

持为尼日利亚当地和外来投资者改善投资环境的措施；（3）通过有效手段促进对尼日利亚境内外的投资；（4）收集、整理、分析和传播有关投资机会和投资资金来源的信息，并根据要求提供合资项目中有关合作伙伴可用性、选择或适用性的建议；（5）登记并保存本法适用的所有企业的相关记录；（6）确定具体项目并邀请有兴趣的投资者参与其中；（7）发起、组织和参与为促进投资而开展的诸如展览、会议和研讨会等宣传活动；（8）维护投资者与政府部门、机构、机构贷款人和其他投资有关机构的联系；（9）向有关投资者提供和传播有关投资奖励机制的最新信息；（10）通过提供支持服务协助来访和现有投资者；（11）评估委员会对在尼日利亚投资的影响，并提供适当的建议；（12）针对旨在促进尼日利亚工业化或经济总体发展的财政措施等政策向联邦政府提供意见和建议；（13）履行补充或附带的其他职能，以达到本法设立的初衷。①

（二）法人事务委员会

法人事务委员会（The Corporate Affairs Commission，CAC）根据尼日利亚 1990 年颁布的《公司及相关事务法令》设立，以替代原设立于商业与旅行部的公司登记处。该委员会总部设在阿布贾，在联邦所有 36 个州均设有分支机构。作为《公司及相关事务法令》的执行机构，该委员会负责规范尼日利亚境内所有公司的设立及运营，就公司设立及登记的前期、中期及后期提供广泛的服务，具体包括：（1）商业名称登记及公司注册；（2）注册信托公司（Incorporated Trustees）；（3）一日设立服务，即在一定条件下在一天内完成公司注册；（4）颁发公司文件的认证文本；（5）股权增资、抵押等事宜的登记；（6）处

---

① *Invest in Nigeria*，尼日利亚政府网站，http：//www. nigeria. gov. ng/index. php/2016 - 04 - 06 - 08 - 38 - 30/invest - in - nigeria，最后访问日期 2017 年 8 月 5 日。

理年度报表、公司章程修改、注册地址修改等法定申报事项；
（7）公司运营及清算。[1]

（三）一站式投资中心及其职责

为改善投资环境，有效减少投资人在设立、运营企业时可能遇到的障碍及简化繁杂的政府审批程序，2006 年尼日利亚在投资促进委员会框架下设立一站式投资中心（One – Stop Investment Centre，以下称中心，OSIC）。中心发挥窗口作用，协调相关投资管理政府部门于一处，为投资人提供高效透明的服务。投资人在中心即可获得投资项目所需的所有法定文件和批准。中心同时向已进行投资的投资人提供与尼日利亚经济、投资环境、法律法规情况及特定领域、行业的信息和数据，以此帮助投资人获得充分信息并做出准确商业决策。中心提供的具体服务包括[2]：（1）提供尼日利亚经济总体信息及数据，就投资机会提供咨询；（2）颁发商业准入批准、证书及授权；（3）协助公司设立及注册；（4）在授权范围内推动法定政府机构颁发准入后批准、证书及其他特定领域许可；（5）协助办理税务登记及清税；（6）协助办理工作准证、外籍雇员配额及其他移民手续；（7）为投资项目推动海关清关。下文所述的相关审批手续均可在一站式投资中心办理或由其协助办理。

二、商业组织形式

尼日利亚商业组织形式主要包括：（1）《公司及相关事务法

---

① 第二部分第四条，《投资促进委员会法》（The Nigerian Investment Promotion Act N°16 of 1995），中国驻尼日利亚使馆经参处，http：//nigeria. mofcom. gov. cn/article/ddfg/201705/20170502579647. shtml，最后访问日期 2017 年 8 月 10 日。

② *Invest in Nigeria*，尼日利亚政府网站，http：//www. nigeria. gov. ng/index. php/2016 – 04 – 06 – 08 – 38 – 30/invest – in – nigeria，最后访问日期 2017 年 8 月 5 日。

令》所定义的公司；（2）合伙经营；（3）独资经营；（4）注册信托公司；（5）代表处。

（一）公司

根据《公司及相关事务法令》规定，2 名及以上个人或实体可申请设立公司。

从公司股权转让自由度及股东对象角度，公司类型可分为私人公司（Private Company）及公众公司（Public Company）。私人公司股东人数不得超过 50 人，股权转让受到限制，且非经法律授权不得向公众募集股份或发行债券、不得吸收公众存款（不论是否附带利息）。公众公司则不受上述限制。公司应在其章程中明确其为私人公司或公众公司。

从责任承担形式角度，公司类型可分为无限责任公司（Unlimited Company）、股份有限公司（Company Limited by Shares）及保证有限公司（Company Limited by Guarantees）。[①] 无限责任公司的股东对公司债务承担无限责任。股份有限公司的股东以其在公司章程中记载的认缴股份为限就公司债务承担责任，股东未缴全章程中所记载的出资额的，需就未缴纳部分以自有财产承担责任。保证有限公司的股东在公司清算时依照公司章程中所记载的其承诺出资的数额对公司债务承担责任，在公司设立时及运转过程中并不需要实际出资。需要特别注意的是，保证有限公司这一形式仅适用于为推广商业、艺术、科学、宗教、体育、文化、教育、研究和慈善等目的，其收益仅用于实现该目的而不向股东进行利润分配的公司。保证有限公司不登记股份资本，且其公司章程中或股东决议中关于向股东进行利润分配的规定均无效。如果公司以股东分红为目的进行商业活动，则知晓这一情况的公司

---

① *Invest in Nigeria*，尼日利亚政府网站，http：//www. nigeria. gov. ng/index. php/2016 – 04 – 06 – 08 – 38 – 30/invest – in – nigeria，最后访问日期 2017 年 8 月 5 日。

管理人员、股东将对由此商业活动引起的公司债务及责任承担连带责任。

股份有限公司、保证有限公司及无限责任公司均可以以私人公司或公众公司的形式存在。

除保证有限公司不登记股份资本外，其他两种形式的公司需采用折中授权资本制。在此制度下，章程明确记载公司的资本总额，股东只需认足第一次发行的股份，公司即可设立[①]。根据《公司及相关事务法令》，注册资本不得低于法定最低额度，且在公司设立时应有不低于 25% 的注册资本已实缴。私人股份有限公司最低注册资本金为 1 万奈拉，公众公司最低注册资本金为 50 万奈拉[②]。对于外资公司而言，其最低注册资本金需达到 1 000 万奈拉，一是满足投资促进委员会进行公司登记的要求；二是满足内政部关于申请外籍员工配额的要求。

（二）合伙经营

合伙经营指合伙人对公司的财产联合所有，共同承担公司的债务与责任。根据《公司及相关事务法令》的规定，合伙经营企业中合伙人不得超过 20 人（法律及会计行业除外），一旦人数超过 20 人且继续经营超过 14 天的，则所有合伙人每人每天将遭到 25 奈拉的罚款。[③]

（三）独资经营

独资经营由一人所有，所有权人对企业有较为绝对的控制权并获得所有利益，同时也对企业的所有债务及其他责任承担无限

---

① *Art. 26, Companies and Allied Matters Act.*

② 范建、王建文：《公司法》，法律出版社 2006 年版。

③ *Invest in Nigeria*，尼日利亚政府网站，http://www.nigeria.gov.ng/index.php/2016 – 04 – 06 – 08 – 38 – 30/invest – in – nigeria，最后访问日期 2017 年 8 月 5 日。

责任。一旦企业发生违约、侵权等事件，企业所有人的个人非豁免财产及企业财产均将用于支付法院所裁决的赔偿。独资经营的所有人可购买公共责任保险以此降低无限责任的风险。独资经营是使用最多的一种经营形式，当地多数独立承包商均采用这一形式[1]。独资经营的法律要求很简单，只需要经营者有经营场所，个人去法人事务委员会登记公司名称、地址等即可。公众也可通过交纳一定费用在法人事务委员会查询独资经营个人的有关资料[2]。

（四）注册信托公司

基于教育、文学、科学、文化、体育或慈善等目的而组成的社团和联合会等或因习俗、宗教、亲属关系或国籍而形成的社群等，由其指定的委托人，依据该社团、联合会、社群的授权成立的法人实体。

（五）代表处

代表处不得开展商业活动，仅可作为联络、收集和推广商业信息等非经营目的来使用。

根据《公司及相关事务法令》的要求，除特定情况外，外商投资企业在尼日利亚开展商业活动必须登记为独立实体，因此代表处（或分公司）及合伙经营不适用于拟在尼日利亚开展正常经营活动的外国投资企业。无限责任公司、独资经营因无法将

---

① *Nigeria*：*What are Sole Proprietorship and Partnership*?，Daily Independent，26 FEBRUARY 2015，ALL AFRICA 网，http：//allafrica. com/stories/201502260847. html，最后访问日期 2017 年 8 月 20 日。

② 《如何注册尼日利亚公司》，通往非洲网：http：//mp. weixin. qq. com/s？ __biz = MzA 3MDk0NDczMA = = &mid = 200646618&idx = 2&sn = 0110a9fd201fad13844b11086e5da684&3rd = MzA 3MDU4NTYzMw = = &scene = 6#rd，最后访问日期 2017 年 8 月 20 日。

公司风险与股东资产相隔离，不符合一般股东设立公司的目的。保证有限公司及注册信托公司仅适用于特定的行业，且不以盈利为目的，因此亦不适用于一般的经营性公司。因此外国投资人在尼日利亚多选用股份有限公司，而对于私人公司或公众公司的选择则将取决于该外商投资公司的股东情况和经营需求。

三、外商投资注册审批手续

总体而言，尼日利亚境内的所有商业实体均需在法人事务委员会进行登记，而外商投资企业还需向投资促进委员会进行注册，并向内政部申请开业许可及外籍员工配额。

（一）实体设立注册

1. 实体设立豁免申请。

根据《公司及相关事务法令》，在以下情况下，外资公司可向总统申请不在尼日利亚设立独立实体：

（1）受联邦政府邀请或经联邦政府同意被邀请至尼日利亚实施特定项目的外国公司；

（2）外资公司代表援助国或国际组织执行经批准的贷款项目；

（3）仅从事出口促进业务的外国国有公司；

（4）就单个特定项目与联邦政府及其机构或代理签订合同的工程咨询师和技术专家，且该合同经联邦政府批准。

书面豁免申请应提交至联邦政府秘书长（Secretary to the Federal Government）并包含以下内容：

（1）外资公司在尼日利亚境外的名称、地址；

（2）外资公司在尼日利亚境内的名称、地址或拟采用的名称、地址；

（3）董事、合伙人及其他重要管理人员的姓名、地址；

（4）经认证的公司章程、组织大纲或其他公司设立文件副本，若相关文件非英文，需提供经认证的翻译版本；

（5）代表外国公司接收传票或其他通知的尼日利亚境内居民的姓名、地址；

（6）外国公司在尼日利亚的商业活动或拟开展的商业活动及其期限；

（7）曾作为豁免外国公司在尼日利亚开展项目的信息；

（8）联邦政府秘书长要求的其他信息。

豁免决定由总统做出。豁免附有明确的期限（通常为三年，且难以延期[①]）或指明所适用的特定项目。在期限届满或特定项目完工后豁免失效。总统若认为外国公司存在违反《公司及相关事务法令》的行为，或未能满足豁免令中的任何条件，或有其他合理或充足的理由，则可随时撤销豁免。

（二）法人事务委员会注册

除前述豁免情况外，外资公司在尼日利亚从事投资或其他经营活动必须先在当地注册具有法人资格的实体，取得设立证书（Incorporated Certificate）。法人事务委员会根据1990年的《公司及相关事务法令》负责管理全国的企业注册事务，公司注册服务由其位于阿布贾的总部提供[②]。

股份有限公司，无论是私人公司还是公众公司，注册程序及要求如下[③]：

---

①　《如何注册尼日利亚公司》，通往非洲网：http：//mp. weixin. qq. com/s?＿＿biz＝MzA3MDk0NDczMA＝＝&mid＝200646618&idx＝2&sn＝0110a9fd201fad13844b11086e5da684&3rd＝MzA3MDU4NTYzMw＝＝&scene＝6#rd，最后访问日期2017年8月20日。

②　Art. 56, Companies and Allied Matters Act.

③　佟刚：《域外法学之尼日利亚投资和融资法律报告》，北大法律信息网：http：//article. chinalawinfo. com/ArticleFullText. aspx? ArticleId＝67096，最后访问日期2017年9月22日。

（1）就拟采用的公司名称在法人事务委员会进行查询，确认其可用性。

（2）公司名称通过审核后，进行公司名称预留，公司名称预留时间为 60 日。

（3）准备拟设立公司的公司组织大纲及公司章程（Memorandum and Articles of Association）：公司组织大纲及公司章程应记载至少 2 名股东和 2 名董事，且由至少 2 名股东最低认购公司授权资本的 25%。同时向法人事务委员会支付申请费用，获取相关注册表格。

（4）向联邦国内税务局（Federal Inland Revenue Service）提交 CAC 2 表——公司授权资本说明及 2 份已签署的公司组织大纲及章程，缴纳印花税并就设立所需文件加盖完税印章；

（5）向法人事务委员会网站上传注册文件，包括：①CAC 2 表：公司授权资本及股份分配说明；②CAC 7 表：公司初始董事具体情况说明（至少 2 名董事，其姓名、地址、国籍）；③CAC 3 表：公司注册地址说明；④CAC 4 表：经律师宣誓的合规声明；⑤公司的组织大纲及公司章程；⑥资金充足证明（如适用）；⑦公司秘书简历；⑧印花税证书；⑨申请费支付证明。

（6）投资人选择法人委员会办公室，现场提交注册文件正本，以取得设立证书及注册文件的认证副本。

法人事务委员会正在大力推行网上申请注册，以降低注册成本、提高注册效率，由此改善尼日利亚投资环境。上述程序中的相关支付、文件的获取及提交均可在法人事务委员会官方网站上进行。同时，法人事务委员会拟在埃努古、卡杜纳、卡诺、拉各斯、哈科特港及阿布贾六个办事处全面取消现场注册申请。

根据法人事务委员会官方网站信息①，公司名称预留在申请

---

① 法人事务委员会网站，http：//new.cac.gov.ng/home/services/，最后访问日期 2017 年 8 月 15 日。

提交当日即可办理完成（申请在下午 5∶05 前提交），公司注册在文件提交后 24 小时即可完成。

法人事务委员会对公司注册的收费标准如下①：

表 2－3　　　　　　　　　　公司注册收费标准一览

项目		费用（奈拉）
公司名称预留		500 奈拉
私人公司注册	股份资本 100 万奈拉及其以下	10 000 奈拉
	股份资本 100 万奈拉以上 5 亿奈拉及其以下	股份资本超过 100 万奈拉的部分，每 100 万收取 5 000 奈拉
	股份资本 5 亿奈拉以上	股份资本超过 5 亿奈拉的部分，每 100 万收取 7 500 奈拉
公众公司注册	股份资本 100 万奈拉及以下	20 000 奈拉
	股份资本 100 万奈拉以上 5 亿奈拉及其以下	股份资本超过 100 万奈拉的部分，每 100 万收取 10 000 奈拉
	股份资本 5 亿奈拉以上	股份资本超过 5 亿奈拉的部分，每 100 万收取 15 000 奈拉

此外，如前所述在公司注册过程中需缴纳印花税，印花税包含两部分：公司组织大纲及公司章程印花税为 2 000 奈拉；股份资本印花税为股份资本总额的 0.75%。

（三）投资促进委员会商业登记

根据《投资促进委员会法令》，所有具有外资股份的公司在注册后须在投资促进委员会进行登记，登记申请向投资促进委员会阿布贾总部提出。外资公司需提供的申请文件包括：

---

① 法人事务委员会网站，http：//new.cac.gov.ng/home/services/，最后访问日期 2017 年 8 月 15 日。

（1）申请表；（2）法人事务委员会颁发的设立证书；（3）公司对其股份资本不低于 1 000 万奈拉的声明；（4）公司组织大纲及章程；（5）CAC 2 表——公司授权资本及股份分配说明，以及 CAC 7 表——公司初始董事具体情况说明。

投资促进委员会在收到申请后 24 小时内回复批准函，申请公司可在约 2 周内获得公司登记证书（Certificate of Registration of Company）。申请公司在取得证书时需缴纳 15 000 奈拉费用。

（四）银行资金汇入证明（Certificate of Capital Importation）

外国投资人向尼日利亚境内银行汇款时应以电传方式说明汇款目的，即作为其对公司股份资本的出资。在确认汇款已汇至尼日利亚后，外资公司向收款的尼日利亚境内银行提出书面申请，要求其出具股份资本的资金汇入证明，并同时提供如下文件：（1）同意外方投资的公司董事会决议；（2）公司对该笔汇款目的的说明函；（3）公司注册证书；（4）汇款银行的 SWIFT 信息。收款银行在收到相关文件后，对文件进行审核并在 48 小时内颁发资金汇入证明，并通知尼日利亚央行。

资金汇入证明除在外资公司设立阶段用于申请下文提及的开业许可外，在外资公司经营过程中的购汇和外汇汇出也需使用该证明。

（五）内政部开业许可及外籍员工配额

1. 开业许可。

外资公司在开展商业活动前须向内政部申请开业许可（Business Permit）。为满足申请需要，外国投资人应办理新注册公司的完税证明并签订经营场地租赁协议，并进行出资。在申请开业许可时应提交以下文件：

（1）法人登记证书复印件（注册资本不得低于 1 000 万奈拉，约合 7.8 万美元）；

（2）公司组织大纲及章程认证副本；

（3）申请公司的完税证明复印件；

（4）法人事务委员会的 CAC 2 表和 CAC 7 表；

（5）合资经营协议（如为外商 100% 持股则不需要）；

（6）公司清税证书；

（7）经营场地获得证明，如租赁协议；

（8）经法人事务委员会认证并注册的可行性报告及项目执行计划书；

（9）资金汇入证明；

（10）银行介绍信。

2. 外籍员工配额。

如公司拟聘用外籍员工，应同时向内政部申请外籍员工配额，并在配额数量限制内雇佣外籍员工。公司不能全部使用外籍员工，尼日利亚要求一个外籍员工必须至少配备 2 名当地雇员辅助其工作[①]，由此提高尼日利亚当地劳动力的素质。配额数量根据注册资本金的数目等诸多条件核定[②]，但外资企业的注册资金必须满足 1 000 万奈拉的最低要求，同时应提供资本汇入证明以表明其确实将在尼日利亚开展商业活动。申请时应提交以下文件：

（1）申请表 T. 2；

（2）经营场地获得证明，如租赁协议；

（3）资金汇入证明；

---

① 法人事务委员会网站，http：//new. cac. gov. ng/home/companies - timelines/，最后访问日期 2017 年 8 月 15 日。

② 法人事务委员会网站，http：//new. cac. gov. ng/home/summary - of - fees - and - forms/，最后访问日期 2017 年 8 月 15 日。

（4）设立服务企业的，提交与其技术合作方的技术服务协议；设立工业企业的，提交企业运营条件和生产设备的证据；

（5）公司清税证明及增值税注册证书；

（6）外籍员工任职的岗位及岗位要求，包括拟支付的工资；

（7）公司项目执行计划；

（8）公司对尼日利亚员工的培训计划；

（9）公司管理接替方案；

（10）公司经营前5年的可行性报告。

内政部对开业许可的批复时间为6~8周；对于外籍员工配额申请的批复时间，内政部表示为8~10周，但在实践中具体耗时取决于内政部对个案的自由裁量。

企业在申请过程中需支付30 000奈拉以获得开业许可及外籍员工配额申请表格。在取得开业许可证书时另需支付10 000奈拉。

需要特别说明的是，内政部在投资促进委员会设有办公室专门受理开业许可及外籍员工配额申请，因此，外资公司可在向投资促进委员会申请商业登记时一并申请办理开业许可等手续。

四、投资需办理的其他审批

（一）外籍员工居住许可、工作许可申请

对于公司长期聘用的外籍员工可不申请工作许可，但应向移民局申请居住许可，以保证其工资可以顺利汇出。居住许可首次申请有效期限为2年。对于公司聘请的在尼日利亚开展短期工作的外籍人士，须由公司代表其申请临时工作许可。临时工作许可

的有效期为 3 个月，可延期 3 个月。

（二）税务相关登记

公司设立后应向联邦国内税务局申请颁发纳税人登记号（Tax Identification Number）、清税证书及增值税登记证。申请文件包括：

1. 联邦国内税务局纳税人注册录入信息表；

2. 清税证书申请表；

3. 增值税登记证申请表；

4. 联邦国内税务局标准问题回复函；

5. 公司设立证书；

6. 公司组织大纲及章程；

7. CAC 2 表及 CAC 7 表。

税务机关通常在收到申请 1 周内颁发纳税人登记号，并在此后 2~3 周内颁发清税证书。

（三）先锋行业地位申请

尼日利亚通过《先锋地位激励规定》（Pioneer Status Incentive Regulation）将 96 个特定行业赋予先锋地位，先锋行业中的公司可享受 3~5 年的公司所得税免税期限，落后地区可享受 7 年的免税期。

外资公司需满足以下条件方可申请：

1. 公司经营业务或产品属于投资促进委员会列明的先锋行业或产品；

2. 在开始运营后第一个财年内向投资促进委员会提出先锋地位申请；

3. 该外资公司最低股份资本需达到 1 000 万奈拉。

尼日利亚

81

如申请人资料虚假或具有误导性，或已证实申请人有滥用激励措施的前例，则申请不能通过。

申请时应提交如下材料：

1. 投资促进委员会 NIPC Ⅱ表；

2. 公司设立证书；

3. 投资促进委员会登记证书；

4. CAC 2 表及 CAC 7 表；

5. 公司组织大纲及章程；

6. 公司清税证书；

7. 在相关行业经营的法定许可（如适用）；

8. 商业计划或实际业务。

公司申请先锋行业地位证书需支付 20 万奈拉的手续费，同时根据公司因获得先锋地位而在 5 年内预计节税额的 2% 收取服务费，为此公司需提交 5 年的财务预期报告。若财务预期报告显示亏损，则根据公司净资产的 0.5% 或收入的 0.25% 中的较高者收取服务费。

公司缴纳服务费后，投资促进委员会将颁发批准函，该函件应提交至联邦工业、贸易及投资部的工业监察局（Industrial Inspectorate Division of the Federal Ministry of Industry, Trade and Investment）以获得生产证书。投资促进委员会在获得生产证书后颁发先锋地位证书①。

（四）特殊行业审批

对于银行、保险、通信、能源（石油、天然气及电力）、资本市场、航空以及食品、药品、饮品等制造行业，公司在开展相关业务前还需获得相关政府部门的批准。

---

① Udo Udoma &Belo‐Osagie, *Guide to Doing Business in Nigeria*, P. 8, P. 10, LexMundi 网站，http://www.lexmundi.com/lexmundi/Guides_to_Doing_Business.asp，最后访问日期 2017 年 9 月 10 日。

第三节 投资风险与防范

一、主要投资风险

（一）政治风险

1. 政局总体稳定，政策连续性有待观察。

2015 年 3 月 28 日至 29 日，尼日利亚举行国民议会、总统选举，反对党全体进步大会党获胜，布哈里当选新总统，并于 5 月 29 日正式就职。这是自 1998 年结束军事独裁以来，尼日利亚首次发生的政权移交，此前的 3 位总统奥巴桑乔、亚拉杜瓦和乔纳森均来自人民民主党。此次大选结束后，原总统乔纳森与新当选总统布哈里之间实现了权力的和平过渡，这一政治举动获得了国际社会的一致认可。新一届政府上台后表示将严惩腐败并坚决打击恐怖主义和国内宗教极端势力。但全体进步大会党长期作为反对党，此次上台执政能否保持尼日利亚政府各项规划和政策的连续性还有待考验与观察。

2. 反政府武装与恐怖主义威胁。

尼日利亚共有 250 多个民族，种族间冲突不断。尼日利亚宗教形势也较为复杂，由宗教信仰差异引发的冲突也时有发生，影响着尼日利亚经济社会的稳定发展。"博科圣地"（Boko Haram）是尼日利亚本土宗教极端势力，该组织成立于 21 世纪初，并于 2015 年 3 月发布声明宣布效忠"伊斯兰国"，其通过不断制造恐怖袭击事件严重的威胁尼日利亚乃至全球安全。尼日利亚在2016年全球恐怖主义指数（Global Terrorism Index）中排名3/162①，仅次于伊拉克和阿富汗，其国内安全形势极为严峻，而尼日利亚政府军对"博科圣地"的打击较为乏力，并不能很好地遏制并消除恐怖势力带来的安全隐患，这就极大地增加了对尼日利亚的投资风险，严重降低了外来投资者的信心。同时，由于尼日利亚边防力量薄弱，对北部各州的控制力度有限，尼日利亚与喀麦隆、乍得、尼日尔等国接壤地区的不稳定因素也较为突出。

3. 腐败现象严重，社会治安较差。

尼日利亚的腐败问题非常严重，是清廉指数国际排名较低的国家。同时根据世界银行在2014年的调查，腐败是影响尼日利亚吸引外资的三大阻碍之一，在对2 000家尼日利亚企业的调查中，13%的企业将腐败列为头号经营障碍②。虽然新一届政府表示将通过各种手段严惩国内腐败问题，但腐败势头依然未减，由此给尼日利亚的外商投资环境造成恶劣影响。此外，尼日利亚社会治安状况也让人堪忧，包括劫持人质在内的各类恶性案件层出不穷。高失业率和悬殊的贫富差距成为社会治安状况持续恶化的主要原因。此外，由于尼日利亚国内治安力量薄弱，警力装备落后且工作效率低下，尼日利亚的社会治安短期内难以好转。

（二）经济风险

1. 资源型经济的波动风险。

尼日利亚油气资源丰富，作为非洲最大的产油国，原油开采

---

① 佟刚：《域外法学之尼日利亚投资和融资法律报告》，北大法律信息网，http：//article. chinalawinfo. com/ArticleFullText. aspx？ArticleId＝67096，最后访问日期2017年9月22日。

② *Nigerian Investment Promotion Commission releases Pioneer Status Incentive Regulations*，安永网站http：//www. ey. com/gl/en/services/tax/international－tax/alert—nigerian－investment－promotion－commission－releases－pioneer－status－incentive－regulations，最后访问日期2017年9月2日。

及出口为全国的支柱产业。高度依赖石油的单一经济结构，使尼日利亚极易遭受国际石油价格波动的影响与冲击，稳定性差。在美国主导的页岩油革命、新能源产业的兴起、全球新兴经济体发展放缓等多方面因素的共同作用下，原油市场自 2014 年以来受到剧烈冲击，近两年来的油价跌幅超过 60%，2015 年末一度低于 30 美元/桶。对于尼日利亚这样的资源经济国家，初级产品价格大跌导致其财政收入大幅减少。2016 年尼日利亚的原油收入降至新低，损失高达 1 000 亿美元，这极有可能迫使尼日利亚政府削减包括基础设施建设和重大工程项目方面在内的财政投入。对于外国投资者来说，这明显增加了投资的不稳定因素。①

2. 汇率风险与通货膨胀。

2014 年以来，受国际油价下跌影响，尼日利亚货币奈拉持续贬值，对美元的汇率从 2014 年 7 月的 162∶1 降至 2017 年 9 月的近 360∶1。目前国际原油产能依然过剩，加上伊朗这个全球第四大产油国即将重返国际市场，油价预计将持续低迷。而尼日利亚外汇来源主要依靠石油出口，其他产业结构层次偏低，大量商品需要进口，其外汇储备将加速消耗，奈拉的贬值趋势在一段时间内难以扭转。同时，伴随汇率下降的是通货膨胀率的上升。2015 年下半年以来，尼日利亚各月 CPI 均超过 9%，高于 2014 年全年的 8.1%，通胀加剧导致众多商品尤其是日用消费品价格大幅上涨，进一步恶化了尼日利亚的宏观经济环境。②

3. 基础设施落后。

尼日利亚的用水用电及公共道路等基础设施十分落后，电力供应更是严重不足，许多企业必须依靠自备发电设备来维持生产。其他方面如通信网络设施不足，通信质量较差，公路、铁路

---

① *Terrorism Index*，Vision of Humanity 网站，http：//visionofhumanity. org/indexes/terrorism – index/.

② *Enterprise Survey Nigeria Country Profile* 2014，NGA_2014_ES_v01_M，世界银行网站，http：//www. enterprisesurveys. org/ ~ media/GIAWB/EnterpriseSurveys/Documents/Profiles/English/Nigeria – 2014. pdf，最后访问日期 2017 年 9 月 10 日。

维护不到位等现象普遍存在。基础设施落后在一定程度上影响了外国对尼日利亚的投资，成为限制其经济发展的重要因素。

4. 劳工成本较高。

尼日利亚的青年人口占总人口比例较高，但其中70%都从事农业生产，其余劳动力也普遍缺乏相应技能，由此导致工作效率低下。在世界经济论坛公布的《2017年人力资本报告》中，尼日利亚的排名为114/130①。加之在生活习俗、文化传统等诸多方面差异显著，外国投资者在投资用工时面临诸多问题。尼日利亚关于劳动就业的法规主要有《劳工法》等，对外籍劳务管理有专门政策，实行配额制管理，但尼日利亚政府审批程序过程烦琐，导致用工成本增加。

（三）金融风险

尼日利亚银行和金融业相比撒哈拉地区以南的非洲其他国家较为发达，有相对完善的组织和管理机构，尼日利亚中央银行是全国金融体系的最高管理机构。经过重组、关停在内的一系列洗牌后，全国现有的商业银行从89家减少至20多家，资本较之从前更为雄厚，其中较大的商业银行有尼日利亚第一银行、顶点银行和非洲联合银行等，其中多数商业银行都与国外金融机构建立了合作关系，但尚未与中国国内银行开展合作②。近年来，随着国际油价不断下跌，尼日利亚财政收入、外汇储备和石油溢价账户逐渐缩水，给银行体系带来巨大的资金压力。由于油气价格的持续萎靡，尼日利亚金融体系陷入危机的可能性将一直存在。虽然在1995年尼日利亚颁布的《投资促进委员会法令》放宽了外国投资限制，规定在尼日利亚注册成立的公司可以申请利用金融机构的各种贷款。但是，近年来尼日利亚各家商业银行提供的贷

---

① ② 万方，郑曦：《区域投资法律环境和风险与中国对策——以我国企业对尼日利亚投资为例》，载于《国际商务——对外经济贸易大学学报》2017年第2期。

款利率一般在 20% 上下浮动，贷款期限一般不超过 360 天。因此，外国投资者在尼日利亚当地融资成本较高，贷款相对困难。2014 年以来，国际油价大幅下跌，致使尼日利亚银行业面临着较大的金融风险。

（四）法律风险

尽管尼日利亚法律体系较为完备，但从法律实践来看，尼日利亚诉讼程序费时耗力，成本昂贵，地方保护严重，人治色彩浓厚，司法腐败普遍，司法解释随意性大，司法公正备受诟病。在"2016 年世界法治指数"排名中，尼日利亚位列 96/113[①]。依据世界银行《2016 年营商环境报告》的标准，在尼日利亚开办企业，需要经过 11 道程序和大约 40 天，高于撒哈拉以南非洲国家需要 8 道程序和 26.8 天的平均水平。尼日利亚企业申请破产后，破产案件审理和执行程序耗时 2 年，低于撒哈拉以南非洲国家 3 年的平均水平。与破产相关的诉讼成本大约耗费固定资产净值的 22%，低于撒哈拉以南非洲国家 23.1% 的平均水平。债权人通过重组、清算或债务执行（抵押物没收）等法律行为可以平均收回 28% 的债权，高于撒哈拉以南非洲国家 20% 的平均水平[②]。

二、风险防范的对策及建议

（一）深入开展尽职调查

在对尼日利亚开展投资的过程中，要特别注意事前调查、分

[①]　*The Global Human Capital Report*，世界经济论坛网站，https：//weforum. ent. box. com/s/dari4dktg4jt2g9xo2o5pksjpatvawdb，最后访问日期 2017 年 9 月 10 日。

[②]　李峰、吴海霞：《尼日利亚银行业危机与改革透视》，载于《新金融》，2014 年版。

析和评估相关风险，深入仔细地开展相关尽职调查工作，尤其要对项目或贸易客户及相关方的资信进行调查和评估，谨慎选择合作伙伴，通过分析尽量规避投资或承包工程所在地的政治风险和商业风险。建议在调查中充分利用有实力并且讲诚信的尼日利亚当地及国际律师事务所、会计师事务所和投行等咨询服务机构，借助其专业能力及在尼日利亚当地的丰富经验对投资风险进行识别和防范。同时加强法律风险防范，采取有效的风险对冲措施或通过购买保险等转移风险。

（二）处理好与政府、工会以及合作当事方等各方的关系

由于尼日利亚的政体为三权分立，除了各级政府部门以外，议会在经济社会的发展中亦起着重要作用，因而中资企业也要注意和当地议会处理好关系，保持良好沟通。此外，尼日利亚的各级工会有着很强的影响力，工人进行罢工是合法的，且罢工现象时有发生，为此应全面了解尼日利亚《劳工法》《工会法》等相关法律法规，熟悉当地工会组织的发展状况、规章制度和运行模式，加强与具有全国性和行业性的工会组织的沟通联系，提前预防和化解潜在矛盾。

（三）合理布局投资领域

早前外国投资者在尼日利亚的投资主要集中在自然资源开采和基础设施建设上，而较少投向制造业和其他产业部门。实际上，尼日利亚自然环境相对比较优越，其他产业如农业的农作物生产、仓储运输、原料及粮食加工等领域都有值得投资的潜质，尼日利亚政府也针对农业、制药、化学和机械等多个行业制定了鼓励外资流入的相关政策，投资这些行业的企业可享受 5 年免税

期，经济落后地区可以享受 7 年免税期。目前这些行业还受限于基础设施薄弱、产权不够明晰等软硬件投资环境的不足，一旦这些方面得以改善，外国投资者即可结合自身实际情况考虑在上述领域进行投资。

尼日利亚贸易法律制度

第一节　尼日利亚贸易管理体制

一、尼日利亚国家贸易主管部门

　　尼日利亚主管贸易的部门是工业、贸易与投资部，其主要职责是负责对外贸易、国内和地区贸易管理，并制定相关贸易政策以及管理商标、专利和反倾销等事务①。

　　除了工业、贸易与投资部，其他政府机构也有部分对外贸易管理职能：总统享有国家行政权力的最终决策权，也享有尼日利亚联邦执行委员会的最终批准权。联邦政府各部门的长官均由其任命，总统对各项贸易政策都有决定性影响力。联邦执行委员会（FEC）在总统的领导下批准、执行各项贸易政策；联邦经济部

---

　　① 中华人民共和国商务部：《对外投资合作国别（地区）指南尼日利亚》（2016 年版），第 36 页。

（FMF）为工业、贸易与投资部的各项政策提供咨询和财政支持；贸易咨询委员会（TPAC）专门为联邦各部委的贸易政策提供咨询；联邦贸易和投资咨询委员会（NCTI）由各部委的部长和主席等组成，为各项贸易、投资政策的形成提供意见，实施监督①。

二、尼日利亚货物进口管理机制

（一）进口禁令

2004 年 1 月，尼日利亚联邦政府单方面宣布对 41 种产品实施进口禁令，2005 年和 2006 年尼日利亚财政部签发了禁止进口商品修订清单，对原来的禁止进口商品清单做了进一步调整。禁令清单涵盖了中国对尼日利亚出口量较大的部分商品，如纺织品、鞋类和箱包等。2010 年底，尼日利亚政府再次修订禁令清单，取消了对牙签、木薯以及部分家具和纺织品的禁止进口措施，同时放宽二手机动车准许进口的车龄，由 10 年延长至 15 年。禁令清单的详情可查阅网站：www. customs. gov. ng。

2014 年下半年以来，由于国际原油价格暴跌并持续至今，尼日利亚央行为维持外汇储备采取了紧缩外汇政策。2015 年 6 月尼日利亚对 41 类产品实施禁止进口购汇，加上本币奈拉兑美元汇率持续下跌，对进口贸易造成很大冲击。同时由于美元紧缺，尼日利亚商业信用证服务萎缩，进一步影响外贸。

实施禁止购汇的产品包括：（1）大米；（2）水泥；（3）人造黄油；（4）棕榈种子、可榨油的种子、植物油；（5）肉类和

---

① Consumers and trade policy in Nigeria protection through participation，第 7~10 页。

加工的肉类产品；（6）蔬菜和加工的蔬菜产品；（7）幼禽：鸡、蛋、火鸡；（8）私人飞机和喷气式飞机；（9）印度香；（10）格益莎牌沙丁鱼罐头；（11）冷轧钢板；（12）镀锌钢板；（13）顶棚遮板；（14）独轮手推车；（15）锅头；（16）金属容器和储藏器具；（17）搪瓷器具；（18）钢制鼓；（19）钢管；（20）盘条（常规或变形）；（21）铁棒和加强杆；（22）丝网；（23）钢钉；（24）安全刀片刺网；（25）实木板和面板；（26）木纤维板和面板；（27）木质夹板和面板；（28）木门；（29）家具；（30）牙签；（31）玻璃和玻璃器具；（32）厨房器具；（33）餐具；（34）玻璃和陶制瓷砖；（35）纺织品；（36）编织物；（37）衣服；（38）塑料和橡胶产品、丙纶制品、包装用玻璃纸；（39）肥皂和化妆品；（40）番茄和番茄酱；（41）欧元债券、外汇债券和股票。

（二）进口许可

尼日利亚对包括石油产品和发电机组在内的部分产品的进口实施特别许可证管理制度。进口许可证申请须在货物到港前3个月提出。许可数量由尼日利亚政府根据进口国家、进口商品、进口商做个案处理①。

三、尼日利亚货物出口管理机制

（一）出口限制

尼日利亚禁止出口以下产品：玉米、原木及木板（柚木）、

---

① 中华人民共和国商务部：《对外投资合作国别（地区）指南尼日利亚》（2016年版），第37页。

动物生皮、废金属、未加工的乳胶与橡胶凝块、文物与古董、珍稀野生动物及制品。详情请查阅网站：www. customs. gov. ng。

（二）进出口商品检验检疫

尼日利亚商品进出口实行强制性合格评定程序。2005 年 9 月起，尼日利亚正式实行合格评定程序（SONCAP），对出口到尼日利亚的部分产品，包括电子电气产品、汽车轮胎、汽车玻璃、汽车零件、汽车电池、燃气器具、玩具、镀锌钢铁制品、发电机等强制执行安全认证。初次向尼日利亚出口某一特定类别受管制产品的生产商或出口商，必须提供有资质的实验室按尼日利亚标准局认可的标准（大部分为国际标准或发达国家标准）进行检测后出具的检验报告，与认证申请一起交给尼日利亚标准局办理认证，以获得产品证书，通常情况下证书的有效期为 3 年，但需每年审核 1 次。

每一批受管制货物在装船前，还必须由尼日利亚标准局授权的第三方机构在原产国进行抽检，检测合格由第三方机构发放 "SONCAP 证书"，作为尼日利亚海关办理通关手续所必需的法定文书。2013 年 2 月 1 日起，尼日利亚标准局开始执行新的 SONCAP 操作流程，即第三方检测机构不再拥有发放 SONCAP 证书的权力，而是在抽检后对出口商发放合格证（COC 证书），然后由进口商凭有效的 COC 证书向尼日利亚标准局申请 SONCAP 证书。最终清关所必需的 SONCAP 证书由尼日利亚标准局亲自发放。

受管制产品除办理产品认证和 SONCAP 强制认证手续外，必须同时符合其他现行的进口程序规定，比如装船前检验等。

（三）出口商登记注册制度

根据 1996 年 4 月 1 日生效的《尼日利亚进口指导原则》，出口到尼日利亚的所有商品必须获得清洁结果报告和进口关税报告。出口商需向尼日利亚出口促进委员会注册登记，方可从事出口贸易活动。另外，根据尼日利亚《公司法》规定，外国投资者须在尼日利亚注册公司并完成所有登记手续后才被允许在尼日利亚开展经营活动。否则，不被允许在尼日利亚从事任何经营活动或行使同已注册公司相同的任何权利（《公司法》规定公司设立前必须接收重要通知和文件的情形除外）。换言之，外国投资者不能通过设立分支机构的形式在尼日利亚开展经营业务。一般来说，外国投资者在尼日利亚常用的公司形式为私营有限责任公司①。

四、尼日利亚服务贸易管理机制

（一）外籍劳务配额制管理

尼日利亚对外籍劳务实行配额制管理，即对在政府或企事业单位工作的具有一定专业技能的外籍劳务人员发放工作许可证。对于投资类企业，根据投资额多少，政府分配一定的外籍劳务人员名额。在尼日利亚雇佣外籍劳务人员必须向内政部提出申请，获取相应的配额后方可办理工作签证和绿卡。

外籍劳务人员在尼日利亚不能从事政府、医生及律师工作，其他工作岗位没有限制。尼日利亚对专业领域外籍人才需求量较大。尼日利亚没有劳动力市场需求测试，但要求申请工作配额者必须有大专以上学历及相关岗位的工作经验②。

---

① 邱辉、蔡伟年：《尼日利亚税制介绍——中国"走出去"企业投资尼日利亚的税务影响与风险关注》，"走出去"税收，第66页。

② 中华人民共和国商务部：《对外投资合作国别（地区）指南尼日利亚》（2016年版），第55页。

（二）鼓励进口技术型服务贸易

尼日利亚鼓励服务贸易的发展，尤其是进口技术型服务贸易的发展。服务贸易在中尼贸易总额中的比例不断提升。中尼两国建交之初，双边贸易多为商品贸易，服务贸易规模很小。据尼日利亚国家统计委员会资料，2001 年中尼两国服务贸易额仅为1 763 万美元，其中中国出口 227 万美元，进口 1 536 万美元。中方服务贸易逆差 1 310 万美元。服务贸易额占双边贸易总额的2%。在中国从尼日利亚的进口服务中，运输服务占 43.84%，各种职业和技术服务占 27.93%，旅游服务占 12.44%。在职业和技术服务中，农业服务、采矿服务、产业加工服务占 46.1%，科研服务和试验设计服务占 32.4%。在中国对尼日利亚出口中，国家管理服务占 65.89%，通信服务占 12.75%，海洋运输服务占 8.64%，旅游服务占 6.7%。如 2009 年 3 月，华为技术有限公司同尼日利亚 Life 公司签订了供应和安装 GSM 框架项目合同，合同额约 1.7 亿美元[①]。

第二节　尼日利亚对外贸易法律体系及基本内容

一、尼日利亚的对外贸易法

尼日利亚与贸易相关的主要法律法规有：

---

① 伊肯：《中国与尼日利亚贸易发展研究》，安徽大学硕士学位论文，2015 年 5 月，第 19 页。

（一）贸易管理方面

1.《贸易（在洛美协定下的 EEC 规则）法》［*Trade（EEC Preferences under the Lome Convention）Act*］；

2.《贸易（普惠制规则）法》［*Trade（Generalised System of Preferences）Act*］；

3.《商标法》（*Trade Marks Act*）；

4.《贸易争端法》（*Trade Disputes Act*）；

5.《贸易争端（基本服务）法》［*Trade Disputes（Essential Services）Act*］；

6.《贸易不法行为（其他违法行为）法》［*Trade Malpractices（Miscellaneous Offences）Act*］；

7.《贸易联盟法》（*Trade Unions Act*）。

（二）进出口程序方面

1.《尼日利亚进口许可证程序协定》（*Nigeria Import – Licensing Procedures*）；

2.《进口（禁止）法》［*Import（Prohibition）Act*］；

3.《出口（禁止）法》［*Export（Prohibition）Act*］；

4.《出口（激励和其他规定）法》［*Export（Incentives and Miscellaneous Provisions）Act*］；

5.《出口尼日利亚产品法》（*Export of Nigerian Produce Act*）；

6.《强制性合格评定程序》（*Standard Organization of Nigeria Conformity Assessment*）；

7.《尼日利亚进口指导原则》（*Guiding Principles for Nigerian Import*）。

（三）海关管理方面

1. 《尼日利亚海关货物管理法》（*Nigeria Customs Goods Administration Law*）；

2. 《联邦首都海关法院法》（*Federal Capital Territory Customary Court Act*）；

3. 《联邦首都区海关上诉法院法（酋长管辖权问题）》［*Customary Court of Appeal of The Federal Capital Territory，Abuja（Jurisdiction on Chieftaincy Matters）*］；

4. 《海关、关税、消费税（整合）法》［*Customs，Excise Tariff，Etc.（Consolidation）Act*］；

5. 《关税（倾销和补贴商品）法案》［*Customs Duties（Dumped and Subsidised Goods）Act*］；

6. 《海关和税收管理法案》（*Customs and Revenue Administration Act*）等①。

二、尼日利亚海关监管法律制度

（一）管理制度

《海关和税收管理法案》是尼日利亚海关管理的主要法律制度。

1. 清关资质、主体和周期。

尼日利亚关税体系由联邦财政部、工业部、海关总署、预算办公室以及其他部门组成的关税技术委员会制定，海关总署根据

---

① 中华人民共和国商务部：《对外投资合作国别（地区）指南尼日利亚》（2016年版），第36页。

关税体系的相关法规对货物进出口进行管理。

清关的主体为进口商，由于尼日利亚清关的手续比较复杂，专业性较强，进口商往往会选择聘请专业的清关代理，由代理以进口商名义处理清关事宜。清关代理只能由尼日利亚公民担任，需要在满足一定要求并通过资格考试之后才能获取清关代理资质，资质的获取和延长都由海关相关部门审批。

清关周期的长短取决于货物内容和清关口岸，一般为2~6周。对于政府鼓励进口的货物清关流程相对便捷，而对于限制进口的货物类别，其抽检和检验程序往往更严格，耗时更长。拆箱检查之后，货物重新包装也会耗费较长时间。入关关口的不同对清关周期也有影响，通常陆运关口的清关速度低于海运清关。国际大型港口货物吞吐量较大，其清关速度比小型关口更快。

尼日利亚是目前世界上少有的进口程序和手续最为繁杂的国家之一。由于不了解进口手续，常常会造成商检、运输、清关时间过长，延误交货期，费用增加，蒙受不必要的经济损失。

2. 尼日利亚进关制度和程序。

（1）实行货物装运前检验制度。目前尼实行装运前检验和货物到港查验的制度。所有货物（除个人用品）都要在出口国做装运前检验并出具清洁检验报告。假如无须做装运前检验，也必须提供完整的"M"表。装运前检验代理公司（PIA）是经尼联邦政府批准的、负责对所有进口货物实行装运前检验的公司，在完成装运前检验后和支付进口货款之前，出具清洁的检验结果报告单。如果检验发现货物存在差异和缺陷，不论是质量、数量还是价格问题，PIA将出具检验结果报告阻止货物进入尼日利亚。

（2）"M"表手续。所有进口货物都应提供完整的"M"表，获准"M"表初始有效期为180天。此有效期及相关的信用证可由授权交易人（通常为操作此项业务的商业银行）展期一次，但展期后的有效期一般不能超过360天。

（3）标签和标记。船方在发货清单递交给海关前，须确保进口关税报告的号码全部引用在所有进口装船的装船货运清单上。对于空运货物，航空公司须将进口关税报告号码注明在空运单上。化验分析证书须跟随所有食品、药品、化妆品和农药等进口。卫生证书须跟随某些动物产品、植物种子和土壤等进口。所有进口货物须使用公制贴标条，两种或多种标记的进口货物将被没收或拒绝进入。

（4）通关手续。根据尼日利亚政府财政部颁布的进口手续和关税收缴指南，相关规定归纳如下：

①无进口关税报告单的货物禁止进入尼日利亚，违反此规定的结果是：没收货物；起诉进口商；追究船运公司的责任（承运人处以罚款等）。

②"A"表仅用于服务贸易进口（无形贸易）。

③承运的货物超出了货单所申报内容，承运人将被处以罚款。

④所有进口货物必须由中央银行按前一周自主平均汇率评估关税。

⑤承兑进口商的支票后（包括海关关税和综合保险监督计划收费），货物连同原始进口关税报告单和装运单据将释放给进口商。

⑥所有用于支付海关关税的支票都要存放在进口商清关地最近的中央银行分行内。

⑦只有经有效授权的检验代理公司可以签发有关进口货物的进口关税报告单。

⑧所有指定收缴关税的银行都将在港口设立分支机构。

⑨海关关税和综合保险监督计划管理收费都应以进口关税报告单的评估结果为基础，除非进口关税报告单上显示的关税有误，而且财政部已同意重新评估。

⑩发货人及承运人要保证货物及集装箱都贴上了由装运前检验代理公司签发货物的全息图或标识。

⑪货物要在履行完所需清关手续 48 小时内交给进口商。

⑫ "M"表可以从检验代理公司、海外尼日利亚银行及有关代理行拿到。填写后，分别送给下列部门：检验代理公司（3份）、进口商银行（1份）、尼日利亚海关总部（1份）、尼日利亚海上管理局（1份）。

（5）清关费用：目前除关税外，进口商还需按关税的 7% 缴纳港口附加费，按 FOB 价的 1% 支付商检费，按 CIF 价的 0.5% 缴纳西非共同体贸易自由化计划费。另外，进口商还需缴纳国内税费，具体分为：杂税；进口糖类货物除关税外，按 CIF 价格征收 5% 糖税；进口汽车及部件按 CIF 价格征收 2% 国家汽车委员会税；增值税，所有进口货物均享受国民待遇，除医药品、农产品及农用物资等外其余进口产品和国内生产产品一样一律征收 5% 的增值税。

三、尼日利亚关税法律制度

1995 年 3 月尼日利亚财政部颁布海关关税与消费税第 4 号令，该令涵盖 1995～2001 年每两年度的关税计划，但每年都进行修改，年初联邦政府公布预算同时公布关税修改情况，有的年份在年中还根据情况进行修改。2002 年关税是在综合 1995 年第 4 号令和各年份修改案（包括 2002 年修改案）内容后执行。目前尼日利亚使用协调系统下 6 位数税则分类目录，涵盖产品品种约 5 150 条。目前关税是尼政府继石油出口后第二大收入项目。

尽管 1995～2002 年关税增减不断，但尼日利亚政府总的方向没有太大变化，即降低生产用基本原料和生产资料，包括生产设备，一定程度提高某些工业成品、食品、消费品和奢侈品的关税，鼓励本国工农业生产与出口多元化。例如：

钢铁产品及某些非金属贱金属产品：原始形态及半成品钢

铁，如铁锭、钢锭、扁钢关税多在 5%～20% 之间，钢条则在 65% 左右。未加工镍、铅或锌为 10%，镍、铅或锌条、板、丝为 15%，镍、铅或锌管或管接头 25%。未加工铝 5%，铝管 25%，铝型材 35%，铝合金门窗等最终产品 35%。

塑料制品：塑料原料平均关税约 12%，半成品如塑料单丝关税在 15% 左右，塑料管、盘、板、薄膜、带等平均在 25% 左右，成品如地砖、浴盆、盒、餐具、厨房用具、门窗等平均则在 35% 左右。

橡胶制品：天然橡胶 20%，硫化橡胶 30%，用橡胶制成的充气轮胎则达 40%。

木制品：原木关税约 15%，饰面板、胶合板等则在 30% 左右，木制家具则达 100%。

家电及车辆：空调冰箱整机关税在 50%～55% 之间，而零配件为 25%，对组装生产商，空调的 CKD 件及压缩机则为 5%。

自 2015 年 4 月 11 日起，尼日利亚所有进口货物执行西共体《统一税则（CET）2015～2019》规定的关税税率和《2015 年财政政策措施》有关规定，此前规定的关税税率停止执行。其《补充保障措施》（SPM）同时生效执行。

新 CET 主要包含四个范畴：属于基本原材料和资本货物的 2 146 个税号适用 5% 的关税；属于半成品的 1 373 个税号适用 10% 的关税；属于最终用户产品的 2 165 个税号适用 20% 的关税；将原 CET 中的其他税号根据具体产品对地区经济发展的促进程度重新划分为 130 个税号，适用关税在 0%～35% 不等。《补充保障措施》和《2015 年财政政策措施》中包含了一份调整 CET 中 177 个税号附加税的目录和一份已被审查通过且属于尼日利亚经济战略导向行业的鼓励进口产品生产国清单，以及一份原产地属于西共体成员国以外其他国家特定货物的禁止进口清单。

尼日利亚进口关税必须向尼日利亚海关和政府指定的会计审计公司联合支付，并且通过指定银行向联邦国库付款。特殊货物

尼
日
利
亚

的税率由联邦财政部认定。

值得注意的是，尼日利亚关税的调整政策缺乏连贯性和清晰的解释，执行过程中可能出现脱节现象，会造成一定程度的壁垒。尼日利亚联邦财政部每年修改关税是以文件形式将修改部分通告海关等有关单位，并没有对原来的关税手册进行重新整合出册。因此，修改及执行过程中时有错误发生。有的已在以往年度修改过，当年仍按最初的税册修改。由于缺乏必要的文档管理和数据处理，海关未按最近修改关税执行并在执行过程中与进口商发生异议现象均有发生。

四、尼日利亚反倾销与反补贴法律制度

尼日利亚反倾销与反补贴领域最重要的法律为《关税（倾销和补贴商品）法》。该法案的主要目的是维护对外贸易秩序和公平竞争，保护国内相关产业。其主要内容与世贸组织所界定的反倾销、反补贴规则类似。进口产品采用倾销或者补贴的方式，并由此对国内已经建立的相关产业造成实质损害或者产生实质损害的威胁，或者对国内建立相关产业造成实质阻碍的，依照该法案的规定采取反倾销或者反补贴措施。

进口产品的出口价格低于其正常价值的，为倾销。正常价值，按照下列方法确定：（一）进口产品的相同或者类似产品在出口国市场上有可比价格的，以该可比价格为正常价值；（二）进口产品的相同或者类似产品在出口国市场上没有可比价格的，以该相同或者类似产品出口到第三国的可比价格或者以该相同或者类似产品的生产成本加合理费用、利润为正常价值。

外国政府或者公共机构直接或者间接地向产业、企业提供的财政资助或者利益，为补贴。反补贴的标准也是以商品价格低于市场公平价值，对国际贸易秩序及国内产业造成实质损害或者产生实质损害的威胁。

近年来，尼日利亚一直执行进口商品装船前检验制度，其中中国对尼日利亚的出口商品由尼日利亚政府委托香港"英之杰"检验公司提供检验。从 1999 年 4 月 1 日起尼日利亚取消对中国产品的 GRF，改为到货目的地港口检验制度。同时，为防止低报货值，成立相应的反倾销机构。

第三节　与尼日利亚进行贸易的法律风险与防范

一、贸易壁垒风险与防范

尼日利亚港口通关环节的贸易壁垒明显，表现为清关手续冗长、停泊与装卸费用高昂。尼日利亚政府实施装船前检验和货到目的港 100% 开箱查验的双重检验制度，造成港口货物积压，有的长达几个月。目前通关最快需要一周左右，一般要两到三周，远远没有实现其通关时间最长不超过 48 小时的承诺。尼日利亚政府曾宣布于 2002 年 7 月 1 日开始取消装船前检验、实施目的港检验制度，但该决定至今仍未实施。

尼日利亚强制要求所有进口产品须由尼日利亚政府指定的第三方检验机构进行检验，并授权其进行估价。但中国企业反映此类检验机构经常故意刁难出口企业，并且对进口货物任意估价，损害了中国出口企业的利益，因此中方希望尼方认真履行其在 WTO《装船前检验协议》项下的义务[1]。

---

① 中华人民共和国商务部：《对外投资合作国别（地区）指南尼日利亚》（2016 年版），第 3 页。

二、知识产权法律风险与防范

（一）强制性合格评定程序（SONCAP）

2005 年 2 月 8 日，尼日利亚向 WTO 通报，将对所有进口电气产品、某些汽车类产品、玩具等实行强制性合格评定程序（SONCAP）。SONCAP 是一组适用于尼日利亚进口的某些管制产品的合格评定和认证程序。2005 年 9 月起，尼日利亚正式实行上述合格评定程序（SONCAP），对出口到尼日利亚的部分产品，包括电子电气产品、汽车轮胎、汽车玻璃、汽车零件、汽车电池、燃气器具、玩具、镀锌钢铁制品、发电机等强制执行安全认证。生产商或出口商必须提供有资质的实验室按尼日利亚标准局认可的标准（大部分为国际标准或发达国家标准）检测后出具的检验报告，与认证申请一起交给尼日利亚标准局办理认证，通常情况下证书三年有效，但需每年审核一次。

2013 年 2 月 1 日起，尼日利亚国家标准局决定对出口到该国的管制产品实施装船前的新的合格评定程序，并授权中国检验认证集团（CCIC）、SGS、INTERTEK、CONTECNA 四家第三方独立检测机构在全球范围内开展 SONCAP 业务。在新 SONCAP 模式认证下，出口到尼日利亚的产品将在原产国接受第三方独立检验机构抽样检测，出口商向第三方独立检验机构申请签发 COC 符合性证书，尼日利亚进口商凭第三方独立检验机构出具的 COC 证书换取尼日利亚标准局发放的 SONCAP 证书，未持有 SONCAP 证书的货物将不能顺利清关。

尼日利亚对进口产品实行的合格评定程序并不适用于本国产品。国产产品适用另一套强制性合格评定程序。中方对尼日利亚实施的对国内外产品差别性合格评定可能导致的差别待遇表示关注。

（二）药品注册规定

尼日利亚国家食品药品监督管理局负责监督管理加工食品、饮料、医疗器械、医药和其他化学产品（包括原料）的技术标准事务。所有从事加工食品、饮料、烟草、化妆品、医药产品和化学制品等的生产、进出口、销售和广告等业务的企业均需在该机构注册。其中一些注册条件极其严格，如进口新药需要有临床实验证明并须在原产国和至少两个发达国家注册，实际上已构成进口限制。

尼日利亚国家食品药品监督管理局于 2006 年 6 月出台新的药品注册规定，要求所有拟在该局登记注册的医药企业必须成为"尼日利亚制造商协会医药生产企业集团（PMGMAN）"或"尼日利亚医药进口商协会（APIN）"的成员。尚未成为 PMGMAN 或 APIN 会员的医药企业必须在 2006 年 8 月 31 日前完成入会手续，否则将被吊销药品注册证书。

（三）技术转让规定

尼日利亚根据《技术获得和促进法》建立了"技术获得和促进办公室"，管理国外技术转让。根据该法，所有涉及技术转让的合同应在合同实施或者履行之日起 60 日内向"技术获得和促进办公室"登记。合同标的全部或者部分涉及以下情形视为涉及技术转让的合同：商标的使用、专利发明权利、以方案或者操作手册等方式提供专业技术服务、提供基本的或者具体的工程技术服务、提供机械或者设备、操作人员、辅助管理和人员培训等情形的。

（四）商标、专利相关管理规定

尼日利亚工业、贸易和投资部负责专利、商标等事务的管理，尼日利亚科技部下属的国家工业技术转让促进办公室负责工业技术事务的管理，尼日利亚司法部下属的版权委员会负责版权相关事务的管理。

尼日利亚工业、贸易和投资部下属的商标、专利及工业设计注册中心负责有关专利的申请和注册。申请表必须注明申请人的全名、详细地址、国籍、专利的发明人、专利名称、优先日期等内容。申请专利需要提交的文件包括：3 份英语的专利规格说明、按要求填写的专利申请表、代理授权书、发明书和 4 份 A4 纸印制的图表说明。

该中心同样负责有关国内、国际商标的申请与注册。申请商标需要提交的文件包括：签署的委托书、10 张商标图样、使用声明和一份官方查询报告。商标注册的基本程序如下：申请前，商标注册审查员会在已注册商标内进行查询，如申请商标与已注册商标相抵触，则通知申请人，申请人应在 2 个月内予以答复或申请听证，否则将视为放弃申请。提交申请后，审查员会审查申请，如申请符合商标法条例且与其他已注册商标不相抵触，商标注册中心将会发出申请公告，任何人可以在公告之日起 2 个月内或注册官允许的期限内提出异议。公告期内无人提出反对，申请人便可以申领注册证书。

侵犯知识产权的行为将受到法律制裁，视侵权人的情节可被判处罚款至最多 7 年监禁。

（五）电子认证系统平台

为了有效遏制假冒伪劣商品泛滥势头，尼日利亚标准局

（SON）、尼日利亚中央银行（CBN）和尼日利亚海关服务局（NCS）共同协作，建立了一个电子认证系统平台，并通过 SINGLE - WINDOW 系统与尼日利亚海关信息系统（NICIS）和尼日利亚中央银行信息系统进行对接整合，从而保证进口商及时清关，提升贸易便利化水平，最大限度减少伪造产品质量证书等违法行为的发生。

该电子认证系统平台从 2017 年 9 月 10 日起正式启用运行。该电子认证系统平台启用后，尼日利亚海关信息系统（NICIS）平台上的有关管理和执法机构即可查到进口商取得标准局产品电子证书的情况，并进行相应审批，从而加快办理流程。过去一直靠人工核查办理，既给进口商带来许多麻烦，也容易出现监管漏洞，电子认证平台将有效降低违规行为的发生。

三、关税风险与防范

（一）关税高峰

尼日利亚存在高关税和关税高峰。部分农产品的进口关税高达 150%，蔬果产品进口税率为 98.2%，饮料为 75.3%，纺织品和服装为 42.7%。

（二）关税升级

尼日利亚关税升级现象严重。在食品和饮料方面，对原材料征收 39% 的关税，对经过加工的半制成品征收 44% 的关税，而对制成品征收 59% 的关税。在木制品方面，原木关税税率为 15%，装饰板、胶合板等在 30% 左右，木制家具则高达 100%。

在纸制品方面，对原材料征收 10% 的关税，对经过加工的半制成品征收 20% 的关税，对制成品征收 25% 的关税。在金属制品方面，对原材料征收 12% 的关税，对经过加工的半制成品征收 19% 的关税，对制成品征收 25% 的关税。尼日利亚对生产用基本原料和生产资料（包括生产设备）进口实行低关税，工业成品、食品、消费品和奢侈品进口实行高关税。上述产品的关税结构削弱了中国附加值较高的半成品或制成品在尼日利亚市场的竞争力。

四、其他贸易风险与防范

（一）政局形势风险

目前，尼日利亚实行联邦制，有 36 个州和一个联邦首都区，即首都阿布贾。自民选政府执政以来，为保持国内稳定，实现民族和解，采取了一系列举措：改组政府，保证政令畅通；兼顾部族、宗教和党派间力量平衡；坚持通过谈判与对话解决部族和宗教冲突，必要时派军队予以弹压；出台"反腐败法案"，清查政府官员贪污腐败行为；颁布最低工资标准，实施消除贫困计划等。上述举措取得积极成效，尼日利亚政局保持基本稳定。但由于尼日利亚社会长期积累的各种矛盾根深蒂固，部族、宗教矛盾不断引发流血冲突，南北裂痕加大，社会治安恶化，政局中不稳定因素有所增加。

1. 产油区安全形势恶化。

尼日利亚尼日尔河三角洲地区盛产石油，然而高额的石油利润却被政府要员和跨国企业瓜分，本土社区并没有获得多少收益。在哈科特港东南的 Ogoni 社区，从 1976～1991 年期间，将

近三千个石油钻井为荷兰壳牌公司提供其在尼日利亚地区 40%
原油开采。为了维护自身利益，Ogoni 人民生存运动组织于 1992
年成立，对尼日利亚政府的征地和壳牌公司的管道铺设进行了大
规模的抗议。尼日尔三角洲解放运动于 2004 年成立，并和 Ogoni
人民生存运动、Ljaw 青年会等地方族群组织形成联合，成为联
邦政府和外国石油企业的梦魇。据不完全统计，从 2012 ~ 2014
年间，尼日尔三角洲解放运动就袭击了 12 艘邮轮，绑架了 33 名
外国人，杀害了 4 名人质。尼日尔河三角洲地区成为索马里之后
的第二大海盗聚集地。

2. 民族分离主义、武装抢劫等社会治安事件频发。

20 世纪 60 年代，尼东南部伊博族分离主义分子发起了比夫
拉分离主义运动，企图将尼南部产油区脱离尼联邦并引发了 3 年
内战。尼联邦政府在 2002 年宣布比亚法拉分离主义运动为非法
组织之一，但分裂分子的活动始终没有停止。2005 年 5 月，80
名比夫拉分离主义分子以宗教活动作掩护，在埃邦伊州的一家俱
乐部举行非法集会，遭到了警察的逮捕并受到起诉。

尼日利亚国家腐败严重，两极分化日益加剧，大量的财富集
中在很少一部分人手里，57% 的人口为贫困人口，导致贫富严重
不均，甚至大批警察为了生计也直接或间接参与犯罪活动，主要
表现在：一是夜闯住宅、持枪歹徒抢劫案发率呈上升趋势；二是
海上警、匪、海盗猖獗，很多渔船遭到多次袭击。

3. 政治高度腐败。

据总部设在柏林的反腐机构国际透明组织统计，尼日利亚政府
2002 年、2003 年、2004 年在世界 100 多个国家中腐败程度分别列为
第一名、第二名和第三名。2005 年，尼政府惩治腐败取得了一定成
绩，其腐败程度被该组织列为第六名。但是，从尼中央到地方政府，
中高级官员受贿、贪污丑闻仍然此起彼伏，时有发生[①]。

---

① 伊肯：《中国与尼日利亚贸易发展研究》，安徽大学 2015 年硕士学位论文，第 24 ~ 26 页。

由此可看出，尼日利亚在政局基本稳定的前提下局部性武装冲突、恐怖主义、分裂主义、宗教矛盾、武装抢劫、敲诈勒索等现象时有发生，甚至还有激化。这些因素都会给中尼双边贸易的发展带来不利影响，建议相关企业时刻关注尼日利亚政治局势、安全形势，提高自身安全意识，加强安保力量等，避免尼日利亚政局不稳可能带来的消极影响。

（二）双边经贸风险

中国与尼日利亚自1971年2月10日建交以来，友好合作关系发展顺利，双边互信不断加强。近年来，两国未发生显著外交摩擦。中非合作不断深化，为中尼两国双边贸易发展打造了良好外部环境，两国经济的快速发展则为双边贸易发展拓宽了空间。两国签有贸易、经济、技术、科技合作和投资保护等协定，设有经贸联委会，已签署避免双重征税协定，为双边经济合作提供了保障。中国企业积极参与尼日利亚基础设施建设和资源开发，带动了通信器材、电站设备、钢材、铝型材等产品对尼日利亚出口的快速增长。尼日利亚现已成为中国在非洲的第三大贸易伙伴和第二大出口市场，中国在尼日利亚建设了莱基自贸区和奥贡自贸区两个经贸合作区。2011年1月，人民币正式成为尼日利亚外汇市场的可交易货币之一，全国授权外汇交易商及各商业银行可为客户开立人民币账户，人民币与奈拉实现可兑换；2011年9月，尼日利亚宣布将人民币作为官方储备货币。两国货币的直接可兑换，有利于规避汇率风险，也有利于国内成套设备等生产和出口周期较长的企业扩大对尼日利亚出口。

双边经贸合作存在的问题是贸易不均衡，中国有较大的贸易顺差。尼日利亚市场上中国产品质量良莠不齐，部分不合格产品影响了中国产品声誉。为促进中尼贸易健康发展，一方面要推动两国政府重启产品质量监管对话，提高中国出口产品质量；另一方面要积极扩大自尼日利亚进口，促进自尼日利亚进口机构的多元化。就现有进口规模看，石油和天然气等尼日利亚优势产品进口仍有增长空间，农产品、矿产品等非石油产品进口也有增长可能性[①]。

在尼日利亚解决商务纠纷主要通过法律诉讼程序，适用尼日利亚本国法律（英美法律体系），并可要求国际仲裁或异地仲裁。例如，尼日利亚油气领域投资纠纷可向伦敦国际仲裁中心提出仲裁。

（三）国际收支失衡风险

石油出口收入决定经常账户盈亏水平。近年来，受益于原油出口带来的大量收入，尼日利亚商品贸易常年处于盈余状态。植物贸易和收益项目赤字逐年扩大，包括侨汇、外援在内的转移支付项目盈余逐年增加。国际市场石油价格波动情况是影响尼日利亚国际收支状况的重要因素。2012年，尼日利亚经常账户盈余169.9亿美元，占GDP比重为6.1%，是近年来的峰值。2015年，由于油价下跌、政治不稳定和奈拉贬值导致资金流出大于流入，尼日利亚出现20年来首次经常账户赤字，赤字金额约2.4万亿奈拉，为GDP的3%。而后，尼日利亚政府采取措施，力图扭转经常账户的亏空，时至今日，尼日利亚经常账户再次实现盈余。

FDI流入持续稳定，涉足行业不断扩大。尼日利亚市场规模巨大，基础设施不断发展，宏观经济政策预期稳定，加上近年来国际市场石油价格走高吸引资金流入，尼日利亚近年的FDI流入一直较为稳定。除了传统的油气、制造业、基础设施、服务业和消费品行业外，旅游、购物、餐饮宾馆等行业也日益成为吸引外

---

① 中国信保：《国家风险分析报告——尼日利亚经济贸易风险分析报告》，第66页。

来投资的重点领域。

国际储备水平受 FDI 和石油出口双重影响。得益于经常账户常年盈余和外国直接投资的稳健流入，尼日利亚国际储备充足，2012 年底国际储备达到 464.1 亿美元。在中央银行的外汇储备账户之外，尼日利亚还设立了石油溢价账户和主权财富基金，以平衡经济周期和油价下行对宏观经济的冲击，2014 年 8 月的账户余额分别为 68.2 亿美元和 10 亿美元。尼日利亚的国际储备可以覆盖 7 个月左右的进口用汇需求，短期内正常的对外支付能力可以保障。不过，鉴于尼日利亚国际收支状况对国际油价以及石油出口存在较大依赖性，国际市场油价波动是尼日利亚国际收支状况可能面临的主要不稳定因素[1]。

（四）外汇管制及汇率风险

尼日利亚中央银行是外汇管理法规的主要执行者。根据 1995 年《外汇监管及综合条款 17 号法令》和随后出台的货币政策通告，尼日利亚中央银行负责监管外汇交易。尼日利亚联邦财政部负责制定外汇管理的基本政策，并负责审批资本转移、利润和股息汇出。授权交易商负责为外国公民在尼日利亚的投资签发《资本入境证明》并向尼日利亚央行报告。

根据 17 号法令，尼日利亚国内进口商如需外汇，须向中央银行申请 M 表，待批准后委托授权交易商从中央银行每星期两次的外汇拍卖市场竞买取得，购买到的外汇无须进一步的审批即可汇出尼日利亚境外。汇出境外的外汇包括：（1）因投资获得的红利或者利润（税后）；（2）已获得的国外贷款的服务费；（3）投资所得（扣除所有税费）和企业出售或者清算后的应付款项，或者与投资相关的其他任何收益。经批准的对外支付可以

---

[1] 中国信保：《国家风险分析报告——尼日利亚经济贸易风险分析报告》，第 65 页。

通过在尼日利亚本地商业银行开立的对外账户以任何可自由兑换货币结算。出口收入可采用任何一种可与奈拉自由兑换的外币或某种规定的货币结算，并存入出口收入账户。

外国人携带现金出入境超过 10 000 美元需要申报。2015 年以来，因外汇管制措施，尼日利亚外汇自由汇出有很多限制，为外资企业营销带来诸多不便。

尼日利亚汇率存在波动风险。虽本币币值预期稳定，但贬值压力长期存在。国际金融危机期间，油价暴跌，尼日利亚本币奈拉开始进入贬值通道。2009 年以来，尼日利亚本币兑美元持续小幅贬值。尼日利亚中央银行采取严格外汇管制措施，继续维持从紧货币政策，不断干预市场，希望维持奈拉币值稳定，控制输入型通货膨胀。未来一段时期内，如果国际市场石油价格仍在高位，尼日利亚外国直接投资流入保持稳定，本币奈拉币值有望避免出现大幅波动。不过，受尼日利亚经济发展带动，成品油等进口商品需求增加，加上大量投资利润汇出，尼日利亚美元需求不断加大，奈拉贬值压力将长期存在。

第四章

尼日利亚工程承包法律制度

第一节　在尼日利亚进行工程承包的方式和业务流程

一、在尼日利亚进行工程承包的方式

目前在尼日利亚进行工程承包主要有以下几种方式：

（1）设计—采购—施工/交钥匙总承包方式（EPC）；

（2）设计—采购总承包方式；

（3）采购—施工总承包方式；

（4）设计—采购—施工管理总承包方式；

（5）设计—施工总承包方式；

（6）项目管理承包方式；

（7）设计咨询和项目咨询；

（8）施工总承包方式等。

在上述承包方式中，相对来讲 EPC 总承包方式应用较多。如 2017 年 9 月，由中国能建集团的成员企业——葛洲坝牵头成立的"葛洲坝—中国水电—中地海外"联营体中标业主——尼日利亚电力、工程及住建部的"尼日利亚蒙贝拉水电站项目"，项目合同总金额为 579 250 万美元，折合人民币 3 834 633 万元，总工期 72 个月，即是采用的 EPC 总承包模式。

二、在尼日利亚进行工程承包的业务流程

（一）主要业务模式

第一类是政府直接投资项目，分为联邦政府和州政府两个层面发包项目。在目前的工程承包市场中占有很大比重，而政府在基础设施建设方面所投入的预算在整个国家预算当中也占有了很大比例。由于尼日利亚政府官员贪腐现象严重且办事效率低，一般的工程项目都很难在合同规定工期内完成，并且验工计价和付款都会有所滞后，合同货币一般是以当地货币（奈拉）来计算，汇率风险较大。对于前期需要投入较大的工程项目，必须做好风险防范，避免造成非预见性的损失。

第二类是国际金融组织，如世界银行、非洲发展银行、国际货币基金组织等提供的贷款项目。这些项目严格执行 FIDIC 合同条款，大部分还是以美元来计价，项目现金流比较有保证，只要认真执行合同，按照要求保质保量完成，基本上可以规避风险。

第三类是政府之间的能源还贷或一揽子框架项目。由于尼日利亚有丰富的石油、铁矿石等资源，本国政府没有能力开采，但又急需资金进行基础设施建设，由此促成了政府之间的合作。就

中国政府来说，目前中国进出口银行与尼日利亚政府进行的一、二期项目都是短期的 EPC 项目，资金由中国政府控制，工程款回收有保障，风险较小。

第四类是私人财团项目。随着尼日利亚市场的良性发展，不少私人财团也陆续进入或加大在尼日利亚的投资，例如丹格特、马士基集团等都积极在尼日利亚投资建厂和修建港口。这类项目业主对于工期要求非常严格，但是付款很及时，只要承包商实力能够达到业主所要求的水平，利润还是非常高的。

第五类是近期开始流行的 BOT、PPP 项目形式。BOT 方式在尼日利亚被视为公私合营（PPP）模式的一种类型。根据公私部门投入、风险分担以及合同期限长短不同，PPP 可以分为服务合同、管理合同、租赁合同、特许经营合同、BOT 方式等多种类型。该类项目特许经营年限一般为 25～30 年，主要是由联邦政府或者州政府牵头，绝大部分适用于电站、收费公路和收费停车场等项目建设，这类项目盈利好、见效快。中国国有企业由于本身的特殊性以及国外投资环境的不确定性，在尼日利亚参与投资的项目不多，更多的只是参与到其中的建设当中。[①]（另请参见本书第二章第一节 PPP 内容的相关论述）。

（二）市场准入及资格要求

尼日利亚承包市场对外资企业比较开放，在准入范围方面对外资企业没有专门的法律限制，外国承包商在尼日利亚承包工程需要遵循 1990 年劳工法等法律法规。承包商必须在当地注册公司，才能获得提交资审的资格。在项目所在州政府或联邦政府部门进行承包商注册（建筑和相关工程须在尼日利亚工程与住房部注册，参与其他部门的工程项目视情况在其他部门

---

① 夏利军：《中国企业在尼日利亚工程承包市场经营浅析》，载于《工程技术：文摘版》2017 年第 4 期。

注册），并要求每年更新。外国自然人需以公司名义承揽工程承包项目。

工程建设方面对外资企业资质无具体规定和特殊要求，绝大多数工程可以由外国承包商建设。但项目执行大多采用英美等国际通用标准。

（三）在尼日利亚进行工程项目承包的具体程序

1. 获取信息。尼日利亚国内几大报纸和专业招标报纸发布的招标信息和政府部门的招标公告是项目信息的来源。当地有影响力的人物有时也会主动介绍工程。

2. 注册项目公司。具体流程请参见本书第二章第二节注册审批手续相关内容的论述。

3. 承包商注册。尼日利亚公共采购局（BPP）要求所有承包商和咨询公司等机构需提前在该局系统中登记注册，并要求每年更新。未在其数据库系统中登记的企业将不得参与联邦政府及其机构的采购活动。据尼日利亚 2007 年颁布的公共采购管理条例，BPP 负责建立统一的全国采购数据库，分类登记各承包商与服务提供商的信息。机构可免费在 BPP 库中注册信息，BPP 将根据机构的业务性质和规模进行分类。

4. 工程招标投标。尼日利亚各级政府项目、国际组织贷款或援助项目，均采用公开招标方式，少数项目业主会采取邀标方式。招标项目采用 FIDIC 合同条件的较多，设有专门的投标管理委员会，严格遵守法律程序。对私营业主项目，可采用邀标或议标方式进行。

尼日利亚工程项目的招标程序，分为资格预审、投标、技术标开标、商务标开标、授标及合同谈判等阶段。从资格预审到签订合同，时间可以是数月到 1 年以上，这与尼日利亚政府工作效率低下有关。需要说明的是，在尼日利亚工程承包市场，技术标开标时间或在投标截止日，或另外安排时间开标，而商务标开标时间更是不确定的，评标时间可以是数周，也可以是数月。

投标时须提交如下资料：公司注册证明、招标部门的承包商注册证明、公司简介、前 3 年完税证明、财务报表和相关项目的施工经验。投标人应保证上述信息真实可靠。

5. 工程合同谈判及签订。尼日利亚工程合同文本多采用FIDIC 合同文本，有时直接援引 FIDIC 合同条件的一般条款。遵循国际招标投标的一般原则，投标人须以招标文件为基础，对招标文件作出实质性的响应。在不违反招标文件实质要求和投标承诺的前提下，投标人和业主可以就合同的相关细节进行协商和谈判。

6. 办理许可手续及开工手续。承包商中标签约后，应依照合同和尼日利亚当地的法律规定，依法办理实施承包合同工程所必需的各项行政许可手续和开工手续（详见本书本章第二节的相关论述）。

7. 承包工程合同的履行。一般来说，合同一经签订，双方即应严格按合同执行。双方均应依据合同约定，履行各自的合同权利和义务。在出现合同边际条件发生变化时，应依法依约办理合同修改和变更手续。在合同执行中，承包商对业主的工期索赔和费用索赔、业主对承包商的反索赔以及分包商对承包商的索赔是时有发生的，也是非常正常的现象，但是应当建立在有礼有节的基础上。这其中尤其应当强调索赔的客观事实——干扰因素、坚实有力的证据以及合同依据和法律依据等关键因素，特别是证据直接决定索赔的成败。在索赔中，如果要启动项目暂列金以外的资金，需要公共采购局审批。

8. 承包工程移交。合同工程移交包括分项移交和整体移交，具体应遵从合同中关于承包工程竣工验收和移交的相关规定。

第二节　尼日利亚工程承包相关立法及管理制度

一、尼日利亚工程承包的相关立法

在尼日利亚，与工程承包相关的立法主要有：《公共采购法》《基础设施特许经营监督管理委员会法》《公司法》《劳工法》《劳动法》《工会法》《最低工资法案（修正案）》《土地使用法》《联邦环境保护署法案（1988 年）》《环境影响评估法案（1992 年）》《尼日利亚进口许可证程序协定》《强制性合格评定程序》《尼日利亚进口指导原则》《商标法》《尼日利亚海关货物管理法》《海关和税收管理法案》《专利与设计法》《税法》《保险法》《仲裁和调解法》等。

二、尼日利亚工程承包的其他相关规定

1. 尼日利亚要求外国承包商在当地注册公司。外国自然人需以公司名义承揽工程承包项目。

2. 尼日利亚对工程建设实行许可制度。工程许可一般分为以下三类：

（1）业主需要办理的许可。这类许可是业主为拥有和运营工程项目所需办理的许可，如项目批准许可、水源许可、环境保护许可、上网许可、环境及森林许可、进出口许可等。由于这些

许可是保证项目顺利实施的必要条件，因此需在合同中明确注明，项目开工日必须办理完毕以上许可。

（2）工程承包商以业主名义申请的，需业主给予必要协助的许可。这类许可需要提供详细的资料，如锅炉及其他压力部件（包括管道和阀门）设计和安装审查许可（即 IBR）、燃油许可、化学品系统设计和安装审查，电器设备许可（如升压站、变压器等，即 IER），烟囱障碍物指示灯及油漆许可、起重设备许可、无线电通信许可等。同时，申请产生的费用应在合同中予以明确。

（3）工程承包商以自己的名义申请的许可。如施工许可、劳工许可、劳工保险许可、施工用炸药许可、厂区临时施工电源布置许可、衡器许可、项目建筑物平面布置许可及物资存储、废旧物资处理和场地清理许可等。

3. 工程建设标准。关于工程建设标准，尼日利亚无具体规定，但项目合同中多采用并执行英美等国际通行的标准。

在尼日利亚实施工程过程中，有关劳动关系需遵守的法律法规内容，请参见本书第五章——劳工法律制度的论述；有关税收和关税需遵守的法律法规内容，请参见本书第六章——财税金融法律制度的论述；有关外贸管理需遵守的法律法规内容，请参见本书第三章——贸易法律制度的论述；有关环境保护和知识产权需遵守的法律法规内容，请参见本书第一章——尼日利亚法律概况的论述。

第三节　尼日利亚工程承包的法律风险与防范

尼日利亚工程承包市场现正处于迅速发展时期，项目机会较多，工程面临的法律风险也较多。我国承包企业在抓住发展机遇的同时，也需要注意做好以下几方面工作，以有效防控尼日利亚项目实施中的风险。

一、充分调查研究，提高法律风险防范意识

尼日利亚是联邦制国家，法律渊源复杂，联邦法律和各州、地方民事领域法律规定不尽相同。联邦政府的立法，特别是民事立法遵守程度低。中资企业在尼日利亚从事工程承包和建设活动，应提高法律风险的防范意识，采用较为安全的承包方式，合理规避工程承包风险。要充分了解掌握工程项目所在地的法律规定和相关制度要求，特别是用工、用地和税收等方面的法律规定，深入调查研究，及时掌握法律的更新和变动情况，及时分析法律变更对工程项目成本的影响，提前谋划、应对和化解相关法律风险，维护工程项目和自身的合同权益。

二、因地制宜，加快企业属地化发展

尼日利亚政府着力吸引外资的重要目标是促进尼日利亚本国居民就业，因此，尼日利亚相关法律制度对外资企业的属地化发展是支持和鼓励的。

除了对雇员有配额要求外，尼政府还在酝酿制定《促进尼日利亚本地化法》，以促进本国工人在各产业，特别是石油投资、分配、开采、生产和油气服务供应等领域中的比重。根据该法案，在石油和天然气领域，任何项目在报价和获得批准前必须确保该项目中尼日利亚员工的比例超过50%。尽管该法案还没有正式通过，但是尼日利亚相关部门已经采用了相应的政策措施

尼
日
利
亚

和规定。在尼日利亚经营的中资企业应当重视企业属地化和本地化发展，除必需的中方人员外，要尽可能多地雇佣当地员工，降低用工成本。要规范外籍雇员的管理，强化对当地员工的技能培训、安全意识培训和企业文化培训，因地制宜，因势利导，用好、管好当地雇员，减少经营阻力，不断提高企业在尼日利亚的竞争力。

三、加强项目全过程的风险防范

（一）招投标环节中的风险与防范

尼日利亚招投标合同版本多采用 FIDIC 示范文本。尼日利亚没有专门的国际招投标管理机构，基本上是各部委、各级政府各自对口组织进行，只有部分州设有专门的投标管理委员会（TENDER BOARD），联邦政府设 DUE PROCESS 进行管理。

在尼日利亚工程承包项目招投标程序中，建议从如下几个方面做好法律风险防控。

1. 工程信息渠道必须畅通。要与尼日利亚政府部门建立密切的工作联系，同他们往来时还要有足够的耐心。要通过不懈努力，建立起较为密切的关系，取得他们对中国公司的信任。同时，尼日利亚工程承包项目招标通常没有公示期，一般需要代理，代理费一般在3%以内。承包商确定报价时，必须仔细阅读和研读标书，按标书要求报价，并随时与代理保持联系。在投标报价时，应当将在当地必须发生的各项代理费充分考虑，直接计入报价中，以免入不敷出。

2. 加强实地调研。在标书制作过程中，一定要到工程施工现场实地考察其交通状况、材料供应条件及价格（因为尼工业基础较差，很多工程材料都要从国外进口）、当地施工人员和施工机具的情况和价格和工程施工期所处的季节（尼日利亚一年只有两季：旱季和雨季）等，为投标报价掌握第一手信息和资料。在制作标书时，要做到有的放矢。要充分利用 FIDIC 合同条款的内容，设置一些可以在将来进行索赔的条款，为工程实施过程中向业主进行索赔创造良好的合同条件。

3. 充分尊重当地酋长。尼日利亚有不少地方仍然存在着酋长制，酋长是所在地人民的精神领袖。因此，在工程开工前要做好公关工作，及时拜访当地的酋长，充分尊重他们的风俗习惯，取得酋长的理解、信任和支持，构建和谐外部公共关系，以免给日后的施工带来不必要的麻烦。

4. 做好投标时的风险识别、评估和应对工作。在招标合同条件一定的情况下，及时锁定合同的边界条件，充分考虑项目的风险因素，打足风险费用，适时采用不平衡报价技巧，制订好工程施工技术方案，为赢得项目奠定坚实基础。要在投标、评标、中标和合同谈判签约阶段，及时了解和掌握合同边际条件的变化，及时与业主进行沟通，防控好招投标阶段的各项风险。

（二）工程合同签订中的风险与防范

尼日利亚工程项目通常采用 FIDIC 合同条件，但执行得不够严谨，这必然会给项目实施带来诸多不利影响。因此，在合同签订阶段，应重点做好如下风险的防控工作。

1. 明晰项目许可证办理责任。在工程承包合同中，对项目申请许可的责任一定要界定清晰。需要业主办理的许可，承包商不能大包大揽。需要承包商自己办理的许可，应尽量在合同中约定业主提供办证的支持和协助条款。

2. 保函风险防范。在尼日利亚工程承包项目中，业主一般要求承包商开具预付款保函和履约保函，有些还约定承包商提供

尼
日
利
亚

预付款保函和履约保函是合同的生效条件。因此，承包商提供保函时，一定要提高对保函风险重要性的认识，谨慎严谨地对待保函。要在合同谈判时约定：合同实施中因业主的原因，造成工期延误，保函过期的，责任由业主承担等内容，维护承包商的合法权益。

3. 选择适当的合同准据法与争议解决方式。在合同谈判阶段，选择好合同准据法和争议解决条款十分重要。从尼日利亚工程承包实践来看，合同中选择第三国法律作为准据法是有可能的，承包商一定要努力争取。在争议解决条款上，应当优先考虑双方友好协商解决；如果协商不成，则选择国际上信誉好、公道正派的第三国仲裁机构仲裁解决。

4. 约定好合同的开工条件。合同开工条件约定十分重要，它涉及到合同工期的起算日期，对计算承包商是否按期完工起着至关重要的作用。因此，在合同谈判阶段，约定工程预付款到账之日作为工程合同的开工日是比较有利于承包商的，承包商一定要好好争取和把握。

5. 约定好承包商赔偿责任的上限。按 FIDIC 合同条款的一般原则，承包商的违约责任上限一般为合同价款的 10%。在合同签订时，约定承包商违约赔偿的上限为合同总价的 10% 也是控制合同风险的有效办法之一。

（三）工程建设中的法律风险与防范

1. 业主支付违约风险防控。在尼日利亚工程承包实施中，业主资金不到位的情况时有发生。工程期中付款和进度款支付拖欠严重，工期延误是尼日利亚工程承包市场的普遍现象。为防止因业主支付违约造成的资金和工期风险，承包商应充分理解并掌握合同条件，及时提出工期索赔和费用索赔。

2. 因业主原因导致工期延误的风险防控。尼日利亚联邦项目中，多存在通行权等业主原因导致工期延误的问题。对此，承包商应注重保留索赔的相关证据，及时依据合同规定启动索赔程序，维护自身利益。

3. 尼方信用风险的防控。对于某些成套工程建设项目来说，从中国进口部分成套设备是非常可能的。由于当地银行的信用度较差，常常发生无法兑付的现象，所以，作为中方的设备供应商不能只看到当地银行出具的信用证明就发货，如此将存在很大的收款风险。因此，在国内设备采购订立合同时，必须要求对方提供欧洲银行或信用度较高银行的信用担保后，方可同意发货。

4. 尼日利亚汇率风险的防控。由于工程预付款、中期进度付款、竣工结算款的支付多是按照当地的货币奈拉结算，而奈拉与美元的汇率兑换是经常变动的，这其中存在较高的汇率风险。因此，在项目实施过程中，要实时掌握尼日利亚金融市场的行情变化，准确预判汇率变化的趋势，巧妙地利用时间差来控制、降低汇率风险。必要时，还可以聘请专业机构出谋划策，应对化解汇率风险，维护企业在项目上的利益。

5. 外币支付风险的防控。在履行合同过程中，承包商为保证按时收取工程款，对于外币付款最好采用外国知名银行开具信用证的方式支付。

6. 环境保护法律风险防范。在尼日利亚执行工程承包项目时，承包商在开工前应向业主索要经尼日利亚政府批准的项目环境评估报告，并按环保法和环评报告要求约束自己的行为，确保不因违法违规给项目带来环保风险。

7. 劳工法律风险防范。尼日利亚失业率居高不下，引进外籍劳务政策日趋严格，配额趋少，申请难度较大，成本较高。政府对外籍人员进行不定期核查，持商务签证和临时工作签证，随时面临被遣返的可能。因此，承包商在尼日利亚实施项目时，一定要依法依规做好当地用工和外籍用工的劳动法律风险防控工作

（详见本书第五章相关内容）。

8. 工程设备、物资海关法律风险防范。由于尼日利亚港口吞吐能力小，卸货能力不足，海关程序复杂，工作效率低下，导致尼日利亚工程承包项下设备物资进关花费时间长，货物滞港，工期延误，造成容易较大损失。为避免此类风险的发生，在工程承包合同实施中，一定要为货物清关手续留出足够时间，必要时委托有经验的清关代理办理清关手续，并为代理机构提供全面有效的清关文件，以防止清关不及时导致项目的成本增加和合同工期拖延。

第四节　典型案例

尼日利亚 ALG 项目案例①

中国某设计院有限公司（以下简称"某设计院"）从事国际总包业务已有十余年，从 2001 年开始，在非洲承接多项国际总承包项目，经过不断的实践和摸索，某设计院对国际总承包工程运作的规律有了较为深刻的认识，积累了一定的经验。对企业如何做好国际总承包工程项目管理有一定的认识和体会。

一、案情简介

ALG 项目是某设计院在尼日利亚建设的一个 330kV 双回输电线路，是一个包括设计、采购、施工、调试、竣工验收的交钥

① 根据中国能建集团下属成员企业真实案例编写。

匙总承包项目。项目业主是尼日尔三角洲电力控股公司、设计咨询为德国 Lahmyer 咨询公司、项目咨询为尼日利亚公司和南非公司联合体 EK/TAP 公司。合同标的约 5 000 万美元，工期 18 个月。设计标准采用 BS、IEC 和相应的国际标准。项目线路跨越尼日利亚南部和中部三个州，全长 230 多公里，是尼日利亚为首都阿布贾供电的一条保障线路，在尼日利亚国家电网中占有较重要的地位。

2006 年，在测算项目微利的情况下，某设计院与业主签订了 ALG 项目的总承包合同。2007 年 7 月，尼日利亚政府换届后，因政治原因业主的工程资金被政府冻结，项目进度款无法得到支付，德国设计咨询公司也宣布撤出尼日利亚，项目执行面临中断风险。为规避项目执行风险，经公司研究后，项目部书面通知业主暂停了项目施工。2009 年 12 月业主资金到位，项目恢复施工工作。期间项目部按照 FIDIC 合同条件就项目终止付款等问题按月向业主连续递交了索赔意向书和索赔报告，至 2010 年 8 月，经过业主认可的索赔额已超过总合同额的 50%，且全部索赔款均已到账，为中国公司在尼日利亚成功地利用工程索赔创造价值探索出宝贵的经验。

二、项目管理经验介绍

（一）圈定项目范围、明确项目界限

项目管理要取得成功，必须在起始阶段就做足功课。在项目执行初始阶段，首先要圈定项目范围，进行详细的风险分析。圈定项目范围时，注重对合同要求的分析，主要包括工作内容和义务、技术标准规范、业主的额外要求、边界条件、相关工程的接口、合同不包括的内容、合同制约因素、重要的项目关系人、资源能力以及所有影响项目的风险因素等。在项目范围确定、风险分析透彻后，还要根据项目实施的进程，在不同阶段纳入新的变更和风险因素，调整项目的管理内容及控制策略。

在 ALG 项目合同签订初期，某设计院即对项目的责任边界进行了详细研究，举例如下：（1）承包商责任范围。项目清障、铁塔、基础、导线、金具、绝缘子、光缆等试验，竣工前的测试由承包商负责，承包商还需为业主/咨询工程师人员提供食宿，办公场所和交通车辆等。（2）接口。线路所连接的两个变电站，分别由两家不同的公司总承包。三个变电站出线门形架导线和光缆的连接需要接口配合。（3）业主责任。线路通行权、光缆通信规划由业主负责，清关费用等不在合同范围内。（4）腐败成本。线路路径纵跨尼日利亚中部的科吉州和联邦首都区，由于政治环境复杂和腐败风气，将增加额外成本。（5）其他。设计理念、经验、人力资源、文化冲突和对施工分包商的控制能力可能影响项目的进程、质量和成本费用。

对于这样一个工期紧、利润低的大型总承包项目，项目部在确定项目范围后，进行了细致的策划和组织工作，制定了明确的风险控制工作目标和实施措施。项目部重点对 BS 设计标准（英国标准）和国内设计标准进行了对比研究，有针对性地编制了详细的设计标准对比报告，说服咨询公司同意采用中国钢材和部分中国设计标准进行工程设计，降低项目执行成本和节省工期。同时，对于部分工程试验，项目部也进行了详细的研究，编制了工程试验执行建议书，全力说服业主取消重复性的工程试验。与尼日利亚同时执行的另一个同类项目采取项目群的模式进行管理，对相同的设计和试验合并进行，降低项目成本。

在公司技术专家的协助下，项目部通过充分的技术论证成功说服项目咨询和业主，使铁塔和基础设计得到了大幅优化，削减了铁塔和基础试验数量，累计为项目降低了近千万美元的项目执行成本。

（二）树立证据意识，做好索赔工作

随着涌入尼日利亚的外国公司日渐增多，当地的电力市场总承包竞争日趋激烈，价格不断下滑，电力市场的高利润时代已经结束。只有适应国际市场的形势，加强合同管理，关注索赔，才能使公司的利益最大化。具体到 ALG 项目，在建设工期十分吃紧，利润水平十分低的情况下，要实现公司对项目的预期目标，就必须高度重视索赔工作，将索赔管理作为项目部的重中之重常抓不懈。

1. 加强合同意识，做好各阶段的索赔策划。

（1）投标决策阶段。

投标决策阶段索赔机会的分析与识别，主要是通过分析招标文件及其所附的工程量清单来进行。召集有经验的技术、施工、造价及法律人员，对招标文件的条款逐一推敲，找出其中的风险因素和不明确因素，挖掘其对以后签订合同和工程实施过程中的有利因素，在投标中加以利用。同时制定一些预防措施，将某些条款可能出现的风险加以规避和转嫁，并记录有利和不利的因素及应对措施，以便在实施过程中逐一利用。

（2）合同订立阶段。

投标人中标后进行索赔机会的识别，重点要对合同文件相关条款的制定以及合同缺陷进行详细的分析研究，特别是合同"专用条款"的谨慎起草是今后成功索赔的重要保证。

（3）施工阶段。

施工阶段常见的索赔包括：工期延误的索赔及相关窝工损失的费用索赔；设计变更等原因引起的工程内容变化和工程量的变更；国家政策法规的变更、不可抗力事件、不可预见因素的发生；施工工程及场地的特殊性所引起的施工费用增加（如雨季施工）；业主已批准的施工进度计划，要求加速施工，应付赶工费等。

工程索赔是合同各方的正当权利，重视并认清工程索赔的原则和程序，严格按国际惯例采取有效方法来实施索赔，是国际建筑承包项目管理的重要环节。某设计院通过 ALG 项目的索赔成功充分体现了其对于合同意识、风险意识和索赔意识的重视度和敏感性，在出现索赔事件时不失时机地申请索赔，有效地保护了自己的合法利益，并通过索赔达到了预期的效益，是中国企业"走出去"的又一成功案例。

2. 谋求支持、依法办事。

由于业主、咨询工程师的工作角度和文化背景不同，对同一问题的看法和处理方式不同，应尽量争取对事件态度有利于承包商的一方的理解和支持。索赔是业主最不情愿的事情，由于业主工程师不了解国际惯例，有时往往主观臆断。咨询由于处于第三方，而且咨询工程师大都有国际工程管理经验，熟悉 FIDIC 条款和国际惯例。因此，在处理变更引起的索赔问题时应尽量争取咨询工程师的支持，让咨询跟业主沟通容易说服业主。另外，一些业主高层管理人员也受过良好的西方教育，了解国际惯例，懂礼知法，应该设法获得这些人员的理解和支持，争取尽快推进索赔工作。

3. 树立证据意识，早做准备，群策群力。

在提出索赔报告、索赔计算书和谈判过程中应充分发挥集体智慧。事先应做好策划，准备充足的证据，根据预测的问题制定多种对策，争取最满意的结果。

4. 持之以恒、坚持到底，部门间做好配合。

索赔因涉及双方利益，工作难度较大且周期较长、交涉和争执难以避免；这是一个体现心力和智慧的工作。项目部和处理索赔的人员应抱定必胜信念，耐心细致地处理过程中的每一个问题，坚持到底，争取获得最佳结果。索赔是一项系统工作，项目部及公司上下必须相互配合、快速反应。

（三）重视内外部沟通协调

沟通和协调工作是大型国际总包工程管理的关键环节。在项目的沟通协调工作中，与项目重要关系人尤其是业主、咨询工程师的成功、有效沟通极为重要。在本项目中，某设计院项目部充分研读了项目合同，熟知各方的合同义务和责任，与业主和咨询工程师建立了良性和健康工作关系，在沟通时做到知己知彼，有理有据，不仅增加了咨询工程师和业主对于承包商技术和管理实力的认可，也减少承包商在项目执行过程中遇到各种"麻烦"的可能性，为项目部降低成本，提高综合效益。

此外承包商内部沟通也非常重要。国内承包商在向国际工程公司转型的阶段，企业管理方方面面都处于向国际工程管理转型磨合的阶段。在国际项目施工过程中，国内总部支撑部门对现场支持的反应速度不够迅速，相关部门不能及时投入资源，集中解决现场技术问题，造成启动滞后、管理不畅，这也是大部分中国公司在承接国际工程项目时面临的主要问题。

（四）打造和谐团队、提升整体素质

1. 项目团队建设。国外项目的现场环境艰苦，远离祖国，项目员工容易产生烦躁不安和孤独寂寞的情绪，增加了人员管理的复杂性。某设计院尼日利亚项目部在项目团队的日常管理上，注重培养团队成员的各项综合素质，提高执行能力。按照各部门职能要求对成员进行各种形式的教育培训，使团队成员具有项目管理主人翁的意识，项目部实现"人人有事做，事事有人管"的良性局面。加强项目员工培训，使项目员工扎扎实实地掌握和了解各种基础知识和项目执行的各个环节。

2. 对当地雇员的管理。在对当地雇员的管理上，项目部结合当地雇员的特点，对当地雇员进行了形式多样的日常沟通和引导。在利用制度和规定加以约束、激励的同时，还采取措施充分调动当地雇员的工作积极性。在生活上给予适当的关心，将沟通交流作为常态化工作，增进当地雇员与项目部的情感因素，增强当地雇员对企业的归属感和忠诚度。

通过以上有针对性的人力资源管理和团队建设，团队成员的各项工作逐步走向正轨，岗位任职能力和整体素质有了较大的提高，形成一个有较强凝聚力和战斗力的和谐集体。

ALG项目的成功索赔，不仅为某设计院创造了可观的经济效益，而且极大地提升了某设计院国际业务队伍的法律意识、合同意识、证据意识、索赔意识和公关意识。在与尼日利亚业主索赔的博弈过程中，一大批管理骨干经受了洗礼，接受了检验，迅速成长起来，为某设计院国际经营培育了一批宝贵的人才。

第五章

尼日利亚劳工法律制度

第一节　尼日利亚劳工法及基本内容

一、尼日利亚劳工法律概述

尼日利亚的劳工法律比较健全，不仅规定了劳工的权利和义务，更规定了雇主和劳工关系的方方面面。

尼日利亚劳工相关法律渊源与其他领域的法律在本质上是相同的，但在劳工法律中，习惯法不作为一个来源。因此，尼日利亚劳工法律相关法律来源可归纳为以下三类[①]：

（1）尼日利亚成文法 Nigeria Legislation；

（2）继承的英国法 The received English law；

（3）判例法 Case law。

---

① Sampson Ihesiene Erugo. *Introduction to Nigerian Labour Law*. 1998. 153，p. 1.

尼日利亚成文法是三种来源中最重要的，且尼日利亚的劳工相关法律在成文法体系中占有相当大的比例。在现有的尼日利亚法律体系中，规范劳动关系的法律主要包括：

（1）《劳工法》（*The Labor Act*，2004）；

（2）《工厂法》（*The Factories Act*，2004）；

（3）《退休金法案》（*The Pensions Act*，2004）；

（4）《劳资纠纷法案》（*The Trade Disputes Act*，2004）；

（5）《工会法案》（*The Trade Union Amended Act*，2005）；

（6）《雇员补偿法案》（*The Employees Compensation Act*，2010）；

（7）《国家最低工资法案》（*The National Minimum Wage Act*，2004）；

（8）《国家最低工资（修正）法案》［*The National Minimum Wage（Amendment）Act*，2011］；

（9）《退休金改革法案》（*The Pension Reform Act*，2014）。

此外，还有一些虽不是专门的劳动法，但与劳工密切相关的法律，例如《尼日利亚联邦共和国宪法》。需要指出的是，劳工包括工会、劳资关系、劳动条件、安全及福利、劳资纠纷、联邦或其任何部分的国家最低工资规定以及工业仲裁等，均列明在1999年《宪法》附表2第一部分的专有立法清单上，这意味着尼日利亚联邦政府保留了通过立法规范劳工和劳资关系的权力。

英国的法律制度随着英国殖民活动的进行引进到了尼日利亚，劳工法律也不例外。英国法律中有关合同、雇佣和劳资关系的法律被引进到了尼日利亚。虽然引进的英国法律大部分已经被废除或者已不具有实际意义，但不可否认的是，这些法律对丰富尼日利亚劳工法律体系，推进劳工法律现代化有重要作用。

在尼日利亚法律发展过程中，很多法官的判决成为实际意义上的法律，并引入劳工法律之中。例如某判例规定只有在经过刑事法庭宣判后，才能对一个被指控犯罪的人采取限制措施。同样的，在劳工法律中，只有经过法庭宣判有罪，被指控有罪的雇员才能被惩罚或解雇。

以上三种渊源共同构成了尼日利亚劳工法律的框架。主要内容包括：

1. 雇佣关系规定。

尼日利亚《劳工法》是尼日利亚规范雇佣关系最主要的法律，其保护工人利益（不包括行政、技术和专业人员等高级雇员，仅指与劳动工人之间的雇佣）。企业与高级雇员之间的雇佣关系由劳资双方通过合同约定，但需要注意的是，有时需遵循司法机构支持的劳工与就业原则。

尼日利亚《工会法》规定，不管是临时的还是长期的工会必须经过注册才能开展活动，工会组织的成立、注册和活动必须遵守《工会法》。

2. 劳动合同、劳动关系终止、后合同义务。

在尼日利亚，法定的雇员利益主要包括：退休金计划、劳动者报酬、假期、工作时间限制、集体人寿保险以及职工住房计划。

雇主可以有理由或者无理由地终止劳动关系，一般情况下，雇主在终止劳动合同前应向雇员发送通知，否则可能需要向员工赔偿损失。但《劳工法》允许雇主在雇员违反劳动合同时不经通知即可终止劳动合同。

此外，相关判例法规定，若雇主有理由的终止劳动合同，其还需要对理由的合理性进行证明。

竞业禁止是最常见的后合同义务，根据尼日利亚法律，如果雇主可以证明下述条件，方可执行竞业禁止等后合同义务条款：

（1）存在需要保护的有效利益；

（2）雇员同意不违反约定的义务；

（3）尽管双方存在协议，雇员仍违反了双方的约定。

3. 工伤、退休、培训、休假等制度。

尼日利亚《工厂法》规定，从事危险职业的工厂必须进行

尼
日
利
亚

135

登记，并采取相应保护措施，否则将受到处罚。《劳工法》规定，员工享有休假、培训、可接受的工作条件等权利。《退休金改革法案》明确了退休制度以及退休后雇员权利的保障。《雇员补偿法案》明确了雇员在因工受伤或死亡时，进行补偿的机制。

二、尼日利亚劳工法基本内容

（一）劳动者的权利

1. 工资。

工资（Wages）是指雇主依据法律、行业规定或与员工之间的约定，以货币形式对员工的劳动所支付的报酬。在尼日利亚，工资的结算期限不得超过一个月，在每个期限结束后，该期限的工资即应被支付。《劳工法》第7条第（1）款规定，雇主应在雇佣开始后三个月内，向每一名工人提供一份书面说明，明确工资标准、工资的计算方法、工资支付的方法和时间。雇主不得在劳动合同中强制规定雇员在何处以及何时支出其工资。

《劳工法》中规定，除规定情形外，雇主不得扣减工人工资。如果因工人疏忽和失误对雇主造成了损失，则在征得劳工部门同意后，雇主可以从工人工资中扣减相应金额。在征得工人同意的情况下，雇主可以从工资中扣减所得税、养老金以及工会费用等。

一般来说，工资水平由适用的集体劳资协议或工人和雇主之间的协议决定。如果在某些具体行业或者区域，工资"不合理的低"，或者没有适当的集体谈判机制来有效地规范工人的工资或其他就业条件，则政府有权设立"行业工资委员会"行使相关权力。该委员会是由政府、雇主、雇员组成的三方机构，可就工资标准提出建议，政府可将这些建议制度化，对雇主和雇员产生约束力。在此基础上，尼日利亚政府成立了国家工资委员会和区域最低工资委员会。

在尼日利亚，现行最低工资标准来源于 2011 年颁布的《国家最低工资法案》，每月为 18 000 奈拉，不包括法律规定的扣除项目（如所得税和养老金）。如果相关法律、集体劳资协议或仲裁裁决中有规定，工资也可以用实物支付。根据建筑业《NJIC雇用条款》，尼日利亚建筑业最低工资为 4.1 万奈拉。

国家最低工资标准适用于除兼职工人（每周工作时间少于40 小时）、收取佣金的工人、季节性就业（农业）工人、收取计件工资的工人以及商船和民航运输工人外的所有工人。对于在职工人不到 50 人的用人单位，最低工资标准也不适用。

雇主如果未以最低工资标准支付薪酬，可处以高达 20 000奈拉的罚金，对于持续违法的情况，处以每天 100 奈拉的罚金。法院可以强制要求雇主补足工资中的不足部分，并支付罚金。《国家最低工资法案》进一步澄清，规定工资低于国家最低工资标准的劳动合同无效。

2. 工作时间[1]。

根据《劳工法》的规定，任何劳动合同里的正常工作时间应由协议确定，或由组织/行业内的集体劳资谈判确定。若没有集体谈判机制，则应由一个工资委员会确定。《劳动法》未对实际工作天数作出规定，在实践中，工作天数大多根据企业的政策制定。在确定工作时间的同时，需要考虑最低休息时间和休假时间的相关法律规定。

---

[1]　Olawale Adebambo，Folabi Kuti. IfedayoIroche – The Employment Law Review – Edition 8 – NIGERIA.

《劳工法》禁止妇女和 16 岁以下的青少年在公共或私人工农业领域从事夜班工作，但对于从事护士或担任管理职位的妇女，以及不经常从事体力劳动的妇女，没有禁止夜班工作的规定。

加班在《劳工法》中定义为员工工作超过正常固定时数的工作时数。虽然《劳工法》未对加班工作进行分类，但它认可超出约定时间的工作，包括休假时间（休息时间）或付费工作时间。在实践中，加班工资是按照小时计算的，与工人的正常小时工资相当。加班工资的数额属于合同范围，实际上由雇主的内部政策决定。

3. 加入工会的权利。

尼日利亚宪法赋予所有人结社自由权。《劳工法》和《工会法》允许雇员组成并加入工会。工会或代表机构的成员必须是自愿的，雇员不得被强迫加入，或者因为拒绝加入工会而受到惩罚。

雇员代表的比例因机构而异，没有法律标准。根据《工会法》，工人工会的注册申请必须由至少50名工人提出，而雇主工会则应有至少2名雇主提出。

工会的选举程序、代表任期和会议频率由工会章程或指导性文件规定。《工会法》要求注册的工会组成一个选举团，选举成员代表他们进行谈判。

《劳工法》禁止在合同中将工人加入或不加入工会作为工作条件，并禁止雇主因工人合理的工会活动对其产生偏见或进行解雇。在雇员通知雇主其加入工会组织后，雇主应当承认其组织内部具有该工会的分支机构。

4. 退休金。

2004 年《退休金法案》为在尼日利亚公共和私人部门中工作的人建立了退休金制度。雇员应当交纳薪水的 7% 作为退休金。该法案同时说明，如果雇员死亡，则其近亲属将有权继承其养老金以及来自其人寿保险政策中的所有收益。

5. 休假。

尼日利亚《劳动法》规定，每个雇员在连续工作 12 个月后，都享有 21 天的假期。如果雇员小于 16 岁，则只有 12 天。雇主和雇员同意将休假期限从 12 个月延长至 24 个月，但不超过 24 个月的，也符合法律规定。雇员也有权享有最多 12 天的带薪病假，但需要注册医生证明病情。

女性员工享有休产假的权利，但需要医生的书面医疗证明，证明其不应该也不能工作。医生证明书允许一名女性在婴儿出生前六周左右以及婴儿出生后六周内免予工作。只要女性已经就业满六个月，则休产假期间可以得到不低于 50% 的正常工资。女职工哺乳期间，每天可享有两次 30 分钟的护理时间。

6. 国家住房基金。

在尼日利亚法律下，月收入超过 3 000 奈拉的雇员需要向国家住房基金交纳薪水的 2.5%。住房基金由联邦抵押银行实际控制，拒缴将面临 50 000 奈拉的罚款。

7. 工伤。

尼日利亚《工厂法》规定，从事危险职业的工厂必须进行登记，并采取相应保护措施，否则将受到处罚。根据《雇员补偿法案》的规定，对于在工作事故中受伤，或者在工作场所之外因公受伤的员工，应当根据该法案得到补偿。如果因事故发生死亡，死者家属将有权得到补偿。根据《雇员补偿法案》，一个员工在岗的范围，包括其从家上下班的途中。

8. 培训。

尼日利亚还建立了技术培训基金制度，有 25 名以上雇员的企业应缴纳营业额 1% 的税款，若该企业为工人提供的职业培训项目符合相关要求，尼日利亚政府将会返还 60% 的税款作为奖励。

（二）劳动合同

1. 劳动合同的签订。

《劳工法》第7条第（1）款规定，雇主需要在雇员开始工作的三个月内与其签订劳动合同，并规定雇佣关系的相关细节，这是使得雇佣关系受到法律约束的保证。劳动合同应包含双方信息、合同的性质、合同期限、薪酬的支付频率和计算方式、工作时间、假期及假期薪酬等内容。尼日利亚允许签订固定期限合同，但是也应当包含上述内容。

2. 劳动合同的变更。

《劳工法》第7条第（2）款规定，雇员与雇主可以在合同执行后变更或修改合同条款，但是雇主应在变更后一个月内向雇员就变更的性质做出书面声明，并且为雇员提供一份变更后的书面雇佣合同。如果书面雇佣合同无法提供给雇员，雇主应当保存一份书面合同，保证雇员可以阅读或者通过其他方式接触到书面合同。

3. 劳动合同终止。

《劳工法》规定了三种合同终止的方式：

（1）合同期满；

（2）雇员在合同期满前死亡；

（3）根据《劳工法》终止合同。

《劳工法》第11条规定，对于雇佣合同的任一方，在其将终止合同的意图送达另一方，且通知期满之后，合同可被终止。合同延续三个月及以下的，通知期为一天；合同延续三个月以上，二年以下的，通知期为一周；合同延续两年以上，五年以下的，通知期为两周；合同延续五年以上的，通知期为一个月。需要注意的是，在《劳工法》第11条第（3）款中规定，任何超过一周的期限都应当是书面的。

《劳工法》第6条规定，任何一方均不得强迫另一方放弃其通知权或者接受现值化补偿。此外，该法还规定，所有以现金支付的工资应在通知期届满之前支付；在计算时，要扣除工资中的加班费和其他津贴。

4. 裁员。

在欧麦格女士诉纳亿达公司（Mrs Winifred Omage v. NAIRDA Nig Ltd & Anor）的判例中[1]，国家劳资法院对裁员相关法律进行了简明的阐述，并确认了《劳工法》第20条规定了进行裁员应依据的程序。

尼日利亚法律下，裁员不需要政府通知，但雇主应该在裁员前事先通知工会或者雇员代表裁员的原因以及裁员的范围。尼日利亚的法律体系中裁员的原则是根据相关的技能、能力和品质，裁除末位人员。雇主应当提供合适的替代工作。

法律中没有规定裁员的通知期，可以在合同或者员工手册中进行规定。雇主在裁员时，应确保合法合规。

（三）劳动者权益保障

1. 工会在保障劳动者权益中的作用。

尼日利亚工会在保障劳动者权益方面发挥着巨大的作用。目前，尼日利亚主要有两个工会联合会，一是尼日利亚劳工大会（NLC），倾向于代表初级（即蓝领）工人，包含42个行业工会；另一个是尼日利亚工会大会（TUC），代表高级（例如白领）工人，包含18个行业工会。根据劳动和就业部提供的数字，工会会员总数约为700万人。

尼日利亚工会可以针对薪酬、福利、健康和安全等问题发起集体谈判。在2014年，整个公共部门和有组织的私营部门内均

---

① OlawaleAdebambo，FolabiKuti. IfedayoIroche – The Employment Law Review – Edition 8 – NIGERIA.

发生了集体谈判。通过集体谈判通常可以解决问题，但是也会经常遇到政府未能遵守集体谈判协议。例如，2013年，由于尼日利亚政府未能执行2009年协议，大学学术联盟（ASUU）进行了为期五个月的罢工。

尼日利亚的劳工组织在政治上十分活跃，往往会就劳动者关心的问题向政府提出罢工。一般来说，行动是和平非暴力的，但随着经济状况持续受到挑战，这些行动可能会演变成政治暴力，工会也成为一些政客进行政治斗争的工具。

2. 尼日利亚政府的监管。

除法律之外，在劳工管理行政系统中还存在很多组织和机构致力于规范和调解雇佣关系，这些组织框架确保雇佣关系遵守法律，并保护劳动者的权利。

劳动和生产部（Ministry of Labor and Productivity）直接负责与劳动和就业有关的事项，其下属部门工会服务部、劳资关系部、调查部等与劳动者权益联系密切。其中调查部被赋予了"确保雇佣条款和条件符合国家和国际劳工法"的责任。

其他涉及具体行业的政府部门直接或间接的影响劳动者权利，例如尼日利亚养老金委员会、石油资源部、国家工资委员会（the National Wages Board）。当劳动者的权益受到其他政府部门的侵害时，可从这些政府部门得到补偿。

3. 公正的劳动仲裁和审判。

在劳动者权益受到损害或与雇主发生劳资纠纷时，劳动者理应得到公正合理的仲裁和审判。为此，尼日利亚建立了健全的劳资纠纷解决机制。其中最重要的两个机构为：劳动仲裁庭（IAP）和国家劳资法院（The National Industrial Court，NIC）。劳动仲裁庭对审判和解决劳资纠纷有初始管辖权，而国家劳资法院对关于或涉及到劳工、就业、工会、劳资关系和工作场所引起的争议，以及包括健康、安全、劳动福利、雇员、工人及其附带的或与其有关的工作条件的民事和刑事诉讼则享有专属管辖权。当事人任何一方对劳动仲裁庭的裁决不服的，可以将争议提交到国家劳资法院。值得注意的是，宪法赋予国家劳资法院更多的权力，国家劳资法院同样能够对劳资争端诉讼行使初始管辖权。

三、尼日利亚劳动争议解决法基本内容[①]

（一）尼日利亚劳资纠纷的定义

在尼日利亚，规制劳资纠纷的主要法律是《劳资纠纷法案》。该项法案第48条将劳资纠纷定义为"雇主和工人之间，工人与工人之间的任何纠纷，这些纠纷与雇佣、解除雇佣、雇佣的待遇或任何人工作的物质条件相关"。但需要注意的是，并不是所有与劳工相关的纠纷都称作劳资纠纷。在 NURTW v. Ogbodo (1998) 2 N. W. L. R（Pt. 537）at 189 的判例中，对劳资纠纷的要点进行了描述：

（1）必须存在纠纷；

（2）纠纷中必须包含劳资关系，并且是在雇主和工人或者工人和工人之间；

（3）这些纠纷与雇佣、雇佣的待遇或任何人工作的物质条件相关。

（二）劳资纠纷解决机制

《劳资纠纷法案》中规定的劳资纠纷解决机制见图 5-1。

---

① AdekemiSijuwade – An Appraisal of Trade Dispute Resolution Mechanisms in Nigeria – Feb. 2016.

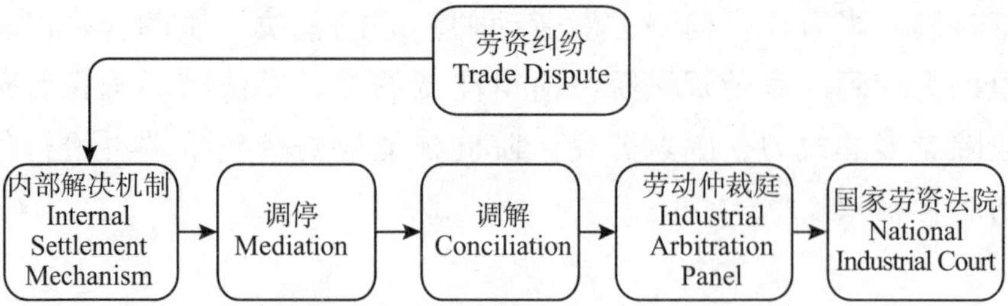

图 5 - 1　尼日利亚劳资纠纷解决机制

内部解决机制：《劳资纠纷法案》第 4 条第（1）款规定，可以在劳资纠纷解决中采用内部解决机制，这一规定要求争议各方首先尝试利用现有的方式解决纠纷。这个内部机制通过争议双方的双边谈判，争取解决双方的矛盾。尽管内部纠纷解决程序是由集体合同确定的，但有的雇主也在其组织中单方面引入了争议解决程序。

调停（Mediation）：根据法案第 4 条第（2）款规定，当通过内部解决机制无法解决纠纷时，或者此类解决机制不存在，争议双方需要在七天内会面，并在双方共同指定的调停员见证下友好地解决纠纷。如果调停失败，需要在调停期满后三天内将问题上报劳动和生产部，并提供一份书面报告，详细说明双方争议的焦点以及双方为化解僵局所做出的努力。如果劳动和生产部认为双方没有充分利用已有程序，其可能会指导双方采取进一步的措施解决争端。如果双方仍旧僵持不下，劳动生产部可能会根据实际情况，在十四天内选择将这项纠纷提交进行调解（Conciliation），或者提交劳动仲裁庭，乃至直接提交国家劳资法院或调查委员会进行调查和审理。在实践中，劳动生产部通常将对调停失败的纠纷进行调解（Conciliation）。

劳动仲裁庭：劳动仲裁庭是按照《劳资纠纷法案》设立的机构，有权对劳动生产部提出的雇主和雇员之间的劳资纠纷进行裁决。在实践中，劳动仲裁庭通过组建劳资仲裁庭（Industrial Arbitration Tribunal，IAT）来行使职权，法庭的成员均来自劳动仲裁庭内部。除非劳动生产部将期限延长，仲裁庭需要在 21 天内做出判决。裁决将会提交至劳动生产部进行确认。在收到裁决后，如果劳动生产部认为裁决中的部分事项需要重新考虑，可以将裁决重新提交 IAT，或者可以向争议双方发出通知，告之裁决的主要内容，争议方有权在 7 天内拒绝执行此裁决。如果双方对裁决无异议，则劳动生产部再次确认后，此裁决即对双方产生约束力。如果劳动生产部收到了有效的拒绝通知，则需要将此纠纷提交国家劳资法院（National Industrial Court，NIC），国家劳资法院将会产生最终判决，并对双方产生约束力。

国家劳资法院：在《劳资纠纷法案》中，规定国家劳资法院是劳资纠纷解决的最终机关。2006 年，为规范国家劳资法院的运行，加强其对劳资纠纷的处理能力，《国家劳资法院法案》开始实行，《劳资纠纷法案》中关于国家劳资法院的部分被废止。

第二节　尼日利亚劳务合作的主要法律

一、外籍劳工的引进

尼日利亚总人口约 1.86 亿，是非洲人口最多的国家，国内普通劳动力资源富裕，但高级技术和专业人才不足。为促进本国经济发展，保障国内普通劳动力就业，缓解居高不下的就业压力，尼日利亚采取了吸引高级技术和专业人才、限制引进外来普通劳动力的劳务政策和工作签证制度。

尽管尼日利亚规范外国人就业的政策由来已久，但尼日利亚并没有专门的《外国人法》或《外国人就业法》对此进行具体规定。1963 年的《移民法》及其条例是尼日利亚规范外国人就业最主要的法律渊源。2015 年 5 月 25 日，尼日利亚前总统乔纳森签署颁布了《移民法修正案》，该修正案旨在建立一个反映当今移民管理规定的法律框架。2015 年移民法修正案的主要变化如下：

1. 明确了企业需代表其所雇佣的外籍劳务人员履行"移民责任"。这意味着企业有责任确保外籍劳务人员遵守移民法，且要对违法行为承担法律责任。

2. 移民局总审计长有权利批准和发放临时工作许可（Temporary Work Permits，TWP）。这改变了原来只能由移民局局长审批工作许可的规定。

3. 在法律责任方面，规定发生违法行为时，企业一方要承担 200 万奈拉的罚款并接受进一步调查，处罚的措施更为严厉。

4. 外籍劳务人员在尼日利亚境内变更原有就业企业，必须先获得移民局总审计长的事先批准，否则可能被驱逐出境。外国人的就业必须以申请核准为前提，不得擅自变动职业。

5. 擅自更改现有的旅行证件视为违法，将处以 200 万奈拉的罚款或者三年监禁，严重者两种处罚并处。这主要是针对目前尼日利亚境内一些外国人通过不法手段擅自更改签证类型和停留期限而非法就业的情况。

自 20 世纪 60 年代独立以来，尼日利亚对外籍劳务一直实行配额制管理，外籍劳务配额制度是尼日利亚限制外国人就业最重要的法律制度。尼日利亚外籍劳务配额制度的适用范围是：在尼日利亚从事商业投资活动的企业，包括本国企业、合资企业和外商独资企业。尼日利亚教育机构、大学、政府公司及联邦或州政府参股的企业不受此配额制度的限制。同时，尼日利亚移民法规定：凡有不良记录、从事损害尼利益或损害尼本国人商业活动的外国人，均不得在尼日利亚工作。

尼日利亚外籍人员工作配额按其时效可分为永久性配额和非永久性配额。非永久性配额经申请批准后，可以转换为永久性配额。在引进外籍劳务前，用人单位须首先根据工作时间的长短向内政部申请相应类型的工作配额，并由内政部长批准。用人单位在获得内政部的配额批准后，向移民局领取相关表格，通过当地银行支付相关费用，尼日利亚移民局负责发放配额卡，实行登记和注销制。劳务配额在法律上具有唯一性和不可交换性，但由于尼日利亚腐败严重，在外籍劳务的办理上也同样存在。一些尼日利亚人尤其是退休的移民局官员常利用各种关系非法倒卖配额，从中谋利。利用假配额进行劳务走私也时有发生，也有部分企业利用临时工作许可在尼日利亚长期居留和工作。

尼日利亚内政部下属的移民局专门负责外国劳工的管理，管理外籍劳务人员工作配额，发放工作许可和签证，并不定期对在尼日利亚从事劳务的外籍人员进行检查。

尼日利亚的外国劳工同样受到大部分规范雇佣关系的法律的保护。例如，《雇员补偿法案》向雇员赋予了不可剥夺的权利，因此，不管雇员在雇佣合同中选择了何种适用法律，此项法案是具有强制性的，并且适用于所有雇员。《劳工法》的相关规定也有类似的含义。但是，尼日利亚《退休金法案》对外国劳工不适用，外国劳工的退休金应由其母国的相关法律进行规范。

在国际劳务合作中，除以上尼日利亚本国法律外，一些国际公约也可能适用。根据《尼日利亚宪法》第 12 条的规定，国际条约只有在被国民议会认可，并编纂为法律的情况下才具有执行性。但国家劳资法院在一次判决中裁定，依据修改的宪法，其有权依据已由尼日利亚议会批准但尚未被编入法典的劳动就业国际公约来进行裁判。例如国际劳工组织发布的终止雇佣国际公约1982（158 号）以及规范雇主终止雇佣的第 166 号建议。由于此项裁定没有被尼日利亚上诉法院推翻，并且实际上影响了劳工、雇佣和劳资关系，因此其依然可以作为现行有效的法律依据。

二、工作许可和签证[①]

根据尼日利亚外籍劳务政策，在尼日利亚工作的外籍人员必须持有尼日利亚外籍人员工作签证。工作签证分为临时工作许可和长期工作签证，工作签证的种类取决于在尼日利亚就业时间的长短。

1. 临时工作许可：该签证用于为某一特定目的而入境，如机器安装、设备维修、商务交往等。由所在尼日利亚公司法人代表本人提出，并申明被邀请人的访问目的、逗留期、个人资料、公司承担的移民责任等。经申请，此类签证可转为长期工作签证，但必须由移民局长审批。

2. 长期工作签证：该签证必须在用人单位获得工作配额后方可申请，且需申请人提供经公证的、由被承认的大学或机构出具的专业资历的正式证明。申请人抵达尼日利亚后，须在 STR 签证（尼日利亚工作签证）有效期内向移民局申请居留许可，即 CERPAC 卡。2002 年开始，尼日利亚移民局向居留在尼的外国人颁发外国人工作证和居留证合二为一的证件，简称 CERPAC 卡。每位申请人除交付相应的费用外，还需提供与申请 STR 签证相同的文件、公司的税单、个人所得税单、个人指纹。此卡有效期为一年，与护照同时使用。持 CERPAC 卡的外国公民可分为两类，A 类允许工作，B 类为依赖 A 类的人员，如配偶和子女，不允许工作。如要求在该国工作，必须征得移民局举证同意，由其授权签发工作许可。

---

① Ejide Sodipo and Vivian. C. Nwachi – *Employment and employee benefits in Nigeria*：*overview* – 2017.

第三节　尼日利亚劳务合作的
法律风险与防范

一、限制外国劳务输入和过度保护劳工的法律风险与防范[①]

中国和尼日利亚经济往来密切，随着中国"走出去"战略和"一带一路"倡议的不断深化，越来越多的企业到尼日利亚投资经营，在尼日利亚工作的中国人数量也在逐步增加。根据相关资料统计显示，2010年中国公民在尼日利亚就业人数约为7 000人，其中以从事工程承包的中国务工人员和中国对尼日利亚直接投资企业的员工为主。其余少数则为直接受雇于当地企业的职员、工程师和技术人员等纯劳务人员。

在上文中提到，尼日利亚采取吸引高级技术和专业人才、限制引进外来普通劳动力的劳务政策和工作签证制度。随着尼日利亚教育和人才市场的发展，为保障本国普通劳工就业率，特别是应对居高不下的失业率，这一政策将日趋从严，工作配额的获取难度将会加大，签证的申请时间将会延长，拒签率也将增高。尼日利亚移民局自2008年开始对外籍人员进行不定期核查，严惩和遣返非法滞留人员，且逐步加大检查力度。工作配额和签证问题成为制约中国企业在尼日利亚开展经贸合作的重要因素之一。

---

① 梁秋月：《尼日利亚限制外国人就业法律制度研究》，载于湘潭大学硕士学位论文，2016年。

限制劳务输入的法律在保障尼日利亚本国劳动力就业，降低失业率，维护社会安定方面做出了贡献，但不可避免的，这些法律还存在一些问题。

一是立法落后，不符合国家发展实际，法规分散，限制过严。首先，尼日利亚没有出台一部专门限制外国人就业的法律法规，法规分散且法律效力层级不够高也会导致施行效果不佳。其次，对尼日利亚企业雇佣外国劳动力的要求过于严格，程序烦琐，不能及时满足企业的雇佣需求，阻碍了企业的正常经营生产活动。目前的立法没有充分考虑到企业的实际利益，缺乏对就业市场需求变化的正确认识。这种不合理的限制制度长期存在所导致的滞后性会给经济发展带来不可忽视的负面影响。

二是执法不严，外国人非法就业严重。尼日利亚在立法方面对外国人就业制定了严格的限制规定，但是"法律的生命在于实施"，只有落实到执法才能体现立法的社会实效。目前尼日利亚在外国人就业方面存在执法不严的情况，导致外国人非法就业现象严重，非法就业的外国人数量大大多于合法就业者。

三是忽视外国人才，不利于引进外资。尼日利亚政府没有把掌握高技术水平的外国人才和通常的普通外国人就业者区别开来，对外国人就业者采取"一刀切"的限制态度，不注重外国人才的适当引进，对引进外国投资也造成负面影响。

基于当前尼日利亚劳务相关法律现状，以及外籍劳务和工作签证政策，应注意以下几个问题：

1. 审慎开展纯劳务合作。

鉴于尼日利亚对外籍普通出国劳务合作态度不积极，加之尼日利亚社会安全形势严峻，绑架、抢劫等犯罪事件频发，且疟疾等流行疾病较为严重，应审慎开展纯劳务合作。

2. 顺应政策变化，早作签证申请。

针对尼日利亚签证申请要求严、时间长和难度大的特点，中国企业应根据公司业务状况和实施项目的时间提前申请赴尼日利亚人员签证，保证有充裕的时间应对在签证方面可能出现的各种问题。

3. 规范工作签证申请。

在实际操作中，部分劳务可能凭借临时工作许可到尼日利亚工作，并在尼日利亚境内申请长期工作签证。但是，由于尼日利亚移民局等政府机构工作效率低下，长期工作签证审批缓慢，可能造成非法滞留。这种情形很容易遭受尼日利亚移民局官员或当地警察的执法检查甚至恶意敲诈勒索，从而被罚款、拘留或遣返。为避免受到尼日利亚政府的处罚和制裁，劳务派出企业应规范工作签证的申请，建立应急机制，在出现签证问题时可以及时做出应对。

4. 提高企业的属地化程度。

中国企业应尽可能地聘请尼日利亚本国人担任企业员工，只有在当地工人无法满足技术和高级管理要求时，再派遣中国员工到尼开展工作。同时，提高企业的属地化水平，多雇用尼本国人，帮助尼国降低失业率，也正符合尼政府的发展要求，有助于中尼两国关系的友好发展。此外，由于尼日利亚本国工人工资水平较低，中方企业多雇用尼本国工人也有利于降低企业用工成本，获得更好的企业经济利益，以实现在尼日利亚的可持续发展。

二、劳务合作中的合同法律风险与防范

由于尼对普通外籍劳务限制较严，中国企业在当地承包工程项目上的中方人员基本都是管理和工程技术人员，以及少部分担任工长的熟练工人。直接投资项目带出的人员也多数为管理和技术人员，他们自身素质较高，待遇、工作环境、生活条件相对较好，一般在中国境内即签订了规范的劳动合同，合同法律风险较小。与此同时，尼日利亚劳动力成本相对低廉，从合规以及降低成本的角度看，在尼日利亚从事经营的中国企业，势必要雇佣大量的当地工人。以工程承包项目为例，当地劳务在总劳动力中一般占比都超过70%。中国企业在尼日利亚雇佣当地劳务时，则可能产生较大的合同法律风险，主要风险及防范措施如下。

（一）合同签订前的法律风险

在签订合同前，中国企业可能对于尼日利亚劳工法律了解不足，形成的劳动合同中可能会存在法律缺陷，导致合同无效或者合同效力待定。聘用的劳务大多为体力劳动者，因此也不太可能有完善的面试选拔机制，劳动者可能不具有履约能力，最后导致合同无法履行。

为规避以上风险，建议中国企业做好以下两个工作：

1. 深入了解尼日利亚劳工法律，必要时聘请当地法律服务机构提供专业指导，及时准确识别合同法律风险，制定规范合法的合同文本。

2. 做好当地劳动力市场调查，必要时聘请当地专业劳务机构提供合格的劳务人员，避免与单个劳动者直接签署劳动合同。

（二）合同履行过程中的法律风险

由于尼日利亚国民受教育程度普遍较低，中国企业聘用的从事体力劳动的劳务一般法律和合同意识较差，经常随意终止工作。这导致当地劳务的流动性大、稳定性差以至于无法形成有效的生产力。

为规避以上风险，建议中方企业做好以下工作：

尼
日
利
亚

152

1. 实际招聘的当地劳务数量应大于计划招聘人数，根据情况留有余量；

2. 要根据当地劳务工作生活习惯、宗教习俗等制定轮休制度；

3. 可以建立当地员工的激励晋升机制，提高当地员工的企业归属感和荣誉感，能够自主通过努力融入企业中来，建立一种良性的发展循环。

（三）合同产生纠纷时的法律风险

在与当地劳务产生劳资纠纷时，中国企业往往处于不利境地。工会可能组织活动阻碍正常的经营活动，仲裁机构或者劳资法院可能过度保护当地劳务，做出不公正的裁决，这些都将使得经营成本增加，商业信誉受损。

为规避上述风险，建议中国企业做好以下两项工作：

1. 规范当地劳务的雇佣程序，签订合法、规范的劳动合同，产生纠纷时通过合同维护自己合法权益；

2. 建立与劳工部门、工会、仲裁机构、法院的良好沟通，尽量通过协商机制解决存在的劳资纠纷。

三、其他风险与防范

（一）安全风险

在与尼日利亚的劳务合作中，应高度重视安全风险防范。一是长期以来，尼社会治安形势不佳，外国公民人身、财物安全经常受到威胁。二是尼日利亚宗教争端、民族冲突频发，恐怖活动时有发生，极有可能危及中方劳务人员的人身安全。三是由于宗教、文化等差异巨大，中方劳务人员与当地人交往过程中，可能产生冲突，进而产生风险。因此，与尼日利亚进行劳务合作需要加强出国人员外事教育力度，着重讲解所在国的风俗禁忌和宗教信仰等。

（二）健康风险

尼日利亚气候炎热，存在多种流行病，雨季流行性脑膜炎、疟疾、霍乱、拉沙热等传染病高发。其中对外国赴尼人员威胁最大的是疟疾。尼是疟疾高发区，每年疟疾病患者达 2 亿 ~ 3 亿人次，40 多万人死于疟疾。加之尼日利亚基础医疗条件较差，一旦感染传染病，极有可能危及生命。因此中方人员在赴尼日利亚工作前，应该按要求进行体检并提前注射疫苗，在尼工作期间要注意环境卫生，及时除蚊除虫。此外在开展劳务合作时，我方公司应建立医疗应急制度，可与当地的医疗机构建立稳定联系，发现病情，及时进行救治。

第六章

尼日利亚财税金融法律制度

第一节　尼日利亚财税金融体系

一、尼日利亚财政体系

尼日利亚财政部（Ministry of Finance）是负责管理尼日利亚联邦政府财政状况的政府机构，其主要职能包括：管理联邦政府财政收入与支出；制定税收、关税、财政管理等方面政策；制定和管理预算；管理联邦债务等。

财政部的主要业务目标是：实现经济稳定和良好的生活水准；实现长期资金均衡；创造经济高效的税收环境；建立以责任和绩效为导向的国家财政管理体系等。

二、尼日利亚税收体系

（一）主要税收法律

尼日利亚的主要税法有《公司所得税法》《石油利润税法》《资本利得税法》《印花税法》《个人所得税第 104 号法令》《增值税第 102 号法令》《教育税第 7 号法令》。

尼日利亚主要税种相关介绍详见本章第二节。

（二）税收征管体系①

尼日利亚税收管辖实行属地原则，与尼日利亚三级政府体制相对应，分为联邦政府、州政府和地方政府三级征收管理。

联邦税由尼日利亚联邦税务局（Federal Inland Revenue Service）负责征收，主要包括公司所得税、石油利润税、增值税、教育税、公司资本收益税、公司印花税、公司扣缴税、信息技术发展税等 8 种税负，此外还包括联邦首都区居民的个人所得税、个人扣缴税、资本收益税、印花税以及非尼日利亚居民的个人所得税。

州内税由各州的州内税收委员会（State Board of Inland Service）负责征收，主要包括州内居民的个人所得税、个人扣缴税、资本收益税、赌博和彩票税，以及商用场所注册税和州首府道路注册费等 11 种税负。

地方税由地方政府税收委员会（Revenue Service）负责征

① 商务部：《对外投资合作国别（地区）指南（尼日利亚）》2016 年版。

收，主要是与地方政府行政管理有关的税费，比如酒税、出生和婚姻注册费、公共广告费、州首府以外的道路注册费、动物牌照费以及电视许可费等 20 种税负。

（三）税收协定

为避免对企业所得双重征税和防止偷税漏税，中尼两国政府于 2002 年 4 月 15 日签署了《关于对所得避免双重征税和防止偷漏税的协定》。截至目前，尼日利亚已与中国、比利时、加拿大、捷克、法国、荷兰、巴基斯坦、菲律宾、罗马尼亚、斯洛文尼亚、南非、韩国、西班牙、瑞典和英国 15 个国家签署了双边税收协定。

三、尼日利亚金融体系

（一）尼日利亚金融组织体系

在 2004 年，尼日利亚中央银行要求所有尼日利亚银行于 2015 年底前提高最低资本金，由 1 500 万美元提升至 1.82 亿美元，由此导致尼日利亚银行数量从 89 个下降到 25 个。也正是这一要求，保证了尼日利亚银行有充足的资本金，较大程度上实现了尼日利亚金融体系的稳定。尼日利亚金融系统包括银行及由联邦财政部管理的非银行金融机构，主要有：

1. 中央银行。

尼日利亚中央银行（Central Bank of Nigeria）是根据 1958 年尼日利亚中央银行法案成立，并于 1959 年 7 月 1 日开始运作。中央银行是尼日利亚金融体系的最高管理机构，主要管理职能为：负责货币发行并维持货币稳定；制定金融政策，健全金融体系；管理和监督各类商业银行。

2. 商业银行。

目前，尼日利亚几乎所有商业银行都与国外的各种金融机构建立了合作关系，而且自 1986 年尼日利亚政府对金融系统放开经营权后，诸如花旗银行、渣打银行等国外银行在当地设立了分行。尼日利亚较大的商业银行主要包括尼日利亚第一银行（First Bank of Nigeria Plc）、顶点银行（Zenith Bank Plc）、担保信托银行（Guaranty Trust Bank Plc）和非洲联合银行（United Bank For Africa Plc）等。

3. 小额信贷银行。

2005 年，尼日利亚启动了小额信贷政策，要求所有社区银行（Community Bank）于 2007 年前改制为小额信贷银行，以便为那些不能从传统金融机构获得服务的贫困人口提供金融服务。小额信贷银行分为单位（Unit）小额信贷银行和州（State）级小额信贷银行，前者允许在当地政府开展业务，后者允许在州内开展业务。

4. 尼日利亚联邦抵押银行。

尼日利亚联邦抵押银行主要从事有关房屋资产和个人财产抵押业务，并提供相关咨询服务。1990 年《国家房屋房产条例》确立了尼日利亚联邦抵押银行作为抵押金融业的最高管理机构。

5. 证券和交易委员会。

证券和交易委员会是尼日利亚证券市场的最高管理机构，其下属的尼日利亚证券交易所在全国共设有 14 个股票交易场所。尼日利亚证券交易所是撒哈拉以南非洲地区的第二大证券交易市场。

6. 尼日利亚保险委员会。

尼日利亚保险委员会前身是尼日利亚保险监督协会，主要负责管理、监督、协调尼日利亚保险业。具体职能为：建立保险业行规，保护投保人权益，接受并处理公众对保险公司或其中介组织的投诉和索赔。

7. 金融服务协调委员会。

金融服务协调委员会由财政部长任委员会主席，负责协调和管理尼日利亚整个金融体系中管理机构的行为。

（二）尼日利亚金融监管体系

由于金融行业高风险的特性，无论是从维系金融企业自身正常经营上，还是从国家宏观经济管理要求上讲，尼日利亚都非常重视国家金融监管工作。为防范和降低金融风险，保护存款人利益，保障金融机构的稳健运营，维护金融业的稳定和本国经济的可持续发展，尼日利亚政府按照市场经济模式，建立了层次分明、行业分隔以及功能完备的金融监管体系，具体可分为：

1. 联邦财政部。

联邦财政部根据本国经济运行走势向联邦政府提出如何实施相应财政及货币政策的意见和建议，并就货币政策方面与中央银行合作。

2. 尼日利亚中央银行。

1991 年出台的《尼日利亚银行法》赋予尼日利亚中央银行在协调和监督各类银行及金融机构方面更大的灵活性和机动性。中央银行主要职能之一是建立及促进国家金融体系的健康发展，充当联邦政府银行业经营者和金融顾问以及各类银行管理者。自1997 年起尼日利亚中央银行不再从事商业经营，转而只承担管理职能。

3. 尼日利亚存款保险公司。

尼日利亚存款保险公司设立于 1989 年，其自身具有独立性，负责向银行提供存款保险和相关服务，是对中央银行管理和监督职能的补充。[①]

第二节 尼日利亚财税金融法律制度

一、尼日利亚税收法律制度

（一）税种

1. 企业所得税（Corporate Income Tax）。

尼日利亚《企业所得税法》（以下简称"所得税法"）是尼日利亚居民企业所得税的法律基础[②]，除从事上游石油作业的企业外，尼日利亚其他所有居民企业均适用该所得税法（包括从事天然气勘探及供国内和工业使用的天然气销售和配送的企业）。居民企业需就其全球范围内的所得在尼日利亚缴纳企业所得税，而非居民企业仅需就其在尼日利亚取得的所得纳税。根据所得税法规定，居民企业和非居民企业均适用30%的企业所得税税率。然而，对于从事制造业、农业生产或者固定材料开采的尼日利亚企业，如果其营业额（销售总额）不超过100万奈拉，则该企业在前5个纳税年度可适用20%的低税率。此外，居民企业还需要根据应税利润加收2%的教育税。

（1）最低纳税额。如果尼日利亚企业在1个纳税年度内未产生利润，或其获得的全部利润需缴纳的税收低于所得税法规定

---

① 中华人民共和国商务部网站。

② 尼日利亚居民企业是指在尼日利亚设立的企业，非居民企业是指未在尼日利亚注册或设立的企业。

的最低纳税额标准，则应按照最低纳税额标准缴税，具体标准如下：

如果企业营业额低于50万奈拉（含50万奈拉），其最低纳税额为下述各项中最高者：毛利润的0.5%，净资产的0.5%，实缴资本的0.25%，以及年营业额的0.25%。

如果企业营业额大于50万奈拉，最低纳税额除按照上述标准计算外，还应加上超过50万奈拉营业额部分的0.125%。

下列公司免除最低纳税要求：新设立的经营期限在4年以内的公司，从事农业贸易或经营的公司，以及25%以上股份由外国投资者持有的公司。

（2）应纳税所得额的确定。企业应就其纳税年度内的全部所得缴纳企业所得税。应纳税所得额应根据按照一般公认会计准则（GAAP）或国际会计准则（IFRS）编制的财务报表进行确定。在计算应纳税所得额时，企业应在会计利润的基础上对以下项目进行纳税调整。

①免税收入。详见尼日利亚《企业所得税法》。

②不得扣除的费用支出，包括：根据保险合同或者赔偿合同可获得的损失补偿；向未经政府批准的公共机构或组织的捐赠支出；向社会组织的捐赠支出。

③有扣除限额的支出，包括：向获准的机构和组织的捐赠支出；管理费；向国家养老基金计划缴费支出。

④亏损弥补，包括：纳税人发生的贸易和经营损失，准予在以后年度用相同贸易和经营项目的应纳税所得弥补（且可以无限期结转），但不得用以前年度的应纳税所得弥补。

（3）企业所得税的税收优惠。尼日利亚联邦政府为了促进本国基础设施建设以及经济发展，发布了一系列企业所得税的税收优惠政策，主要包括：

①免税期。在尼日利亚注册的有限责任公司可以申请"行业先锋资格"（Pioneer Status）认定，处于尼日利亚经济发展重

要行业之列的公司可被授予该资格，享受 3 年免税期，且该免税期可申请延长 2 年。2017 年 8 月 2 日，尼日利亚政府公布了 27 个行业新纳入到"先锋行业"清单，3 个成熟行业（即矿产勘探、石油勘探、水泥行业）已从清单中剔除。对于其他成熟行业，在未从清单剔除之前 3 年免税期政策仍然适用①。

②投资税收减免。企业发生的用于距其地址不少于 20 公里（12.4 英里）的特定基础设施支出可以享受投资税收减免。企业可根据不同基础设施类型确定其可享受的税收减免比例：电力为 50%、水利为 30%、沥青路为 15%。投资税收减免期限为 3 年，已享受或正在享受"行业先锋资格"税收优惠的企业不得享受投资税收减免。从事研究与开发活动的企业发生的符合条件的资本性支出可享受 20% 的税收减免。

③境外税收抵免。为避免双重征税，企业可以按照尼日利亚与其他国家签订的税收协定进行境外税收抵免。如果居民企业在境外已缴纳税收的国家并未与尼日利亚签订税收协定，则该境外已缴纳的税收可作为费用在计算尼日利亚企业所得税时扣除。

④特殊税收优惠。尼日利亚对纳税人的特定行为和项目，如就业解决和工作经验培养计划等，规定了特殊税收优惠政策。如果企业在税收评估期间新增员工数量不低于 10 名，并且 60% 以上新增员工从学校（包括职业学校）毕业未满 3 年且未获得任何工作经验，那么该企业可享受就业解决税收优惠。如果企业有至少 5 名新增员工，并且这些员工自评估当年（即初次被雇佣当年）起 2 年内未离职，那么该企业可以享受工作经验培养计划税收优惠。这两种优惠均为所得税豁免，享受优惠的企业在税收评估期间所产生利润的 5% 免征企业所得税。

---

① *Nigeria Reviews Pioneer Status List for Industries*，*Products*，BusinessDay：News you can trust，2 August 2017，http：//www.businessdayonline.com/nigeria - reviews - pioneer - status - list - industries - products - 2/.

2. 个人所得税（Personal Income Tax）。

根据《个人所得税法》，尼日利亚个人所得税纳税主体分为居民与非居民。所有在尼日利亚有个人永久住所的个人被视为尼日利亚居民，通常居民纳税人需就其来源于全球的所得缴纳所得税，即发生在、来源于、带进到或接收自尼日利亚的所得。非居民纳税人若通过常设机构在尼日利亚进行企业性质活动或独立性服务，也需缴纳所得税，但仅需就其来源于尼日利亚的所得缴纳所得税。具体来说，非尼日利亚居民满足12个月内在尼逗留的总时间达到183天及以上，就应当作为在尼日利亚缴纳个人所得税的对象。同时，住宅地被定义为在相关时期内供纳税人在尼日利亚居住使用的地方，除非当时没有可长期居住的住所，一般不包括宾馆、客栈、休养别墅等临时居住的地方。

尼日利亚个人所得税实行超额累进税率，自2012年1月1日起执行以下税率：

表6-1　　　　　　　　尼日利亚个人所得税税率及计算表

应纳税所得	税率（%）	税额（奈拉）	累计税额（奈拉）
首次 300 000	7	21 000	21 000
再次 300 000	11	33 000	54 000
再次 500 000	15	75 000	129 000
再次 500 000	19	95 000	224 000
再次 1 600 000	21	336 000	560 000
超过 3 200 000	24	—	—

关于在尼日利亚工作且有个人收入的外籍人员，或者原来在其他国家工作且拥有第三国国籍，后因工作需要转派至尼日利亚工作的外籍人员，根据1993年修订的《个人所得税法》，这两类外籍工作人员应在尼日利亚缴纳个人所得税，应纳税所

得额为其在尼日利亚获得的工资收入或劳动报酬。纳税条件是：

（1）在任意 12 个月的时间段内，外籍工作人员在尼日利亚工作滞留时间不少于 183 天；

（2）外籍工作人员的雇主在尼日利亚境内，且所有工作任务均在尼日利亚境内进行。

在尼日利亚雇用的外籍员工和当地员工必须申请税号。申请税号所需提交的材料包括护照照片 1 张、注册公司营业执照复印件和申请人身份证明文件副本（如护照或当地身份证、企业为员工统一办理的员工牌）。

3. 增值税（Value Added Tax）。

增值税是对在尼日利亚境内销售应税货物①或者提供应税劳务②，以及进口货物的单位和个人征收的一种流转税。

增值税标准税率为 5%，尼日利亚政府已确认该税率在 2017 年度将不会发生变化③。尼日利亚对现行应税货物或服务的发票账载金额的 5% 计征增值税，包括进口货物。同时，部分货物或服务享受零税率或免税，具体情况如下：

（1）享受零税率，同时允许抵扣进项税的项目包括：免税项目主要包括非石油相关货物出口、为外交人员提供的商品或服务、为人道主义援助项目提供的商品或服务、进口商用飞机、飞机零件以及用于固体矿产开采的机械设备。

（2）享受免税的项目包括：在出口加工区或自由贸易区使用的工厂和机器设备、基本食物、医疗产品和服务、医药产品、书籍和教育资料、出口服务以及证券市场交易佣金等。

政府机构和油气公司需在税源中扣除向供应商支付的增值税，并将税款汇至税务机关。其他企业则需按照发票金额向客户

---

① 有关增值税应税货物的范围，详见 *Section of the VAT Act*。

② 有关增值税应税劳务的范围，详见 *Section of the VAT Act*。

③ *Worldwide Tax Summaries Corporate Taxes* 2017/18 （*Africa*），www.pwc.com/taxsummaries，1 June 2017，pp. 290。

收取增值税，并向税务机关进行申报和缴税。

进口增值税是根据海关价值加上关税后的金额计征。所有的企业应该要求他们购买的应付增值税和可扣除支付的增值税分开。

4. 关税（Customs Duties）。

1995 年 3 月尼日利亚财政部颁布了《海关关税与消费税第 4号令》，建立了海关关税体系。尼日利亚仅对进口货物征收关税，属于非优惠税项。通常税率是在 5% ～35% 的区间之内参照现行的统一商品和编码体系（HS Code）进行评估确定。针对不同的货物，海关征收特殊关税或者从价税，并以奈拉作为税款结算的法定货币。对政府认定有倾销或非正常补贴行为，威胁现有或潜在国内产业的进口货物，海关将征收特别关税。对具有商业价值的样品，可限制性地免征关税。

5. 石油利润税（Petroleum Profit Tax）。

尼日利亚是石油大国，与石油相关税制特别需要中国企业加以注意。如前所述，从事石油作业的企业被认为属于石油和天然气上游行业不适用《企业所得税法》，应根据《石油利润税法》缴纳石油利润税。石油利润税的基本税率为 85%，但在开始运营 5 年以内满足特定条件的情形可适用 65.75% 的低税率；产品分成合同制下的石油作业可适用 50% 的优惠税率。

6. 资本利得税（Capital Gains Tax）。

在尼日利亚，企业处置各类应税资产的所得需按照《资本利得税法》缴纳资本利得税，这里的应税资产包括土地和建筑物；期权、债权及其他财产权利；除尼日利亚货币以外的其他货币；商誉；动产（机动车辆）。资本利得税的应税利得等于处置资产所取得的对价与该资产的取得成本及处置费用的差额。纳税人应在资产处置当年计算缴纳资本利得税，资本利得税税率为 10%。

根据《资本利得税法》规定，纳税人在资产处置中发生的损失不能抵扣其在其他资产处置中获得的收益,除非这两笔处置属于同一项交易。居民企业处置位于尼日利亚境外的资产时,无论该处置所得是否在尼日利亚境内取得,其资产处置所得均需缴纳资本利得税;非居民企业仅就其来源于尼日利亚境内的资本利得缴税。

7. 预提所得税（Withholding Tax）。

预提所得税适用于表6-2中列示的特定交易,由支付人承担扣缴义务。就尼日利亚预提所得税而言,居民企业或个人的适用税率与非居民企业或个人的适用税率相同（见表6-2）。

表6-2　　　　　　　　　尼日利亚预提所得税税率

付款类型	法人企业税率（%）	个人/合伙人税率（%）
股息、利息和租金	10	10
董事费	不适用	10
设备租赁费	10	10
特许权使用费	10	5
佣金、咨询、技术服务费	10	5
管理费	10	5
建筑、建造（不含测量、设计和交付）	5（注）	5
除普通销售合同以外的各类合同和代理事项	5	5

注:2016年11月23日,尼日利亚财政部正式批准将适用于此类活动的税率由2.5%调整至5%,执行生效日期为2016年11月9日[①]。

根据尼日利亚与包括中国在内的15个国家已签署的税收协定,适用于以下四种支付交易的预提所得税税率均不高于尼日利亚《企业所得税法》规定的税率（见表6-3）。

---

① *Tax Alert – Nigeria*：*Reversal of Withholding Tax Rate applicable to Building*，*Construction and Related Activities from* 2.5% *to* 5%，http：//www. linkedin. com/pulse/tax – alert – nigeria – reversal – withholding – rate – building – wole – obayomi，13 January 2017.

表 6-3　　　　　四种支付交易的预提所得税税率　　　　单位：%

接收方	预提所得税			
	股利	利息	特许权使用费	管理费/技术费
非协定国家	10	10	10	10
协定国家	7.5	7.5	7.5	10

8. 其他税费。

（1）印花税。

尼日利亚对大部分已生效的法律文件征收印花税，包括协议、证券、租赁协议和收据等，并需在首次执行或生效日后的40天之内在应税文件上粘贴印花税票。但是，股权或股票的交易和政府的印花税应税文件免征印花税。根据不同的应税文件，印花税可按照定额或从价（即按照交易对价金额的一定比例）征收。公司成立或新股登记时的注册资本金按照 0.75% 的税率计证印花税。

为配合联邦政府增加非石油财政收入，根据《印花税法》和《尼日利亚联邦政府财务监管条例》（2009）的规定，尼日利亚央行指示商业银行以及其他金融机构，自 2016 年 1 月 20 日起对每笔成功交易（1 000 奈拉以上的电子汇款和柜台存款）收取50 奈拉的印花税。该印花税仅针对收款账户征收，利用储蓄账户存款、取款或电子汇款免征印花税，个人在同一银行内不同账户之间和跨行账户之间转账同样免征印花税。[①]

（2）消费税。

尼日利亚仅对国产产品征收消费税。目前，征收消费税的商品包括：啤酒和烈性啤酒；葡萄酒、苦艾酒和发酵饮料；烈酒、酒精饮料及其浓缩提取物；香烟、方头雪茄烟；其他烟草制成品

---

① 中华人民共和国商务部：《为增加政府收入，尼日利亚央行要求商业银行开征印花税》，最后访问日期 2016 年 1 月 21 日，http://www.mofcom.gov.cn/article/i/jyjl/k/201601/20160101239911.shtml。

或替代品。适用的消费税税率均为20%。

（3）教育税。

根据教育税法案，在尼日利亚注册的公司按2%税率计算并向联邦税务收局缴纳教育税。教育税的计税基础为公司所得税或石油利润税下计算的应税所得额（不考虑资本免税额扣除的调整后所得额）。

（4）房产税。

尼日利亚房产税适用于房屋建筑物，由建筑物使用人缴纳，通常由州政府按年度征收。房产所处的州和地理位置决定了适用的税率。房产税主要包括政府主管人员的批准费和土地登记费。例如，拉各斯州（Lagos）的房产税除了包括前述的两项费用外，还需按照土地公允价值的3%征收其他杂费。

（5）石油港口费。

根据《石油港口费法案》（Terminal Dues Act）和尼日利亚港口管理法案（Nigerian Ports Authority Act），所有通过港口装船运出的石油，均应征收石油港口费。石油港口费费率为每桶0.02美元。同时，尼日利亚港口管理部门有权对运输原油的货船征收港口费，费率为每吨0.1166奈拉。

（6）石油管道许可费。

在尼日利亚建设用于运输石油或天然气的输油管道，必须向相关管理机构缴纳申请费用取得执照，并根据《石油管道法案》（Oil Pipelines Act），按照输油管道的长度缴纳年费。石油管道费相关费率见表6-4。

需要注意的是，执照持有人须就申请禁止他人在管道毗邻土地上建楼施工的禁止令支付100奈拉。在禁止令申请被批准时，需另外支付费用，最高可达400奈拉。

表 6 - 4　　　　　　　　　　　石油管道相关费率一览

项目	收费标准
许可申请费	20 奈拉
许可批准费	50 奈拉
许可变更费	50 奈拉
执照申请费	50 奈拉
执照许可费	200 奈拉
执照变更费	200 奈拉
执照年费	每英里管道 20 奈拉，但总年费不得少于 200 奈拉

（7）州政府商业注册费。

城市商业注册费最高为 10 000 奈拉，每年注册更新费用最高为 5 000 奈拉。农村地区商业注册费最高为 2 000 奈拉，每年注册更新费用最高为 1 000 奈拉。

（8）土地占用费。

土地占用费适用于各州的城市土地和区域，各州对该费率的规定不同。

（二）税收征收与管理

1. 企业所得税和石油利润税[①]。

（1）纳税年度。

纳税年度为每年 1 月 1 日至 12 月 31 日。

（2）纳税申报。

尼日利亚公司应在会计年度截止日后 6 个月以内，或公司成立日后 18 个月以内（以两者之中更早的时间为准），完成税务登记并申报经审计的账目和企业所得税计算表。公司可按照联邦

---

① *Worldwide Tax Summaries Corporate Taxes* 2017/18 （*Africa*），www. pwc. com/taxsummaries，1 June 2017，pp. 300 - 302。

税务局意见提交企业所得税延期申报的申请，延长期限最多不超过 2 个月。

关于税务登记，联邦税务局将授予公司税务登记号（TIN），该登记号将用作所有联邦税项的申报号以及未来与联邦税务局之间的联络。

公司必须按年度向税务机关申报以下文件：相关税务评估年度的企业所得税计算、所属期间经审计财务报表，该财务报表应按照国际财务报告准则（IFRS）要求编制；一份完整、已签署的企业所得税自评表；向指定银行汇款的企业所得税完税证明。

石油利润税是按年计征。预计石油利润税必须在下一个会计年度开始的 2 个月以内进行申报；实际石油税必须在会计年度截止日后 5 个月以内进行申报，即不迟于下一个会计年度的 5 月 31 日。

尼日利亚公司通常在税额自评的基础上进行纳税申报。在税额自评的过程中，纳税人需编制年度纳税申报表和确定纳税义务。但是，当申报内容被认为存在故意错报或在规定期间内未申报纳税，联邦税务局可以运用最佳判断进行评估纳税义务。

（3）税款缴纳。

已于会计年度截止日后 6 个月之内完成企业所得税自评的企业，可向联邦税务局书面申请分期支付所得税，联邦税务局最多允许分期三次。为了证实纳税人分期付款的资格，第一次付款的证明文件必须附上已提交的纳税申报表。但是，所有税款必须在不迟于会计年度截止日后 8 个月之内缴清。

企业所得税的税务评估是基于上年度的财务报表进行的。例如，2016 年度财务报表将会成为 2017 年税务评价的基础。

一个会计年度的石油利润税可通过 12 次分期缴清税款。如果缴款不足，可以通过第 13 次付款进行税款补缴。一般地，第一次分期税款应在每个会计年度的 3 月底缴清。

（4）违规处罚。

对于未按时申报企业所得税的公司，在逾期第 1 个月期间将被处以 25 000 奈拉的罚款，在后续逾期期间将被处以每月 50 000 奈拉的罚款。对于未按时缴纳企业所得税的公司，将被处以未付税款的 10% 金额的罚款，并加收按当期商业利率计算的欠款利息。

对于未按时申报石油利润税的公司，将被处以 10 000 奈拉的首次罚款，在后续逾期期间将被处以每天 2 000 奈拉的罚款。对于未按时缴纳石油利润税的公司，将被处以未付税款的 5% 金额的罚款。

（5）税务机关的关注点。

目前，尼日利亚税务机关正在探寻产生更多财政税收的途径。这样，一些税务问题将会成为税务机关重点关注的领域，如转让定价、常设机构的纳税申报、税收优惠与豁免等。

为了防止纳税人将利润从尼日利亚转移出境，尼日利亚联邦税务局已强化关联交易的审查力度，预计转让定价审计在未来的一至两年内将引起关注。另外，对于在尼日利亚已构成常设机构的非居民企业，税务机关旨在确保其纳税申报的完整性和全面性，包括经审计账目与基于核定利润所作申报之间的比照。相应地，常设机构所发生费用的税前扣除问题预计也将会被重点审查。

2. 个人所得税。

（1）纳税申报。

每年年底，要求企业主提交所有个人所得税税款扣缴卡和企业主汇款卡（表格 G）。每个职工所交纳的总金额显示在"企业主年度申报表（表格 H1）"上，应将该表格提交给税收管理部门。这些须提交的表格，必须在第二年的元月 14 日之前（包括 14 日）完成。

（2）税款缴纳。

个人所得税缴纳时间应当是距上月税款减扣后 14 天之内汇付。如果对税收管理部门开出的税务评估没有异议，个人应从税务评估通知单收到之日起两个月内如数交纳税款。如果对税务评估存在异议，付款可暂时中止，直到争议得到解决。

职工个人所得税是按照实际年份征收，这就意味着各年度个人所得税的征收是按当年的实际个人收入来收缴。

（3）违规处罚。

如果出现税收管理部门已开具税务评估通知单，而企业主不能按所得税申报额每月如期汇付，并出现拖欠的情况，税收管理部门每年可追加 10% 的罚金，还加收按当期商业主流利率计算的欠款利息。

3. 增值税[①]。

（1）纳税申报。

所有个人必须在税务局注册，以便可以获得向卖主、供应商或在边境支付增值税所获得的抵扣额。在尼日利亚提供商品或服务销售的非居民企业也必须要向税务局进行注册。企业可用增值税支付抵扣所得税或其他税款。如果有多余的抵扣额，纳税人可申请退款。由于《增值税第 102 号法令》（1993）并未对增值税税务登记的企业营业额进行限制，因此，尼日利亚企业不论规模大小均需在开始营业 6 个月内完成增值税税务登记。

纳税人必须按月申报增值税，并提交"增值税表格 002"，提交时间为增值税纳税义务发生的次月，且不迟于当月 21 日。需要说明的，《增值税第 102 号法令》（1993）并未明确界定增值税纳税义务发生的时点。在实务中，该时点通常为开具发票日期与采购付款日期之中较早者。另外，增值税申报必须后附在计

---

① 2017 *Worldwide VAT, GST and Sales Tax Guide*, http://www.ey.com/gl/en/services/tax/global-tax-guide-archive, March 2017, P.758.

税期间所发生的应税采购和销售项目明细。

（2）税款缴纳。

在进行增值税纳税申报时，纳税人必须按时结清应交增值税额。以支票或汇票为结算工具，通过指定银行将税款支付至主管税务机关。主管税务机关将于付款成功后出具收款收据。

（3）违规处罚。

未按时完成增值税税务登记的公司，在逾期第 1 个月期间将被处以 10 000 奈拉的罚款，在后续逾期期间将被处以每月 5 000 奈拉的罚款。

未开具增值税发票的公司，将被处以未开票金额 50% 的罚款。未进行恰当增值税记录的公司，将被处以每月 2 000 奈拉的罚款；未按时申报增值税的公司，将被处以每月 5 000 奈拉的罚款；未按时缴纳增值税的公司，将被处以相当于拖欠税额 5% 的罚款，另外还加收按照当期银行贷款利率计算的利息；未征收增值税的公司，将被处以相当于未征税额 150% 的罚款，另外还加收按照尼日利亚中央银行再贴现利率上浮 5% 后计算的利息。

4. 进口关税。

因货物被放弃、再出口或毁损时，已付关税可以退还，但需在货物脱离海关监管之前办理。对毁损货物的关税退还，需从海关官员处获得毁损证明。对将运往另一国家但在尼已付清关税的货物，在海关证实后可退还关税。多支付的关税可以在 12 个月内向海关申请退款。

5. 预提所得税。

预提所得税应于扣缴义务发生后 21 日之内进行纳税申报。未按规定扣缴税款的企业，将被处以相当于未扣缴税款 10% 的罚款。在申报预提所得税时，联邦税务局通常会要求企业以电子表格形式提交当月供应商明细表，表格内容包括供应商税务登记号、地址、交易性质、扣缴预提所得税金额和发票号码。

（三）税收申诉

1. 税务评估。

尼日利亚联邦税务委员会（Federal Board of Inland Revenue）负责评估各纳税人的纳税申报情况。通常在纳税申报期截止后，税务委员会对纳税申报表进行远程审核。如果发现或认为纳税人未按规定纳税，税务官员可能会上访纳税人，并在现场就涉税事项进行高级别的审核和访谈。税务委员会也可对纳税人在6个纳税年度之内的账目进行随机或专项税务审计。当纳税人被怀疑因欺诈及恶意疏忽等行为而导致少缴税款，税务委员会可对纳税人在大于6个纳税年度之内的账目进行税务稽查。

对应纳税额进行重新评估后，税务委员会将据此对纳税人在之后纳税期间的应纳税额进行调整。如果该调整结果为补缴税款，纳税人可根据税法规定对税务评估结果作出反对和申诉。

税务委员会会以通知形式向纳税人发出税务评估结果。如果纳税人对评估结果有异议，可在通知发出后的21天内以书面方式提出申诉，申诉申请中应列明纳税人申报的应税收入和应纳税额以及被调整后应纳税额。若纳税人因在尼日利亚境外、疾病或其他合理原因导致无法按时提出申诉申请，期限可延长21天。税务委员会收到申诉申请后，可要求纳税人提供额外资料，以及与应纳税额认定有关事项的口头或书面举证。

如果提出申诉的纳税人与税务委员会就补缴税额达成一致，则需对通知中补缴税额作出相应修改并由纳税人缴清。如果未能达成一致，税务委员会将会发出拒绝修改税务评估结果的通知。

2. 向税务专员申诉。

如果纳税人未能与税务委员会就补缴税额达成一致，可于拒绝修改通知发出后30天以内，首先以书面形式通知税务专员的秘书，然后向税务专员提出申诉。若因在尼日利亚境外、疾病或其他合理原因导致无法按时申诉，纳税人可在超过 30 天，但不超过额外 60 天的期间之内提出申诉。如果税务专员审核通过，纳税人应在 7 天之内以书面形式通知税务委员会和税务专员的秘书。在提交书面通知时，纳税人应详细列明以下事项：

（1）正式税务评估结果及其所属纳税年度；

（2）税务评估中要求支付的税额；

（3）申诉人收到税务委员会关于拒绝修改税务评估结果通知的日期；

（4）申诉的具体事由；

（5）接收税务专员的秘书发出通知或其他文件的地址。

3. 向联邦高等法院（Federal High Court）上诉。

如果税务专员对申诉决定不认可，纳税人可以选择在申诉决定作出后的 30 天内以书面形式通知税务委员会，并向联邦高等法院提出上述。若因在尼日利亚境外、疾病或其他合理原因导致无法按时上诉，纳税人可在超过 30 天，但不超过额外 60 天的期间之内提出上诉。如果法官审核通过，纳税人应在 7 天之内以书面形式通知税务委员会。

如果税务专员不予受理申诉，纳税人可在税务委员会拒绝修改税务评估结果的通知下达后 30 天以内向联邦最高法院提出上诉。

如果税务委员会不服税务专员的审理决定，可在税务专员作出审理决定后的 30 天之内向联邦高等法院提出上诉，并以书面形式通知纳税人。

纳税人应委派 1 名授权代表于指定时间出庭。若因在尼日利亚境外、疾病或其他合理原因导致无法按时出庭，需在提供相关证明并经法官允许后，纳税人可将出庭时间推迟到法官认为必要的时间，或者允许其他授权代表出席税务诉讼或代理书面陈述。

纳税人应至少提前 21 天将税务诉讼日期通知税务委员会。

尼日利亚

与税务评估相关的举证责任在上诉人。

法官可对税务评估结果进行确认、减少、增加、宣布无效或作出其认为恰当的判决。法官对应纳税额作出判决后，税务委员会将指派授权代表通知或以挂号信方式通知上诉人。

在无例外规定情况下，根据诉讼判决中认定的应征收税款有时会存在无法全部收回的可能性，那么法官可依据税务委员会申请要求纳税人在指定时间内缴足税款押金。如果纳税人未在指定时间内缴款，税务评估的应纳税款将成为须立即清偿的税务负债。除非法官根据上诉人申请作出其他安排，所有诉讼必须非公开进行。诉讼费用通常为固定金额，由诉讼的主审法官确定。

在对法官判决不服的情况下，如果基于纳税人主张判决的应缴税额不低于 1 000 奈拉，或基于税务委员会主张判决的应征税额不低于 1 000 奈拉，纳税人或税务委员会可以向上诉法院（Court of Appeal）提出上诉。

（四）中国和尼日利亚税收协定

中尼两国政府于 2002 年 4 月 15 日签署的《关于对所得避免双重征税和防止偷漏税的协定》（以下简称《协定》）对居民、常设机构、不动产所得、营业利润、股息、利息、特许权使用费等概念和税收征收、无差别待遇和情报交换做出了详细规定。

1. 适用范围。

《协定》的适用范围包含协定适用的主体范围、客体范围。

（1）主体范围。

在适用主体方面，适用协定的主体是中国居民以及尼日利亚居民。是否属于中国居民要按照中国税法的具体规定来判断。作为居民的"人"包括个人、公司和其他团体。

关于居民，是指按照该缔约国法律，由于住所、居所、总机构所在地，注册地或者其他类似的标准，在该缔约国负有纳税义务的人。对于同为缔约国双方居民的个人或企业，协定规定了一定的确定规则或者两国主管当局协商处理的方式。

关于常设机构，是指企业进行全部或部分营业的固定营业场所。协定详细规定了常设机构的不同类型，对于防止重复征税具有重要意义。

（2）客体范围。

在尼日利亚方面，协定适用的税种包括个人所得税、公司所得税、石油利润税、财产收益税以及教育税。在中国方面，适用税种包括个人所得税和企业所得税。另外，协定也适用于该协定签订之日后征收的属于增加或者代替现行税种的相同或者实质似的税收。

2. 常设机构的认定。

常设机构是指缔约国一方的居民企业在缔约国另一方进行全部或者部分营业的固定营业场所。常设机构的存在与否对于收入来源国的税收管辖权具有至关重要的影响。由于国际税收协定的主要功能是划分居住国与来源国对跨国收入的征税权，从而避免对跨国收入的双重征税，因此，国际税收协定通常采用的原则是：居住国企业在来源国有常设机构的，来源国的征税权受限制的程度低；居住国企业在来源国没有常设机构的，来源国的征税权受限制的程度高。对于赴尼日利亚投资或者从事经营活动的中国居民来说，是否按照《协定》的规定构成在尼日利亚的常设机构，对于其税收成本具有重要影响。一个最基本的税收筹划安排即为，如何能够有效利用《协定》的规定来避免被认定为常设机构。因此，在明确《协定》的适用范围后，有必要了解常设机构的概念以及中尼税收协定对于常设机构的具体规定。

根据《协定》，第五条"常设机构"特别包括：①管理场所；②分支机构；③办事处；④工厂；⑤作业场所；⑥工厂直销店；⑦矿场、油井或气井、采石场或者任何其他开采自然资源的场所。"常设机构"还包括：建筑工地，建筑、装配或安装工程，或者与其有关的监督管理活动，但仅以该工地、工程或活动连续 6 个月以上的为限。

虽有上述规定，"常设机构"应认为不包括：①专为储存、陈列或者交付本企业货物或者商品的目的而使用的设施；②专为储存、陈列或者交付的目的而保存本企业货物或者商品的库存；③专为另一企业加工的目的而保存本企业货物或者商品的库存；④专为本企业采购货物或者商品，或者搜集情报的目的所设的固定营业场所；⑤专为本企业进行其他准备性或辅助性活动目的所设的固定营业场所；⑥专为本款第①项至第⑤项活动的结合所设的固定营业场所，如果由于这种结合使该固定营业场所的全部活动属于准备性质或辅助性质。

3. 主要不同类型收入的税收管辖权。

（1）营业利润。尼日利亚居民企业在尼日利亚的利润应仅在尼日利亚征税，但如果该公司通过设在中国的常设机构在中国进行营业的除外。如果该公司通过设在中国的常设机构在中国进行营业，中国可以对其营业利润征税，但应仅就属于在中国常设机构的利润为限。在确定常设机构的利润时，应当允许扣除其进行营业发生的各项费用，包括行政和一般管理费用，不论这些费用发生在中国或其他的地方。但是，常设机构使用专利或者其他权力支付给位于尼日利亚的总机构或者该企业的其他办事处的特许权使用费、报酬或其他类似款项，具体服务或管理的佣金以及向其借款所支付的利息都不得做任何的扣除，但银行企业除外。

（2）股息。尼日利亚公司支付给中国居民、公司或其他团体的股息，中国可予以征税。这些股息，尼日利亚税务局也可以按照尼日利亚法律征税。但是，如果收款人是股息受益所有人的话，税款不应超过股息总额的 7.5%。

（3）利息。尼日利亚公司支付给中国居民、公司或其他团体的利息，中国可予以征税。这些利息，尼日利亚税务局也可以按照尼日利亚法律征税。如果收款人是利息受益所有人的话，税款不应超过利息总额的7.5%。

（4）特许权使用费。尼日利亚公司支付给中国居民、公司或其他团体的特许权使用费，中国可予以征税。这些特许权使用费，尼日利亚税务局也可以按照尼日利亚法律征税。但如果收款人是特许权使用费受益所有人的话，税款不应超过特许权使用费总额的7.5%。

（5）财产收益。转让尼日利亚公司在中国的常设机构营业财产部分的动产，中国可予以征税。但转让尼日利亚公司从事国际运输的船舶或飞机，或者属于经营上述船舶或飞机的动产取得的收益，只有尼日利亚税务局有权予以征税。

4. 消除双重征税方法。

尼日利亚居民根据中国法律以及本协定的规定，在中国取得的利润、所得或应税收益，不管直接缴纳或通过扣除缴纳的中国税收（不包括涉及股息时支付该股息前对利润征收的税收），可以从中国计税的同样利润、所得或应税收益计算的尼日利亚税收中抵免。中国居民从尼日利亚取得的所得，按照协定规定在尼日利亚缴纳的税额，也可以在对该居民征收的中国税收中抵免。

5. 无差别待遇原则。

中尼两国居民或者一方在另一方的常设机构，所负担的税收或者有关条件，不应与另一方居民或常设机构在相同情况下，负担或可能负担的税收或者有关条件不同或比其更重，且该条款适用于各种税收。

6. 相互协商程序。

为了保障协定对于取消双重征税的实质意义，中尼通过协定约定了在一方的措施违背协定规定的税收政策时，两国主管当局共同解决在解释或实施协定时所产生的异议，并且可以通过直接会谈、口头交换意见等方式进行协商。

协定还规定了缔约国双方对于情报交换的范围、方式和具体义务。双方主管当局应通过协商确定有关情报交换事宜的适当条件、方法和技术，包括适当地交换有关逃税的情报等。

二、尼日利亚金融法律制度

（一）银行法律制度

1995 年尼日利亚颁布了《尼日利亚投资促进委员会法令》，放宽了外国投资限制，规定在尼日利亚设立的公司可以申请金融机构贷款。近年来，尼日利亚商业银行提供的贷款利率一般在 20% 上下浮动，期限一般不超过 360 天。因此在尼日利亚当地贷款相对困难，融资成本较高。

（二）外汇管理制度

尼日利亚存在两个外汇市场：中央银行供给、管制外汇的官方市场和具有自由市场价格机制的平行市场。两个市场间由于外汇短缺的国情而产生较大的套利差额，长期影响外汇汇率稳定。在 2002 年采用荷兰式的拍卖体系，以缩小利差。目前尼日利亚国内外汇交易主要依据是 1995 年《外汇监督及综合条款 17 号法令》和随时可能出台的尼日利亚中央银行货币政策。

其他外汇管理规定详见第三章第三节外汇管制相关内容。

第三节 尼日利亚财税金融法律风险与防范

一、税收法律风险与防范

（一）工程承包业务中的税务风险

1. 工程合同风险。

工程合同是项目纳税的基础，是辨别和划分征税范围的重要依据。各国的征税机关均会从工程合同中分析和判断项目涉及的税种、纳税义务人、征税基础以及税率等。工程合同中工程范围、价格和税务条款是最重要的条款，条款不清晰或者不利于承包商都可能产生额外的税务负担。工程合同一般包括勘察设计、设备供货和土建安装等内容，合同中应当明确各部分的分项价格，以此作为确认来源地收入的依据。然而，有些工程合同只列总额，无法区分设备、土建、设计等对应的价格，进而无法确认哪些收入来源于项目所在国。这种情况下，当地征税机关就很有可能判断项目所有收入来源于当地，征收巨额的增值税（或营业税）和所得税。

2. 机构设立风险。

由于工程项目工期较长，且有来源于当地的收入，因此尼日利亚税法规定了应当在当地注册机构的要求。如果未按规定注册机构，经营风险是很大的。如尼日利亚政府对未正式注册公司的境外工程承包企业采取了冻结账户的措施。另外，尼日利亚对不同机构的资质、纳税义务范围和股东要求不同，执行项目的组织机构设立不当也会出现项目执行无资质或增加税务成本的情况。

3. 项目报价风险。

工程项目有别于贸易项目既有来源于本国的收入，也有来源于其他国家的收入，因此在项目报价时应当充分考虑项目税务成本。很多项目在执行期频频出现的税务风险往往是由于报价阶段忽视或遗漏了考虑税务成本。为了实现目标利润，企业千方百计地规避纳税义务，心存侥幸，结果触犯了税法的规定，最终产生了税务损失。有的项目在合同中规定由业主承担税务，因此不考虑税务成本，或虽然考虑了税负成本，但成本考虑不足，结果按照当地税法的规定，其税务应由承包商承担。由于税法的法律效力高于商务合同，所以承包商应当注意，即使商务合同规定不由自己承担的税费也有可能纳入成本，结果可能最终导致项目亏损。正确的做法是聘请当地的会计师事务所或税务师事务所出具相关文件，落实实际的可操作性，确保商务合同中的约定与税法不发生冲突。

4. 不能享受税收协定优惠的风险。

随着国际经济交往的密切，越来越多的非居民企业申请享受税收协定优惠。需要注意的是，只有符合受益所有人身份要求的非居民企业才能享受税收协定优惠。例如，根据我国税法相关规定，非居民企业如果仅是在协定国登记注册，以满足法律所要求的组织性质，而不从事研发、生产、销售、管理等实质性经营活动，就很可能被判定为税收利益而设立的"壳公司"，不符合受益所有人身份，不能享受税收协定优惠。

5. 集团内劳务支付的真实合法性风险。

近年来，跨国集团内劳务贸易增多，一些集团公司利用境外劳务收入无须在中国纳税的规定，通过模糊各个层级公司的功能定位，混淆收费依据，对境内公司实施多头管理和重复收费，造成境内企业分摊集团不真实、不合理甚至不合法的费用，最终将境内公司的利润输送给母公司和投资公司。此种行为将面临税务机关调查调整风险。

【例】某公司关联销售和关联采购比例都不足10%，且关联采购金额和比例逐年下降，但集团内关联劳务支付项目和金额越来越多，包括咨询费、管理费、服务费、佣金等众多名目。该公司申请对外支付时声明，各项支付全部为境外劳务，无须在中国缴纳税收。税务机关详细审查了境外公司出具的收费明细、收费标准，与签订合同、境内公司情况进行对比分析，最终查实虚构境外劳务240万元，重复收费项目209万元，不应负担的母公司费用项目107万元，不得税前扣除，并予相应行政处罚；另有670万元关联交易项目的合理性存在质疑，转入下一步反避税调查环节。[①]

6. 合同备案风险。

按照我国税法规定，居民企业与非居民企业签订承包工程作业、劳务、贷款、技术转让、财产转让、租赁等合同后，应在规定的时间内到主管税务机关进行合同备案。如未履行备案义务，会面临相关行政处罚风险。对于年度关联购销金额2亿元以上或者其他关联业务往来金额4 000万元以上的企业，应按规定准备、保存并经要求及时提供同期资料。未履行上述义务的企业，会面临行政处罚、反避税调查、增加罚息等风险。

【例】A企业于2010年1月与境外S公司签订承包工程劳务合同，未按要求到税务机关备案。当A企业6月对外支付费用到税务机关开具税务证明时，税务机关对其未履行备案义务进行了处罚。税务机关于2010年4月对A企业进行转让定价调查时，发现该企业没有按规定就其关联业务往来准备同期资料，最终该企业补征税款计算利息时，除按同期人民币贷款基准利率计算外，还要额外加收5个百分点的罚息。[②]

---

①② 李铮：《国际工程承包与海外投资税收筹划实务与案例》，中国人民大学出版社2017年版。

7. 免税项目业主未能获得免税批复的风险。

在签订 EPC 商务合同时，业主承诺该项目为免税项目，承包商可以不缴纳相关税费，并把相关内容写进合同，有的国际工程承包商就以此将税务成本略去。但在实际操作时，由于种种原因，业主未能拿到免税的批复，导致承包商最终还是要缴纳相关税费。这种案例也是国际工程承包企业项目最终亏损的原因之一。正确的做法是，免税项目应在合同中追加业主获取免税文件的条款，并写明在业主未能获得免税批复情况下的补偿方法，如合同约定的免税项目出现了实际征收的情形，业主应全额补偿。

8. 项目执行中未纳税申报的风险。

在实务中，因调查不充分造成少交税，外聘会计师漏报税项等情形屡见不鲜，而项目组未能及时了解情况造成漏报，有些工程承包商认为责任应由外聘的所在国会计师承担。但事实表明，无论责任如何划分，最终纳税义务人和罚款责任主体均未为工程承包商。正确的做法是工程承包企业要有专门人员对外聘会计师编制的纳税申报表进行审核，检查是否有漏项和多报税等情形。

9. 分包商的税负管理风险。

由于承包商通常会在当地设立项目公司，进行税务登记，而海外分包商往往不在当地设立机构，因此某些国家税法规定有总承包商为分包商扣缴税款。分包商在当地执行分包合同，本身在达到一定期限后也属于常设机构，具有纳税义务。因此，在签订分包合同时，需要明确可能涉及何种税款，以及该税款是否包含在合同价款之内。如果总承包商没有履行税款的扣缴义务，会带来很大的税务风险。

（二）海外投资业务中的税务风险

1. 税收优惠风险。

在项目前期阶段，开发商应充分了解项目所在国对于开发商享受税收优惠的前提条件，注意利用设备暂时进口（在当地短期使用后复出口）或租赁，申请减免进口关税和增值税，利用优惠的区域贸易协定或根据不同货物原产地的选择，申请适用较低的关税税率。此外，要关注税收优惠的优惠期，这一点尤为重要，直接影响项目投资回报。

2. 利润汇回风险。

在投资合同签署前，开发商要对项目利润汇回国内的时间、汇回方式等进行安排和筹划，从而降低或递延所得税。如果没有提前安排，待利润汇回时，开发商必须按照当初签署的投资协议执行，届时再做税收筹划已毫无意义。

3. 中间平台公司的运用——非受益所有人风险。

参照《关于如何理解和认定税收协定中"受益所有人"的通知》相关规定，为避免中间控股公司被投资所在国认定为非受益所有人不得享受税收协定优惠待遇，中间控股公司应从事实质性的经营活动。在实践中，越来越多的公司采用一层或多层中间控股公司的方式确立海外投资架构，虽然有效地降低了税收负担，但同时需要不断关注并加强税务风险的管控，真正实现税收筹划的目标。

4. 法律风险。

各国的法律不尽相同，尤其是在一些重债穷国，法制不健全，当地法律可能规定必须由当地法人实体或者外国开发商必须和当地公司组成联营体或合资公司，才能签订项目投资合同。此外，当地政府可能会要求外国开发商具有一定的资质，营业收入和资产规模要达到一定的金额，要有类似项目的投资经验，当地政府还可能会对项目公司的设立地点、组织形式、股东结构等方面提出要求。这样，成立中间公司进行税务筹划就存在很大困难。

5. 银行风险。

提供融资的银行可能会对合同签署方有一定要求，如通过中国政策性银行的买方信贷等方式进行融资时，可能会要求只能由中国公司作为总包方签约。在实务操作中，银行在项目所在国缴纳的税款通常是转嫁到接受贷款的一方承担，但对于与中国有税收协定的国家是可以减免的。

6. 按时缴纳税款风险。

所得税通常按月、季度申报缴纳，年末可能需要汇算清缴；增值税通常按月、季度或年度申报缴纳；关税通常在货物和设备进口时申报缴纳；个人所得税通常按月申报缴纳，且每位员工均需申报缴纳。项目公司申报并交纳上述企业所得税和个人所得税后，可就所取得的完税凭证抵扣中国企业所得税和个人所得税。无论是外聘会计师漏报，还是投资方未能及时了解情况造成漏报，最终都要承担追缴税款和罚款的责任。

7. 与当地政府、税务机关的沟通风险。

对于投资方和项目公司来说，需要随时与当地政府和税务机关沟通交流，优惠政策的申请等环节离不开当地政府和税务机关的支持。此外，也要及时掌握当地税务政策的变更，涉及本企业的相关利益要积极争取，或早做准备，必要时聘请相关的专业机构协助进行。

8. 档案管理风险。

这类风险最容易被忽视，项目所在地的财务人员必须针对每一项交易取得相应的合同、发票、海关单据等原始文件，准备完善的税务档案，随时备查。否则，依照某些国家的相关规定，将会受到处罚。因此，项目公司的财务人员要深入了解税务登记、纳税申报和税款缴纳的规定，指定税务管理工作流程并严格遵循。

9. 开发商项目所在地税务管理风险。

此类风险主要指的是预提所得税，是指源头扣缴的所得税，征税对象包括：

股息：外国开发商在项目所在地设立的子公司，将税后利润汇回到境外母公司，通常需要缴纳股息预提税。

利息：外国开发商在项目所在地设立的子公司，从母公司或境外其他企业取得贷款而支付的利息通常需要缴纳利息预提税。

特许权使用费：外国开发商在项目所在地设立的子公司，向母公司或境外其他企业支付服务费，在某些国家也需要缴纳预提税。

租金：外国开发商在项目所在地设立的子公司，向母公司或境外其他企业租入设备并支付租金，在某些国家也需要缴纳预提税。

10. 利润及其他收益汇回管理风险。

参照我国《特别纳税调整实施办法（试行）》第八十四条规定，中国居民企业股东只要能够提供资料证明其控制的外国企业满足一定条件，即可免予将外国企业不作分配或减少分配的利润视同股息分配额，计入中国居民企业股东的当期所得。设定的条件是：（1）设立在国家税务总局指定的非低税率国家（地区）；（2）主要取得积极经营活动所得；（3）年度利润总额低于500万元人民币。因此，如果将利润留在国外，应避免海外公司一次性取得大量利润（例如海外公司的子公司每年均匀分配股息，避免将多年留存的利润一次性分配到海外公司），使海外公司的年度利润总额保持在500万元人民币以下。

如果海外公司留存大量利润不作分配，应准备适当的书面材料，以证明海外公司留存利润具有合理的商业需要（例如用于境外并购、业务扩张、再投资等），从而在面临税务机关可能的检查或质疑时从容应对。

11. 开发商中间控股公司税务管理——居民企业风险。

根据《关于境外注册中资控股企业依据实际管理机构标准认定为居民企业有关问题的通知》相关规定，境外注册中资控股企业由于实际管理机构在中国境内而被认定为中国居民企业后，在企业所得税上就和其他在中国境内注册的居民企业享受相同的税收待遇。82号文件特别强调，对于实际管理机构的判断，应当遵循"实质重于形式"的原则。虽然82号文件及后续的45号公告针对的是境外注册中资控股企业。无论如何，境外公司是否会被认定为中国居民企业，将是海外投资企业需要长期关注的重要税务事项。

（三）BEPS行动计划下的税务风险

被誉为"百年来国际税收领域的根本性变革"。

税基侵蚀与利润转移（Base Erosion and Profit Shifting，BEPS）通常指跨国经营的企业利用国际税收规则存在的不足，以及不同国家和地区的税制差异和征管漏洞，人为地将利润由高税率地区向低（无）税率地区转移，从而最大限度地避税，甚至达到双重不缴税的效果，造成对各国税基的侵蚀。BEPS主要涉及三个国家或地区：收入来源国、中间控股国（通常设立在低税负国家或地区）和税收居民国。跨国企业通常通过转让定价或常设机构豁免，尽可能地减少收入来源国所得税税基；利用双边税收协定等税收优惠在汇出利润时少征或不征预提税；将更多的利润留存在中间控股国，并减少中间控股国对税收居民国的分红，以实现降低集团整体税负的目的。根据OECD统计，全球每年有4%~10%的企业所得税因跨境逃避导致税收损失为1 000亿~2 400亿美元。

另外，"走出去"企业通常选在低税负国家或地区设立平台公司，提高对外投资的灵活性，合理降低集团整体税负。BEPS行动计划带来的税务合规性风险很可能引致境外平台公司的"受控外国企业"风险，集团利用境外平台公司进行税收筹划的格局和境外平台公司的分红政策等将面临重新梳理与规划。"走出去"企业应如何应对 BEPS 行动计划带来的新变化和风险，在满足合规性要求的同时实现控制税务风险和降低整体税负的平衡，将是"走出去"企业在未来一段时间面对的重要课题。

（四）税收风险防范及应对

境外工程项目税务风险已得到越来越多"走出去"企业的重视，根本目的在于既要做到税务成本的控制，确保项目利润的实现，又要合法合规，确保市场的可持续发展。为此，"走出去"企业应当做好以下工作：

1. 开展税法研究，做好前期税务筹划。

工程项目收入既有来源于本国的，也有来源于其他国家的，还存在各国税收管辖的交叉，因此工程企业进入新市场前应当做好前期的税务尽职调查和税务筹划，加强税收政策的学习，准确把握税收法律法规政策。由于存在法律条文过多、语言不通和理解偏差等诸多问题，所以建议企业要充分借助境外中介机构的力量，如国际知名的会计师事务所和税务师事务所，以确保研究的效率和效果。

此外，企业应重视对新市场税务工作建立整体规划，主要是对工程项目涉及的税种、税务成本构成以及机构设立类型等做好安排，为商务谈判和签署工程合同做好前期准备。

2. 签好工程合同，完成机构设立。

工程合同一般包括勘察设计、设备供货和土建安装等内容。由于货物和劳务的发生地、提供方国别不同，纳税义务的界定很复杂。尼日利亚税法并未对外国企业承揽工程项目作出明确的纳税规定，仅明确纳税的基本原则，如对发生在本国的行为和来源于本国的所得纳税。因此，工程合同若将发生或来源于尼日利亚和发生或来源于其他国家的行为或所得区分开，将为企业合法合规纳税提供很好的依据，也有利于税务成本的控制。

3. 研究中尼税收协定，控制税务成本。

中尼税收管辖权差异在一定程度上导致了国家之间税收分配关系的矛盾，从而增大了重复征税和国际逃税可能性。作为法律效力高于国别税收法律的中尼税收协定，有助于对在尼日利亚从事工程承包和海外投资的中资企业协调税收分配和控制税务成本。

因此，在尼日利亚承建的超过6个月的工程项目需形成常设机构，并应就该工程当地常设机构运营产生的利润纳税，即当地土建安装需要在尼日利亚缴纳所得税，但是该税款可以在中国获得抵免，抵免该部分利润在中国应缴纳的所得税。需要注意的是，要及时收集和保存国外纳税凭证，确保在国内汇算清缴期限内进行税收抵免，过期则无法抵免。

4. 拟订税务筹划方案，落实规划执行。

在工程合同签署后，应当拟订详细的税务筹划方案，将税务规划落实到项目执行工作中。在具体工作中，应当系统地组织和安排税务工作，从工程量的确认、发票开具到境外机构的日常报税应围绕税务筹划的主旨，确定各个细节，特别是对来源于不同国家收入的划分，以避免前后不一致导致的税务风险。

在具体执行中，应当建立多层次的管理架构：管理层应重视对于税务管理体系运行效率和效果的评价；财税部门应做好税务工作的具体安排，包括各市场税务筹划方案的可行性研究和监控执行；各项目现场财务税务管理团队应做好税务筹划方案的具体分工和落实；各项目还需要聘用当地税务管理人员负责具体税务工作。通过该架构的有效运行，实现对税务风险的有效控制。

需要提醒的是，企业要重视对常用反避税条款的研究，通常包括：关联方之间的交易应该与独立各方之间的交易类似；所有费用必须是全部而且无一例外地未取得应税收入而产生的，从而阻止不恰当的转移定价或无法律依据的税前扣除；通过实质重于形式和商业目的判定，确定交易是否违反税法。因此，了解所在国的反避税条款具有重要的现实意义。

5. 掌握税收法律变化，理解税收政策精神。

纳税人进行税收筹划应以合法合规性为前提，必须具备必要的法律和财务知识，了解并熟练掌握税法规定。在进行税收筹划时，纳税人不仅要了解各种决策因素因适用不同的法律所产生的不同的法律效果或安全程度，在灵活运用会计技术手段的同时，注意加强和妥当处理与当地税务机关联系和关系，还必须关注税收法规政策的变动、税收征管特点及具体方法，及时获取相关信息，适时调整税收筹划方案，使税收筹划不断适应新的税收要求，以达到预期效果。

6. 重视税务管理人才的培养。

税务管理工作的专业性和政策性较强，优秀的税务管理人员既要掌握相关国家的税收法律法规，又要熟悉企业的业务流程，具备扎实的理论知识和丰富的实践经验。通常税务管理归口至财务部门，因此，企业应当重视并鼓励学习，加强风险培训，组织内外部交流，使财务人员保持对所从事专业工作领域的敏锐度，培养财务人员的高度责任心，为企业打造一支具有较高职业道德水平和专业素质的财务团队。

二、外汇管制法律风险和防范

（一）外汇管制风险

2016 年 1 月 15 日，尼日利亚中央银行（CBN）发布公告

"将停止向外币兑换所（BDC）出售外汇，外币兑换所即日起需自行寻找外汇供应渠道；将运用更多手段加强对外汇供应渠道的监管，以防止外币兑换所违反国家反洗钱法"。目前，仅保证商业银行的到期信用证、石油产品进口、重要原材料和设备进口、留学费用、商务旅行和个人旅行配额及相关方面的用汇。此外，尼日利亚央行还公布了不可在尼日利亚外汇兑换窗口兑换外汇的进口商品名录，范围从大米、肥皂、钢管、股票到私人飞机，种类多达 41 种，并且还有进一步扩大的可能。

（二）风险防范及应对

针对当前尼日利亚的经济现状，对于需要继续与尼日利亚保持业务往来的出口商，建议采取以下应对策略，以降低收汇风险。

一是应当尽量避免名录内产品的出口。要严格对照尼日利亚"不可在尼日利亚外汇兑换窗口兑换外汇"的进口商品名录选择出口商品，并随时关注该名单的变化。

二是如果确需出口名单中的产品，应加强与尼日利亚进口商的沟通联系。虽然尼日利亚并不禁止这些类别商品的进口，但是进口商必须使用自己的资金而不求助于尼日利亚的外汇市场，从实质上将构成一个进口禁令。因此在出口名单所列的货物之前，除了要了解其基本情况、认真审查资信外，还需充分了解进口商的购、换汇渠道和能力，并着重掌握其获取足够外汇的方式，确认进口商有不依赖于向尼央行购汇即可付款的能力，尽量优先选择既有出口权又有进口权的企业，并加强联系，及时催收。

三是针对尼日利亚外汇管制新政，选择贸易结算方式时应特别注意规避新政的风险。以下分别就国际结算常用的三种结算方式向尼日利亚出口货物，提出应特别关注的事项。

1. 预付货款方式。如果出口的是较为紧俏的商品，出口方掌握完全的主动权，应要求进口商预付全额或大部分货款，且待收到预付款后再发货。若进口商要求，也可由出口商银行开立预付款或履约保函给进口商，以确保按时交货。

2. 信用证方式。鉴于尼日利亚外汇储备大幅减少，尼日利亚央行于2015年8月规定只有在信用证和托收项下才可以使用官方汇率购汇，因此在开立信用证时应注意：

（1）慎重选择开证银行。应优先选择尼日利亚以外国家的银行或是国际大银行在尼日利亚分行作为开证行，以保证外汇来源便捷；也可选择与尼日利亚央行关系好、信誉佳的银行作为开证行，以确保其到期有能力购汇、换汇支付。根据掌握的资料，尼日利亚银行中信用较好的有以下银行：渣打银行尼日利亚分行、花旗银行尼日利亚分行、尼日利亚第一银行、非洲联合银行。为规避开证行风险，出口商在选择开证行的时候，还应结合参考各家评级机构最新的银行信贷评级。

（2）增加偿付行、保兑行。大部分信用证仍然以美元结算，正常情况下，尼日利亚开证行拥有的美元都集中在其美资账户行。考虑到偿付行、保兑行通常都是开证行的账户行，所以，有偿付行、保兑行的信用证，往往比只有开证行的信用证收汇安全度更高。因此，若开证行是尼日利亚本国银行，为防止其无法按时付款，可要求信用证中增加他国银行（最好是美资银行）作为偿付行或保兑行。

虽然信用证结算方式较为可靠，尼日利亚央行也确认将优先保证商业银行到期信用证的兑付，但在目前严格的外汇管制下，尼日利亚银行均在减少开证的数量。因此，只有那些实力较强的企业才能通过尼日利亚银行开出信用证。

3. 托收方式。托收付款属于企业商业信用，银行在其中无任何付款责任。据悉，目前尼日利亚银行不接收 D/P 即期，或是 D/P 远期的托收，仅仅接受 D/A 远期托收。在这种方式下，进口商在承兑汇票或出具付款承诺后即可直接凭单取货，收汇基本无保障。因此，向中信保投保非常必要。除了商业风险和政治风险以外，中信保的保险范围还包括进口商或开证行所在国发生外汇管制导致货款无法收回的风险。一旦风险事项发生且定损后，中信保将给予适当经济补偿，避免出口商钱货两空。随着尼日利亚外汇环境进一步恶化，中信保于 2016 年 2 月将尼日利亚加入黑名单，将不再接受同尼日利亚的交易。若出口商确实需选择托收方式，则还应联系当地中信保询问最新保险范围。

在实务中也不乏这种情形：进口商银行换汇能力不足，即使进口商付款能力很强，也无法与出口商顺利达成贸易。考虑到尼日利亚拥有丰富石油资源，当中国石油公司从尼日利亚进口大量石油，并且在第三方国家或地区拥有销售公司，例如中国香港，中国出口商可考虑通过这些销售公司实现应收账款与应付账款的互抵，以规避尼日利亚外汇新政风险。

第四节　典型案例

一、油气燃烧排放相关费用可以抵扣[①]

在美孚尼日利亚公司（Mobil Producing Nigeria Unlimited）VS. 联邦税务局（FIRS）（TAT/LZ/033/2013 上诉案）中，美孚尼日利亚公司针对联邦税务局征收额外的石油收益税提出上诉。

[①] *Tax Appeal Tribunal Holds Gas Flare Fee Incurred by Mobil Producing Nigeria Unlimited as Tax Deductible*，WTS Tax Legal Consulting，March 2015.

在本案中，美孚尼日利亚公司已向石油资源部申请了油气燃烧证书（Gas Flaring Certificate）并且支付了 2006～2008 年共计 3 年的费用。因未能获得石油资源部颁发的证书，联邦税务局根据《石油利润税法》（Petroleum Profit Tax Act，PPTA）第 10 条第 1 款认为美孚尼日利亚公司交纳的油气燃烧排放费用是不可以抵扣的。税收上诉庭（Tax Appeal Tribunal）认为本案的焦点即是美孚尼日利亚公司根据 PPTA 交纳的费用是否可以抵扣。上诉庭在其分析中提到，《油气再注入法案》（Associated Gas Re-injection Act，AGRA）旨在降低或禁止油气排放；美孚尼日利亚公司在未得到石油资源部许可的情况下支付费用的行为不能被认定为符合 AGRA 的规定；PPTA 和 AGRA 并未明确要求一个公司在支付可抵扣的费用前必须获得油气燃烧证书；如果石油资源部对产生的油气再次注入是不合适或不可行的，那么公司因排放而申请许可不受 AGRA 第 3 条第 1 款的约束；石油资源部有权发放许可，若排放不合法，则可按照 AGRA 第 4 条的规定进行处罚。上诉庭认为石油资源部既没有发放许可又没有禁止美孚尼日利亚公司的非法排放，且联邦税务局未提供违法证明，因此联邦税务局认为美孚尼日利亚公司交纳的油气燃烧排放费用是不可以抵扣的诉求是错误的。

二、外国公司在境外执行境内项目不应交纳企业所得税[①]

在本案中，美孚尼日利亚石油公司为执行某航站楼项目签署了两份独立协议。与航站楼项目有关的在尼日利亚境外的所有设

---

① *Nigeria's Federal High Court reserves TAT ruling on determination of fixed base for nonresident company*, Global Tax Alert, 16 November 2015, http：//www. ey. com/gl/en/services/tax/international – tax/tax – alert – library.

计和采购工作由 JGC 负责（境外合同），航站楼尼日利亚境内的建设、试运营和境内运输合同由 JGC 尼日利亚有限公司（JNL）与达沃尼日利亚公司（DNL）执行（境内合同）。联邦税务局认为 JGC 应就执行境外合同的部分交纳企业所得税，JGC 向上诉庭提出了上诉，上诉庭维持了联邦税务局的认定。

于是，JGC 向联邦最高法院提出了上诉。

JGC 认为其在尼日利亚境内未执行任何境外合同，其在尼日利亚境内的员工也未参与境外合同，且 JNL 已就境内合同交纳了企业所得税。联邦税务局回应认为，根据企业所得税法第 13 条第 2 款，JGC 属于非居民企业，因为其基于单个合同执行了航站楼项目，因此构成了交纳企业所得税的基础。正是基于上述陈述，上诉庭认可了联邦税务局的认定，JGC 应该按照企业所得税法的第 30 条交纳企业所得税。

联邦最高法院审议后判决 JGC 基于境外合同不应当向尼日利亚交税，不能构成交税义务的基础。其判决理由是：上诉庭未考虑和评估决定案件的关键证据，其一即是 JGC 不是境内合同的当事人，根据合同约定不享受任何权利和义务；本案中没有清晰的证据能够表明境外合同的执行是否发生在尼日利亚境内；外国公司签约执行地址位于尼日利亚境内项目的事实不能直接解释为构成在尼日利亚交税的基础。

三、中国某石油企业在尼日利亚的石油利润税纠纷[①]

2006 年初，中国某石油公司（以下简称 A 公司）与尼日利亚 B 公司签署收购协议，以 23 亿美元收购尼日利亚海上石油开

---

① 刘舒考、张广本、胡立强：尼日利亚油气合作中的典型涉税案例分析，载于《国际石油经济》2015 年第 1 期。

采许可证（开发区块 C）项下 45% 的工作权益，并于 2006 年 4 月完成了全部交易。2007 年，尼日利亚联邦税务局对股权买卖双方进行了税务审计，根据税务审计的初步结果，尼税务局要求这两家公司补缴 C 区块交易税。

但是，A 公司根据有关法律对尼税务局的项目税务审计评估结果提出了质疑。根据律师和税务顾问的意见，A 公司认为提出异议具有合理的依据，因此，在收购过程中及之后，既未计提由此争议可能引起的任何费用，也未对 C 区块成本进行调整。这是 A 公司在税务纠纷上面临的第一个问题，从本质上来说是并购交易税该不该缴纳的问题。

A 公司在并购时曾表示，在香港会计准则 12 号的《所得税》中，资产收购不确认递延税项。然而，在美国会计准则下，C 区块的油气资产和递延税项负债共增加人民币约 160 亿元。两个准则下的不同规定，产生了巨大的递延税项差异。

A 公司通过股权收购受让该资产后，连带承担了相应的负债。A 公司与尼日利亚联邦税务收局在就有关税务条款的解读和纳税事项的处理上存在分歧。该公司缴纳石油利润税时在投资补贴适用比例上又产生了新的税务纠纷问题，该问题至今一直困扰着 A 公司，随着油田进入生产期和营业利润的积累，税务纠纷涉案金额越来越大。

项目进入生产期后，投资补贴比例上的税务纠纷问题导致项目在尼联邦税务收局的历年税务审计中均面临着巨大的欠税罚单。虽然 A 公司尼日利亚项目部及其总部领导多次与尼日利亚政府和尼日利亚国家石油公司协商和谈判，但该税务纠纷事项一直未取得重大突破。近年来，该纠纷不断恶化，甚至发生了尼日利亚政府税务部门强制执行税务罚款和强行提油的情况。

A 公司石油利润税问题的产生与上述国际石油公司、石油技术服务公司所面临的税务纠纷、诉讼问题是有差别的。在上述国际石油公司、工程技术服务公司的案例中，各个公司都或多或少有一些重大过失、违法行为，甚至故意舞弊，并导致了税务纠纷问题的扩大化。

A公司的税务纠纷问题并非其故意舞弊造成的，但有其自身对尼日利亚相关财税条款理解偏差的原因，加之后续对于税务风险管控、税务争端缺乏经验，解决不力，以致事态扩大化。时至今日，税务纠纷问题仍然是困扰A公司尼日利亚C区块生产经营的重大不利因素。

A公司石油利润税税务纠纷的产生，与C区块的历史演变以及不同主体对尼日利亚财税条款的理解差异不无关系，下面加以详细分析。

1. A公司收购标的资产情况。

A公司成功收购的C开发区块OML（Oil Mining Lease）的前身为OPL（Oil Prospecting License，油气勘探许可证）勘探区块。C区块所在的尼日尔三角洲是世界上油气储量最丰富的盆地之一，区块面积约为500平方英里，是一个深水区块，水深在1 000米以上。C区块包括2000年发现的D油田及另外3个油田，D油田的可采石油储量约为6亿桶，其他3个油田内还有高达8亿桶以上的可采储量，并具有很好的勘探前景。

1998年，尼日利亚当地石油公司B公司独家与尼日利亚政府签署了OPL勘探区块油气勘探石油合同。同年，两家国际石油公司通过与B公司签署产品分成合同，分别获得了该区块24%和16%的股权。

2005年，OPL勘探区块转入开发期，退出一半面积后更名为C区块。其中，50%的股权在最初签署的非常优惠的独担风险合同下由B公司与这两家国际石油公司共同分享；通过新签署的优惠较少的产品分成合同，B公司作为当地公司拥有该区块项下另外50%的股权。

2006年，A公司购买了B公司在C区块拥有独立股权资产的90%，即在该区块拥有45%的工作权益。

C 项目资产是迄今 A 公司在海外收购的最大、最优良的资产之一，它的建成投产极大地提高了 A 公司的海外油气储量和产量。

2. A 公司税务纠纷原因探析。

（1）尼日利亚税法的基本规定。

根据尼日利亚石油利润税法的规定，1998 年以前签署的石油合同被赋予 50% 资本化投资的税收抵免；1998 年以后签署的石油合同仅享受 50% 资本化投资的税前扣除，按照现行深海石油利润税率 50% 计算，实际仅享受税收减免 25%。

作为示例，上表列出了石油公司在相同的收入和成本条件下享受税收抵免政策的情况与适用税前扣除政策的情况，对比了实际承担税费和利润所得的差异情况。可以看出，对石油企业来说，税收抵免政策比税前扣除政策更具有优惠性。前几年，随着国际油价上升至 100 美元/桶，资源国能源主权意识普遍提高，资源国政府开始寻求对石油收益的更多支配权，逐渐调整甚至取消这种税收优惠政策。

表 6 - 5 中矿区使用费率参照 A 公司深海区块矿费为零计算，简单比较两张表中的净利润可知，享受税收抵免政策合同的净利润额比享受税前扣除政策合同的净利润额高出 7.7%。因此，石油公司对于投资税收抵免政策的不同理解，不仅会影响公司的效益，还会导致税务风险。

表 6 - 5

适用税收抵免政策的纳税及所得示例			适用税收扣除政策的纳税及所得示例		
项目	合计	注	项目	合计	注
油气销售收入	1 000	①	油气销售收入	1 000	①
费用化支出	400	②	费用化支出	400	②
毛收益	600	③＝①－②	毛收益	600	③＝①－②
矿区使用费	0	④	矿区使用费	0	④
应纳税所得额	600	⑤＝③－④	应纳税所得额	600	⑤＝③－④

适用税收抵免政策的纳税及所得示例			适用税收扣除政策的纳税及所得示例		
项目	合计	注	项目	合计	注
资本化支出	100	⑥	资本化支出	100	⑥
税收抵免限额	50	⑦=⑥×50%	纳税扣除限额	50	⑦=⑥×50%
调整后应纳税所得	600	⑧=⑤	调整后应纳税所得	550	⑧=⑤-⑦
税率	50%	⑨	税率	50%	⑨
应交所得税	300	⑩=⑧×⑨	应交所得税	275	⑩=⑧×⑨
享受税收抵免	50	⑪	享受税收抵免	50	⑪
实际应交所得税	250	⑫=⑩-⑪	实际应交所得税	225	⑫=⑩-⑪
税法净利润	350	⑬=⑧-⑫	税法净利润	325	⑬=⑧-⑫

（2）税务纠纷的产生。

A 公司 C 区块税务纠纷产生的原因是，A 公司认为 B 公司是在 1998 年签署的石油合同，按照尼日利亚现行石油税收法律规定，理应享受资本化支出税收抵免政策，并据此对收购过程、后续生产期内的石油利润税做了计提与缴纳。尼日利亚联邦税务收局经税务审计后则认为，从技术上来说，C 区块是在 2005 年转化为开发区块新签产品分成合同以后才开始存在的，A 公司实际购买的是该新合同项下的股权，应当享受税前扣除政策，而非优惠税收抵免政策。

分歧的焦点归根结底是该项资产到底是适用于税收抵免还是税前扣除。按照 A 公司在其年度财务状况说明书中单方面披露的说法，这一纳税纠纷不会产生以前年度的追溯调整纳税义务。2009 年，C 区块陆续进入生产期，即使是税务机关决定对以前年度税务进行追溯调整，所产生的纳税义务也不是重大的，不会对 A 公司后续年度的股价产生重大影响。

（3）预计可能的影响结果。

事实可能并不像 A 公司所预计的那么乐观。据了解，某银行研究中心曾经以 A 公司 2010 年和 2011 年度披露的财务数据为基础，分别预计了适用税收抵免和税前扣除两种政策下的应缴石油利润税情况。结果显示，两种情况下应缴石油利润税额差异为 4.6 亿美元，即按照尼日利亚税务局主张的税前扣除政策计缴所得税将比按照 A 公司所主张的适用税收抵免法平均每年多缴纳税金高达 2.3 亿美元。

另一方面，从 A 公司在 C 区块累计投资的实际情况看，截至 2013 年底，A 公司累计在 C 区块投资约 100 亿美元，为简单起见，从大数上粗略计算，如果缴纳石油利润税适用于税收抵免，则少缴税 50 亿美元；如果适用于税前扣除，则只少缴税 25 亿美元，两者差为 25 亿美元。A 公司纳税是从 2009 年投产后开始的，到 2013 年共纳税 4 年多，对投资补贴两种不同的理解导致平均每年的纳税差额近 6 亿美元，这对任何一家石油公司来说都是一个很大的数字。

3. 重要经验与启示。

（1）"依法纳税、合理筹划"是税务管理和风险管控的生命线。

作为最早在尼日利亚开展油气合作的老牌国际石油公司，壳牌、阿吉普等对于尼日利亚税务法律法规及变更的了解不可谓不深刻。几十年本地化的经营与运作，兼有国际税务咨询公司和本地咨询公司的专业化指导与支持，这些国际石油公司在尼日利亚的税务管理可以说是相当专业。

即便如此，许多在尼日利亚开展油气合作的国际石油公司也深陷各方面的税务纠纷和诉讼。从深层次来说，众多税务纠纷和诉讼问题的背后是国际油价上涨使资源国政府能源主权意识提高，导致资源国政府与国际石油公司在石油收入分配上的利益冲突与博弈。

既有诸如一些法律条款规定模糊、不同主体理解差异等原因，也有上述的国际石油公司在税务筹划和税务管理中的违法与舞弊，例如过失、欺诈、造假、行贿等违法行为，这些都直接导致了税务纠纷的产生，加剧了石油公司与政府税务部门乃至资源国政府的对立与矛盾。

对此，海外油气企业要始终坚持"依法纳税，合理避税"的原则，务实地开展税务筹划与税务管理工作，最大限度地降低税务管控风险。依法纳税、及时申报、按时交纳，不给税务机关留下任何可以对公司进行税务处罚、追缴应缴未缴税款和滞纳金的理由或借口。海外石油公司应该每月按规定及时申报、足额缴纳各种增值税、扣缴税、石油利润税、个人所得税、印花税等税款，在年末及时汇算清缴。

（2）高度重视并购中的尽职调查，深入了解投资项目税务情况。

深入研究 A 公司的税务纠纷问题，不难发现，A 公司在最初的并购中忽视税务处理细节，盲目完成并购，直接埋下税务隐患。A 公司在 2006 年项目评估和交易时没有充分考虑到香港与尼日利亚在税务会计方面的法律差异，没有深入了解尼日利亚当地油气财税政策的相关规定。

交割后的第一年即 2007 年税务审计后即开始出现税务纠纷，时至今日双方依然难以达成一致意见。根据政府税务审计结果，这起税务纠纷对项目的交易成本及未来回报都产生了很大的影响。并购评估失误，片面理解资源国税收法律，虽然没有违法行为和意图，但直接导致了税务管理风险的产生。

尽职调查一般只关注财务问题、法律问题、业务架构和人力资源，税务问题因其自身的一些特点而往往被忽视。实际上，在进行海外石油项目并购时进行税务尽职调查非常必要。资产出让方在历史年度中是否曾偷逃和欠缴税款，与当地税务部门的关系如何，项目开始运作后所涉及的应缴税情况，能够享受的当地税务优惠政策等，税务尽职调查的这些内容都会对海外石油项目未来的运营造成不可忽视的影响。

并购尽职调查不够充分，税务障碍没有被完全发现，则会间接增加运营中的管理风险。我国海外投资项目在税务风险管理中面临的重要问题之一，是在并购前的尽职调查工作中较少考虑税务风险，简化甚至忽略税务风险，给未来企业的整合和运营埋下了隐患。

（3）加强对资源国财税条款的研究，做好税务风险预警。

世界各国政府规定的税收制度千差万别，每个国家都有权力在其管辖的主权范围内对企业或个人取得的各种收益进行课税，不同国家和地区的税种设置、税负水平高低各不相同。这其中既有国际税收的一些共性，又有资源国政府税收制度中的特殊性和差异性。投资国与资源国在税收制度上的差异，使境外企业在履行纳税义务时需要一段时间去了解、熟悉和适应，这本身就是一种风险。

海外企业在项目运作过程中要加强对资源国财税制度的深入学习，特别是要因地制宜地理解各项税务条款。在深入研究资源国财税条款的基础上，对比本企业的具体情况，做出对企业所适用的当地税种、税率、纳税额、纳税时间等的合理估计和有效预期。只有深入理解资源国财税制度，才能对企业所面临的税务环境、税务形势做出预测和规划，才能做好税务风险预警，规避和防范企业的各项税务风险，保护企业的切实利益。

（4）合理做好纳税筹划，降低企业税务负担。

所谓纳税筹划，是指企业通过对公司的涉税业务进行筹划和安排，制作一整套完整的纳税操作方案，从而达到节税的目的，以获得最大的税收利益。海外石油项目生产经营面临着复杂的国际政治、经济和法律环境，以及资源国政府特殊的税务环境，资源国政府也在针对经济全球化和跨国企业国际化经营的不断变化，更新和调整税收征管方式，强化税收监管。因此，海外油气企业务实、高效地开展税收筹划与纳税管理工作尤为重要。

对于海外企业来说，可从以下几个方面进行必要的制度和流程规划，达到降低税务成本，减少税务风险的目的。

①优化投资架构，合理利用"避税岛"；

②选择合理的筹资方式，考虑筹资成本的抵税效应；

③确定有利的物资采购与技术服务转让定价；

④根据项目不同的发展阶段，设立对企业整体最为有利的工资结构和工资水平；

⑤选择有利于降低税费的折旧折耗和摊销方法；

⑥选择有利于降低税费的存货计价方法；

⑦因地制宜，利用好资源国政府的税收优惠政策。

纳税具有强制性的特点，任何与资源国税收法律法规相抵触以及模糊抵触的做法都存在一定的风险。"依法纳税，合理避税"是开展税务管理最基本的指导思想。

尼日利亚争议解决法律制度

在尼日利亚发生法律争议，通常可以采用的解决方式包括：法院诉讼、仲裁机构仲裁以及其他争议解决方式。

第一节　尼日利亚国家争议解决法律制度概述

一、尼日利亚国家诉讼制度概述

尼日利亚实行联邦制，采用三权分立的政治体制，现行法律制度是以 1979 年宪法为根本大法。总统为最高行政长官，领导内阁；国民议会分参、众两院，是尼日利亚的最高立法机构；最高法院为最高司法机构。尼日利亚联邦设有最高法院、上诉法院和高等法院，各州设高等法院，地方政府设地方法院。有的州还设有习惯法上诉法院。尼日利亚法院组织架构如图 7 - 1 所示。

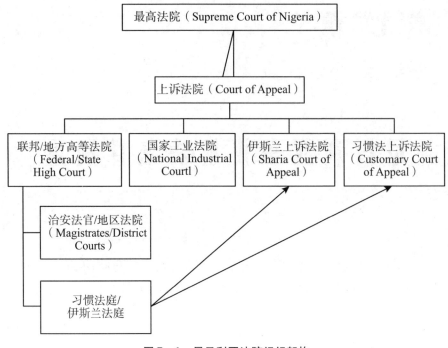

图7-1 尼日利亚法院组织架构

二、尼日利亚仲裁制度概述

基于尼日利亚的历史原因和特殊国情，尼日利亚的仲裁活动分为三种：一是根据习惯法进行的仲裁；二是根据普通法进行的仲裁；三是根据制定法进行的仲裁。

（一）习惯法仲裁

习惯法仲裁是从尼日利亚独特的历史传统发展而来的一种纠纷解决制度，具有灵活性和非正式性的特点，主要适用于农村地区当事人之间有关土地、婚姻和财产等方面的纠纷。

尼日利亚没有统一的习惯法，习惯法的规则因群体或部落的不同而差异较大。即使在一个特定的群体内，一部分人所适用的习俗可能和另一部分人所适用的习俗也存在较大的差异。

群体或者部落的酋长或长老对争议双方提交的仲裁，可直接适用习惯法；但是，法院在案件处理过程中适用习惯法时，要通过当事人的证据和司法识别程序来确定习惯法规则。

尼日利亚以前一直没有有关习惯法仲裁的权威定义，直到在1991年的阿古（Agu）诉埃克韦伯（Ikewibe）一案中，尼日利亚最高法院将习惯法仲裁界定为：习惯法仲裁是一种仲裁解决争议的方式，它是建立在当事人自愿将争议交由作为仲裁员的他们群体或部落中的酋长或长者进行处理，并且当事人可协议受该裁决约束或对裁决不满时可自由退出裁决的基础之上。[①]

习惯法仲裁最显著的特征是仲裁协议及其裁决是口头的，不必书面记录下来。习惯法仲裁协议只能适用于已发生的争议，尚未发生的争议无法约定习惯法仲裁。

（二）普通法仲裁

尼日利亚独立后延续了英国的普通法及衡平法原则。在普通法仲裁中，双方当事人的仲裁协议可以是口头的，也可以是书面的，但是普通法仲裁下的仲裁协议只能约定将已经发生的争议提交仲裁，不能约定尚未发生的争议。目前，在尼日利亚，书面仲裁协议只能适用制定法，而口头仲裁协议适用普通法或习惯法。口头仲裁协议只能约定现有的已发生的争议而不能约定将来尚未发生的争议。

因为将来发生的争议无法适用普通法仲裁，这样导致普通法仲裁无法满足现代复杂的商业交易的要求，在尼日利亚现在已经很少有人采用普通法仲裁来解决双方之间的争议。根据普通法仲

---

① 朱伟东：《尼日利亚仲裁制度初探》，载于中国知网，http：//kns. cnki. net/KCMS/detail/detail. aspx？dbcode＝CMFD&dbname＝CMFD9904&filename＝2003020206. nh&v＝MjY2Mzc3L0 JWM-Tl3SGJPNkh0UE1xWkViUElSOGVYMUx1eFlTN0RoMVQzcVRyV00xRnJJDVVJMMmZidVJtRnluaFU＝。

裁协议作出的裁决只能通过在法院提起诉讼才能被法院强制执行，但根据制定法的有关规定作出的裁决，通过简易程序的方式就能申请强制执行。[①]

在判定某项争议的仲裁是适用普通法仲裁还是习惯法仲裁时，尼日利亚法院需要借助于各个州的习惯法和普通法之间有关内部冲突的规定。

一般而言，如果双方当事人都是尼日利亚人，法院或仲裁庭会适用习惯法。但有两个例外：一是如果当事人同意或可以推定他们已经同意普通法应适用于他们之间的法律关系，则法院或仲裁庭会适用普通法，而不是采用习惯法来处理他们之间的法律争议；二是如果双方的争议在习惯法中找不到相关规定，则法院或仲裁庭会适用普通法来处理案件。

如果当事人一方是尼日利亚人，另一方是非尼日利亚人，则法院或仲裁庭会采用普通法来解决争议。但是如果能够证明适用普通法会对一方当事人造成重大不公正，在这种情况下，法院或仲裁庭会适用习惯法处理争议。如果所有当事人都不是尼日利亚人，法院或仲裁庭会适用普通法来解决争议。

（三）制定法仲裁

上文已经提到习惯法仲裁和普通法仲裁不适用于现代的商业活动，现代的商业活动基本都以书面协议确定，而书面仲裁协议的仲裁则完全受尼日利亚成文制定法《仲裁与调解法》支配。

尼日利亚在 1914 年仿照英国 1899 年的仲裁法制定了《尼日利亚仲裁法》。1914 年《尼日利亚仲裁法》是关于尼日利亚国内仲裁的，没有有关承认与执行外国仲裁裁决的规定。为适应经济

---

① 朱伟东：《尼日利亚仲裁制度初探》，载于中国知网，http：//kns. cnki. net/KCMS/detail/detail. aspx？dbcode = CMFD&dbname = CMFD9904&filename = 2003020206. nh&v = MjY2Mzc3L0 JWM-TI3SGJPNkh0UE1xWkViUElSOGVYMUx1eFlTN0RoMVQzcVRyV00xRnJJDVVJMMmZidVJtRnluaaFU = 。

发展需要，尼日利亚在 1988 年通过了《仲裁与调解法》，取代了早已过时的 1914 年《尼日利亚仲裁法》。《仲裁与调解法》现已成为尼日利亚联邦第 19 号法律。尼日利亚立法机关这次没有按照一贯的做法采用英国的仲裁法模式，而是几乎完全按照《联合国国际商事仲裁示范法》《联合国国际贸易法委员会仲裁规则》《联合国国际贸易法委员会调解规则》制定了《仲裁与调解法》，并将 1958 年的《承认及执行外国仲裁裁决公约》（以下简称《纽约公约》）作为一个附件。《仲裁与调解法》对外国裁决的承认与执行有详细的规定。[①]

《仲裁与调解法》的内容，将在下文详细介绍。

三、其他争议解决方式概述

由于商业活动的繁荣，导致尼日利亚法院诉讼日益增长，法院的资源有限，导致在尼日利亚产生了诉讼拖延、费用高昂等问题。为此，尼日利亚的司法实践中发展出两种替代性纠纷解决机制（Alternative Dispute Resolution，ADR）：一是法院关联（Court – Connected ADR）机制；二是私人争议解决机构提供的 ADR 方式。[②] 法院附设 ADR 中心和私人争议解决机构都以发展尼日利亚的经济为目标，它们的产生，对争议的解决起到了如下作用：

（1）降低了解决纠纷的成本；

（2）增进了当事人的参与；

（3）量身定制的解决方式更能满足当事人的需要；

（4）帮助建立了紧密的商业合作关系，让当事人之间的关

---

① 朱伟东：《尼日利亚仲裁制度初探》，载于中国知网，http：//kns. cnki. net/KCMS/detail/detail. aspx？ dbcode = CMFD&dbname = CMFD9904&filename = 2003020206. nh&v = MjY2Mzc3L0 JWM-TI3SGJPNkh0UE1 xWkViUElSOGVYMUx1 eFlTN0RoMVQzcVRyV00xRnJDVVJMMmZidVJtRnluaFU = 。

② 罗心甜：《友好解决争议：尼日利亚的经验》，载于《湘江法律评论》2015 年第 1 期。

系更为融洽；

（5）便利和适用性较强。

（一）法院 ADR 机制

尼日利亚首个法院附设的 ADR 机制中心叫做拉各斯多门法院（Lagos Multi-door Court House，LMDC），由拉各斯州司法部、协商与冲突处理组织等机构组成。它的首要目标是为公民提供诉讼指引，即："通过新强化的、及时的、高效的和人性化的法律制度使潜在的或现有的原告和被告能够寻求司法公正，从而扩大司法资源"。[①]

2007 年 8 月 3 日颁布的《LMDC 法》的主要内容如下：

1. ADR 机制下法官的任命；

2. 将案件强制提交给 LMDC 的情形；

3. 由当事人来选择他们认可的 ADR 法官或者推荐的法官进行合意判决；

4. 建立管理委员会来监督 LMDC 的审判活动；

5. 建立委员会促进 LMDC 的有效运作和目标的实现；

6. 有关执行 LMDC 达成的和解协议的规定，以及授权 LMDC 批准并执行其他 ADR 机制服务提供者达成的和解协议的规定；

7. 明确法院、律师和当事人三者在 ADR 中各自的作用。

拉各斯 LMDC 审判模式的建立，在尼日利亚产生了积极的作用，阿布贾、阿夸伊博姆州、阿南布拉州竞相采用这一模式，河流州、十字河流州、三角洲以及夸拉州在不同程度上复制了 LMDC 模式。

（二）私人争议解决机构提供的 ADR 方式

私人争议解决机构提供的 ADR 服务，是对法院附设 LMDC

① 罗心甜：《友好解决争议：尼日利亚的经验》，载于《湘江法律评论》2015 年第 1 期。

的 ADR 服务机制的一种补充。私人设立的 ADR 机构，主要是拉各斯、伊巴丹以及奥约州的人民调解中心，由受过内部 ADR 专业培训的专业人员帮助当事人解决他们之间的纠纷。

第二节　诉讼制度

一、法院系统及审判制度

尼日利亚法院系统分为三个层次，最高级别的是最高法院，除了上诉法院的再审案件外，最高法院只负责宪法解释案件的审理；第二个层次是按照全国分区而设立的上诉法院，负责审理上诉案件；第三个层次是联邦和地方法院，包括联邦、各州高等法院和基层法院，基层法院包括大法官法院、地区法院、习惯法法院和伊斯兰法院，其中，只有大法官法院受理普通法案件。

（一）最高法院（Supreme Court of Nigeria）[①]

尼日利亚最高法院是尼日利亚等级最高的法院，位于联邦首都阿布贾中央区。最高法院关于任何事项的决定或判决都是终局的，只能由最高法院随后的判决推翻。

1963 年，尼日利亚联邦共和国宣告成立，Nnamdi Azikiwe 成为尼日利亚第一任总统。Nnamdi Azikiwe 宣布取消了一直受理联邦最高法院上诉案件的枢密院司法委员会，由此最高法院正式成

---

① Supreme Count of Nigeria，http：//supremecourt. gov. ng/最后访问日期2017 年 9 月 28 日。

为尼日利亚终审法院。最高法院目前是根据《Supreme Court Act of 1990》和 1999 年《尼日利亚宪法》第七章设立的。

最高法院对联邦与一州之间或各州之间的任何争议进行裁决具有排他管辖权，但最高法院对刑事案件没有一审管辖权。最高法院只受理上诉法院的上诉案件。最高法院由联邦的首席大法官和其他大法官组成，总数不超过 21 名。最高法院法官由国家司法委员会提名，总统任命，并经过议员的确认。其中，联邦总统在任命最高法院法官时要保证这些法官中有通晓伊斯兰教法和习惯法的成员①。最高法院的大法官必须具有尼日利亚法律职业资格，并且执业年限不低于 15 年，强制退休年龄是 70 岁。

（二）上诉法院（Court of Appeal)②

1976 年，上诉法院（原名联邦上诉法院）正式成立。上诉法院是联邦范围内所有法院的上诉法院，这些法院包括选举法庭、联邦高等法院、州和首都区高等法院、伊斯兰上诉法院和习惯法上诉法院。整个联邦只有一个上诉法院，它起着最高法院受理案件过滤器的作用。上诉法院由一名主席和不少于 41 人的上诉法院法官组成，联邦总统在任命这些法官时应当保证其中 3 名通晓伊斯兰教法和 3 名通晓习惯法的成员存在③。这种安排是穆斯林和基督教妥协的结果。根据宪法，上诉法院既有一审管辖权又有上诉管辖权。

上诉法院有权审理如下一审案件：

（1）根据宪法，任何人都可被有效地选举为总统或副总统的职位；

（2）总统或副总统任期已停止；

①　程迈：《坎坷动荡转型路——尼日利亚的宪法改革与教训》，中国政法大学出版社 2013 年版，第 228 页。

②　http：//courtofappeal. com. ng/ 访问于 2017 年 9 月 28 日。

③　程迈：《坎坷动荡转型路——尼日利亚的宪法改革与教训》，第 229 页。

（3）总统或副总统职位空缺。

上诉法院有权审理如下法院的上诉案件：

（1）联邦首都区和36个州的法院的上诉案件；

（2）联邦法院的上诉案件。

若对上诉法院的任何裁判不服，可直接提请最高法院进行终审审理。但是，对于选举案件中的以下事项，上诉法院有终审管辖权，甚至连最高法院都被排除在外：

（1）根据宪法，候选人被选举为州议会的议员是否合法有效；

（2）候选人被选举为州长或副州长是否合法有效。

按照法律规定，上诉法院的法定地位相当于最高法院大法官的地位。目前，上诉法院在尼日利亚10个城市设立10个司法分支机构，审理尼日利亚各州的案件。

（三）联邦高等法院（Federal High Court）[①]

联邦高等法院对《宪法》第251（1）条规定的事项拥有专属一审管辖权，其中包括银行、电信、知识产权、联邦机构及其管理、税务、证券、保险等。它还对叛国、叛逆重罪和联合罪行具有一审管辖权。但是，它没有上诉管辖权。

联邦高等法院前身是依据1973年《联邦收入法》设立的联邦税收法院。1979年，《尼日利亚联邦共和国宪法》第228（1）和230（2）条将联邦税收法院重新命名为"联邦高等法院"。

1991年联邦高等法院法（修订）第7节规定民事纠纷由联邦高等法院管辖。1999年《尼日利亚联邦共和国宪法（修订）》第251（1）（a）条涉及的事项由联邦高等法院专属管辖。

联邦高等法院在刑事事项方面的管辖权是由1999年《联

---

① Offical Website of Federal High Court Nigeria，http：//fhc - ng.com/最后访问日期2017年9月28日。

邦共和国宪法（修订）》第251（2）和（3）条所规定的。对于涉及国会方面的刑事案件，由联邦高等法院管辖。根据1999年《联邦共和国宪法（修订）》第46（1）条的规定，在公民基本权利方面的案件，联邦高等法院和州高等法院有共同管辖权。

《联邦高等法院民事诉讼规则2000》（Federal High Court Civil Procedure Rules 2000），由联邦高等法院首席大法官根据《联邦共和国宪法（修订）》第254条制定。新规则有几项创新的规定，涵盖了法院所有的实践和程序的各个方面，其基本目标是公正和迅速地处理案件。2011年，首席大法官制定了新的涉外诉讼规则，目的是为了更迅速地审理其拥有专属管辖权的海事案件以及与知识产权、商标、专利和设计等有涉外因素或可能涉及外国公司利益的案件。

自1973年成立以来，联邦高等法院作为一审法院，进步显著：从成立时的5名法官，发展为现在的69名法官；几乎在所有联邦州都设有分支法院，甚至由于商事案件数量急剧增加，联邦高等法院在拉各斯州有2个分支法院；从成立之初的3个司法部门，发展为拥有分布在全国36州的36个司法部门。联邦高等法院已经成为尼日利亚联邦司法体系中不可争议的重要支柱。

（四）州高等法院（State High Court）

根据《宪法》，联邦36个州和联邦首都区都设立了一个高等法院。州高等法院对民事和刑事案件具有一般的一审管辖权，其他法院（如联邦高等法院）有专属管辖权的案件除外。因此，州高等法院拥有宪法规定的最广泛的管辖权。州高等法院也有上诉管辖权，并审理下级法院的上诉，如治安法官、区法院和地区法庭以及依法设立的法庭。

（五）伊斯兰上诉法院（Sharia Court of Appeal）

联邦首都区以及需要设立伊斯兰上诉法院的州，都可设立伊斯兰上诉法院，伊斯兰上诉法院对涉及伊斯兰个人法律问题的民事诉讼具有上诉和监督管辖权。

英国殖民统治时期，在间接统治原则的指导下，英国殖民当局在尼日利亚北部地区建立完善了伊斯兰教法司法系统，并创立了伊斯兰上诉法院。从1967年起，尼日利亚北部被拆分为越来越多的州，每个州都创立了自己的伊斯兰上诉法院。由于北部不再存在统一的伊斯兰教法上诉法院，造成了北部穆斯林各州在适用伊斯兰教法时存在相互抵触的情况。1978年尼日利亚宪法修订草案中建议设立一个管辖权及于全联邦的伊斯兰教法上诉法院，使其具有与联邦上诉法院相同的地位。该建议涉及种族问题，在尼日利亚引起剧烈争论，最后争论双方达成妥协，即各州在需要的情况下，可以建立伊斯兰教法上诉法院，且联邦上诉法院内部需要有3名精通伊斯兰教法的法官。尼日利亚北部十二州依据宪法规定制定了伊斯兰教法刑事法典，并相应制定了特别适用伊斯兰教法的法院系统。该法院系统与世俗法院系统完全分离，以州伊斯兰教法上诉法院作为最高管辖法院，只是适用于穆斯林。这样在州的公民之间会造成严重的不平等情况，例如在恢复伊斯兰教法中对通奸石刑处死的刑事适用效力的州中，当穆斯林和非穆斯林有通奸行为之后，非穆斯林只会受到道德上的谴责，而穆斯林会被石刑处死。[①]

（六）习惯法上诉法院（Customary Court of Appeal）

尼日利亚习惯法法院源于"原住民法院"。在殖民体系出现

---

① 程迈：《坎坷动荡转型路——尼日利亚的宪法改革与教训》，中国政法大学出版社2013年版。

之前，尼日利亚已有一套自己的法律体系。1906 年，英国殖民者发布《原住民法庭宣言》，原住民法庭实行双轨系统——轻案法院和原住民法院，法院可以审理原住民和经过同意的非原住民的民事和刑事案件。之后，又对原住民法庭进行改革，地方法院可以通过上诉的方式来监督原住民法庭。尼日利亚独立之后，尼日利亚北部诸州的原住民法庭转变成为地区法庭，之后又有一些地方法庭转变为习惯法法院。

根据 1979 年尼日利亚联邦宪法的规定，尼日利亚开始设立习惯法上诉法院，习惯法上诉法院处理与习惯法相关的案件。1999 年宪法对尼日利亚习惯法上诉法院做出了具体规定："国家应在需要的地方设立习惯法上诉法院"，"习惯法上诉法院应该在涉及习惯法的民事案件中行使上诉案件管辖权和监督管辖权"。

二、民事诉讼程序

尼日利亚沿用了英国司法程序，规定较为烦琐。诉讼程序大致归纳如下：

（1）递交起诉状：原告向法院递交起诉材料；

（2）法院受理：法院受理原告提起的案件；

（3）送达被告：法院将原告的起诉状送达被告处；

（4）被告出庭应诉：被告在规定时间内出庭应诉；

（5）递交答辩状：从应答之日起 14 天内递交答辩状并送达原告；

（6）原告回应：原告可在收到答辩状之日起 14 天内，提出回应；

（7）召开案情会议：书面辩论结束后 30 天内，法院召开案情会议，确定案件争议点及案件处理日程；

（8）审前调解会议：案情会议结束后，60 天（简易诉讼案件）或 90 天（复杂诉讼案件）内，法院召开审前调解会议；

（9）庭前会议：在正式开庭之日前 30 天内，法院召开庭前会议，确定庭审的日程及其他具体事项；

（10）正式审理：法官组织开庭，听取原被告双方的意见；

（11）举证质证：原被告双方律师提出己方证据，并对对方的证据进行质证；

（12）判决或裁决：法院在庭审结束后，可当庭公开宣判，或择日宣判；

（13）上诉或执行：败诉方对判决或裁定做出相应的回应。

尼日利亚没有统一的民事诉讼法法典，具体的诉讼程序，由各级法院规定。

第三节　仲裁制度

一、尼日利亚仲裁法的基本内容

尼日利亚仲裁法经历了多次修改，现在实施的是 1990 年的《仲裁与调解法》（Arbitration and Conciliation Act Chapter 19 Laws of the Federation of Nigeria 1990）。1990 年的《仲裁与调解法》分四个部分并包括三个附件，参照的是《联合国国际商事仲裁示范法》《联合国国际贸易法委员会仲裁规则》和《联合国国际贸易法委员会调解规则》。

《仲裁与调解法》第一、第二部分是有关国内仲裁和国内调解的；第三部分为国际商事仲裁的附加规定，涉及国际商事仲裁仲裁庭的组成、仲裁程序的终止、裁决的作出、裁决的承认和执行、《纽约公约》的适用和国际调解；第四部分涉及有关的定义及其他杂项规定。附件一是《仲裁规则》，有 41 条；附件二是《纽约公约》；附件三是《调解规则》，有 20 条。[①]

对于在尼日利亚可仲裁的事项，《仲裁与调解法》有关国际商事仲裁的定义作出了明确的规定，与商业交易有关的任何争议均可提交仲裁。

二、仲裁协议

根据尼日利亚《仲裁与调解法》，仲裁协议必须是书面的，不是以书面形式作成的仲裁协议不适用《仲裁与调解法》。

《仲裁与调解法》第 1 条第 1 款规定：仲裁协议应采用书面形式，包括各方签字的文件中或往来的书信、电传、电报或其他电讯方式，或在起诉状和答辩状的一方当事人声称有协议，但另一方当事人不予否认。

在尼日利亚，能够提供有关存在着仲裁协议证据的书面记录或备忘录、往来的电报、传真、电子邮件和其他通信手段，根据《仲裁与调解法》都可构成一项有效的仲裁协议。

《仲裁与调解法》第 2 条规定：除非当事人在仲裁协议中另有约定，仲裁协议是不可撤销的，但当事人同意或法院法官许可除外。第 4 条规定：如果已有仲裁协议的当事人一方提起诉讼，而另一方当事人就争议实质答辩前坚持要求仲裁的，法院应该中止诉讼程序，要求当事人将争议提交仲裁。

《仲裁与调解法》第 12 条第 1 款规定：仲裁庭本身有权决

---

① 朱伟东：《尼日利亚仲裁制度初探》，载于中国知网，http；//kns. cnki. net/KCMS/detail/detail. aspx? dbcode = CMFD&dbname = CMFD9904&filename = 2003020206. nh&v = MjY2Mzc3L0 JWM-Tl3SGJPNkh0UE1xWkViUElSOGVYMUx1eFlTN0RoMVQzcVRyV00xRnJJDVVJMMmZidVJtRnluaaFU = 。

定案件的管辖权问题，以及是否存在仲裁协议或仲裁协议是否有效的问题。当事人不能以仲裁庭缺乏管辖权为由而不遵守仲裁协议。

三、仲裁机构

尼日利亚没有常设仲裁机构，在尼日利亚进行国际商事仲裁的当事人可选择国际商会（ICC）或伦敦国际仲裁院（LCIA）或其他国际仲裁机构仲裁。

四、仲裁员选任

仲裁员及仲裁庭的组成规定在《仲裁与调解法》第一部分、第三部分以及附件一中。

（一）尼日利亚本地仲裁庭（临时性的）

《仲裁与调解法》对于本地仲裁规定：仲裁协议的当事人可决定仲裁员的人数。如果当事人在仲裁协议中没有约定仲裁庭的仲裁员人数时，推定认为由 3 名仲裁员进行仲裁。在仲裁协议中，当事人可约定仲裁员的指定方式。如果仲裁协议中没有约定指定仲裁员的方式并且当事人在发生争议时不能对仲裁员达成一致，尼日利亚法院有权为当事人指定仲裁员。

（二）尼日利亚国际仲裁庭

尼日利亚国际仲裁庭的组建规则和本地仲裁庭的组建规则基

本一致，当事人没有在仲裁协议中指定仲裁员时：本地仲裁情况下，由法院指定；国际仲裁情况下，由仲裁机构指定。

对于国际仲裁的独任仲裁庭，《仲裁与调解法》第 44 条规定：国际商事仲裁中的当事人如果约定 1 名独任仲裁员时，当事人任何一方可以向对方提出 1 人或多人的姓名，其中 1 人将作为独任仲裁员。若当事人一方在收到上述的提名三十日内双方当事人尚未就 1 名独任仲裁员的选定达成协议时，应由仲裁机构指定独立仲裁员。仲裁庭组成为 3 人时，由当事人各自选定或者各自委托仲裁委员会指定一名仲裁员，第三名仲裁员（"首席仲裁员"）由当事人共同选定或由仲裁委员会指定。

五、仲裁程序

《仲裁与调解法》第 15 条规定仲裁程序应按照该法附件一《仲裁规则》中所包含的程序进行。如果《仲裁规则》没有规定某一特定仲裁程序的任何事项时，仲裁庭可在不违反《仲裁与调解法》的情况下，采用它认为适当的能够确保公正审理的程序进行仲裁。[①]

《仲裁规则》第 1 款规定：本规则支配任何仲裁程序，如果本规则的任何规定同《仲裁与调解法》的任一条款相冲突，则《仲裁与调解法》的条款优先适用。

《仲裁规则》既适用于尼日利亚的国内仲裁，也适用于国际商事仲裁。对于国际商事仲裁，《仲裁与调解法》第 53 条还规定，国际商事合同的当事人可书面约定因该合同而引发的争议，应根据《仲裁规则》或《联合国国际贸易法委员会仲裁规则》

---

① 朱伟东：《尼日利亚仲裁制度初探》，载于中国知网，http://kns. cnki. net/KCMS/detail/detail. aspx? dbcode = CMFD&dbname = CMFD9904&filename = 2003020206. nh&v = MjY2Mzc3L0 JWM-Tl3SGJPNkh0UE1xWkViUElSOGVYMUx1eFlTN0RoMVQzcVRyV00xRnJJDVVJMMmZidVJtRnluaaFU。

或任何双方所接受的国际仲裁规则的规定进行仲裁。

六、法律适用

在国际商事仲裁活动中存在着当事人选择适用法律的问题。当事人的法律选择一般可分为两种：一是仲裁程序法的选择；二是合同实体法的选择。[①]

（一）仲裁程序法

在国际商事仲裁中，仲裁程序法是仲裁合法公正进行的法律保证。程序法的适用范围主要包括：仲裁协议有效性的确定；确定实体法的冲突规则；仲裁员的指定；对仲裁程序的异议；裁决理由的说明和对裁决的异议等问题。

《仲裁与调解法》中仲裁程序法遵循当事人意思自治原则。《仲裁与调解法》第 53 条规定国际商事合同的当事人可以书面约定解决争议的仲裁规则，这是尼日利亚尊重当事人意思自治的表现，也是国际上的普遍做法。

（二）合同实体法

在国际商事仲裁中，适用什么实体法律解决合同权利义务争议非常重要，因为仲裁庭将根据该实体法律确定当事人的权利和义务并作出裁决，实现解决或处理当事人提交仲裁的争议的目的。仲裁庭据以作出裁决的实体法被适用于解决当事人之间的利

---

① 朱伟东：《尼日利亚仲裁制度初探》，载于中国知网，http：//kns. cnki. net/KCMS/detail/detail. aspx？dbcode = CMFD&dbname = CMFD9904&filename = 2003020206. nh&v = MjY2Mzc3L0 JWM-TI3SGJPNkh0UE1xWkViUElSOGVYMUx1eFlTN0RoMVQzcVRyV00xRnJJDVVJMMmZidVJtRnluluaFU =。

害冲突，直接关系到当事人的利益。

国际商事仲裁的涉外特性，给仲裁庭带来了多种可供选择的冲突法规则体系。按照国际商事仲裁的实践，在当事人已明示地选择了仲裁实体法的情况下，仲裁庭就会适用当事人选择的法律规则。当事人自行选择解决争议的实体法，即当事人意思自治原则，早已成为世界各国普遍接受的法律适用原则，所以依据当事人约定的准据法解决争议，就成为仲裁庭的首选。[①]

《仲裁与调解法》第 47 条规定，仲裁庭应根据当事人所选择的适用于争议实质的国家的法律处理争议；当事人所选定的某一国的法律，应认为是直接指该国的实体法，而不是指该国的法律冲突规则；在当事人不能就实体法作出选择时，仲裁庭有权采用它认为可以采用的法律冲突规则决定仲裁应适用的实体法。

《仲裁与调解法》规定，在一切情形下，仲裁庭均应按照合同的条款作出决定，并应考虑到适用于该项交易的贸易习惯。

七、仲裁裁决

（一）裁决的内容和形式

《仲裁与调解法》第 26 条对裁决的内容和形式作了规定，它规定仲裁庭应以书面形式作出裁决，并应由一名或数名仲裁员签字。在仲裁庭由多名仲裁员组成的情况下，裁决由仲裁庭全体成员的多数签字即可，但须对缺席签字说明原因。

---

① 朱伟东：《尼日利亚仲裁制度初探》，载于中国知网，http://kns.cnki.net/KCMS/detail/detail.aspx? dbcode = CMFD&dbname = CMFD9904&filename = 2003020206. nh&v = MjY2Mzc3L0_JWM-TI3SGJPNkh0UE1xWkViUElSOGVYMUx1eFlTN0R0MVQzcVRyV00xRnJJDVVJMMmZidVJtRnluaaFU = 。

（二）裁决的撤销

《仲裁与调解法》对国内仲裁裁决和国际商事仲裁裁决规定了不同的撤销事由。

对于国内裁决，根据《仲裁与调解法》第 29 条和 30 条的规定，法院可以撤销国内裁决的情况包括[①]：

（1）裁决受理了不是仲裁协议范围内的争议；

（2）仲裁员有不当行为或裁决是不正当作出的。

申请撤销裁决的期限为三个月，自裁决作出之日起计算。对于撤销裁决的第一个事由，《仲裁与调解法》还规定，如果对提交仲裁的事项所做的决定与对不属于仲裁协议范围的事项所作出的决定能分开的话，只可以撤销对不属于仲裁协议范围事项的那一部分裁决。

对于国际仲裁裁决，《仲裁与调解法》第 48 条规定，法院可以在以下情形，撤销某一裁决[②]：

（1）如果提交申请的当事人提供证据证明。

①仲裁协议的一方当事人欠缺行为能力；

②根据当事各方所选择适用的法律或根据尼日利亚法律（未选择应适用的法律时），仲裁协议是无效的；

③未将指定仲裁员或仲裁程序的事情适当地通知当事人，或当事人因其他原因未能陈述其案情；或

④裁决处理了不是提交仲裁的条款所考虑的或不是其范围以内的争议；或

⑤裁决对不可仲裁的事项作出决定；或

⑥仲裁庭的组成或仲裁程序与仲裁协议的约定不一致；或

---

①②　朱伟东：《尼日利亚仲裁制度初探》，载于中国知网，http：//kns. cnki. net/KCMS/detail/detail. aspx？dbcode＝CMFD&dbname＝CMFD9904&filename＝2003020206. nh&v＝MjY2Mzc3L0 JWMTI3SGJPNkh0UE1xWkViUElSOGVYMUx1eFlTN0RoMVQzcVRyV00xRnJJDVVJMMmZidVJtRnluaFU＝。

⑦若当事各方无第⑥项下的协议时，仲裁庭的组成或仲裁程序与本法不一致；或

（2）若经法院认定。

①根据尼日利亚法律，该争议标的不能通过仲裁解决；或

②裁决与尼日利亚的公共政策相抵触。

（三）裁决的执行

《仲裁与调解法》对在尼日利亚国内外作出的仲裁裁决的承认和执行作出了详细而有效的规定。

1. 尼日利亚对国际商事仲裁裁决的承认和执行。

《仲裁与调解法》第51条规定，仲裁裁决不论在何国境内作出，均应承认具有约束力，而且经向法院提出书面申请即应予以执行，但须服从本条和第32条的规定。援用裁决或申请予以执行的当事人一方应提供：经正式认证的裁决书正本或经正式认证的裁决书副本和仲裁协议正本或经正式认证的仲裁协议副本。如果裁决或仲裁协议不是用英语书写的，则申请执行该裁决的当事一方应提供经正式认证的这些文件的英语译本。一旦上述条件得到满足，法院就会强制执行该裁决。法院不能对裁决进行评判，只能应当事一方的请求拒绝承认和执行该裁决或撤销该裁决。[①]

尼日利亚是《纽约公约》成员国，尼日利亚的仲裁裁决可以在全部《纽约公约》成员国申请执行。《仲裁与调解法》在实施《纽约公约》时，宣称采取互惠和商业保留。该法第54条规定，在不损害本法第51条和第52条规定的情况下，产生国际商事仲裁的裁决在寻求承认和执行时，本法附件二所规定的《纽

---

① 朱伟东：《尼日利亚仲裁制度初探》，载于中国知网，http: //kns. cnki. net/KCMS/detail/ detail. aspx? dbcode = CMFD&dbname = CMFD9904&filename = 2003020206. nh&v = MjY2Mzc3L0_JWM-TI3SGJPNkh0UE1xWkViUElSOGVYMUx1eFlTN0RoMVQzcVRyV00xRnJDVVJMMmZidVJtRnluaFU = 。

约公约》应适用于在尼日利亚或任一缔约国作出的任何裁决：

（1）如果根据《纽约公约》规定，该缔约国具有承认和执行在尼日利亚作出的仲裁裁决的互惠立法；

（2）《纽约公约》应仅适用于产生于合同性法律关系的争议。

2. 尼日利亚对国内仲裁裁决的承认和执行。

尼日利亚对国内仲裁裁决的承认和执行要依据《仲裁与调解法》第 31 条的规定来进行。

除非根据《仲裁与调解法》第 32 条的规定，对某一国内仲裁裁决的承认和执行提出了异议，否则该裁决就应该被承认具有约束力，并且在向法院提出书面申请后应该得到执行，当事人应立刻予以执行，除非具有对抗的因素存在。

当事人不执行某一生效的仲裁裁决，另一方当事人可能提起要求强制执行裁决的诉讼。援用裁决或通过诉讼申请承认和执行裁决的当事人应按规定提供裁决书正本或经认证的副本和仲裁协议书正本或经认证的协议书副本。[①]

此外，尼日利亚国内仲裁裁决也可经过法院或法官许可以执行法院判决或命令的方式得到执行。

第四节　争议解决的国际法机制

一、国际投资争议解决和国际仲裁

国际投资争议解决中心（以下简称 ICSID）是依据 1966 年

---

① 朱伟东：《尼日利亚仲裁制度初探》，载于中国知网，http：//kns. cnki. net/KCMS/detail/detail. aspx？dbcode＝CMFD&dbname＝CMFD9904&filename＝2003020206. nh&v＝MjY2Mzc3L0 JWM-TI3SGJPNkh0UE1xWkViUElSOGVYMUx1eFlTN0RoMVQzcCVRyV00xRnJDVVJMMmZidVJtRnluaFU＝。

10 月正式生效的《关于解决国家与他国国民间投资争议公约》（1965 年华盛顿公约，以下简称《华盛顿公约》）而建立的世界上第一个专门解决国际投资争议的仲裁机构，是一个通过调解和仲裁方式，专为解决政府与外国私人投资者之间争议提供便利而设立的机构。其宗旨是在国家和投资者之间培育一种相互信任的氛围，从而促进国外投资不断增加。

尼日利亚和中国都是《华盛顿公约》成员国。两国 2001 年 8 月签署《中华人民共和国政府和尼日利亚联邦共和国政府相互促进和保护投资协定》。

总体来说，要将争议提交 ICSID 解决必须满足 3 个条件：

（1）争议必须是《华盛顿公约》某一成员国与另一成员国公民之间的；

（2）争议必须是由某一"投资"直接导致的法律争议；

（3）当事方必须书面同意将争议提交 ICSID 予以调解或仲裁。

尼日利亚政府与外国投资者在 ICSID 有过 3 起案例，分别如下：

1. 瓜达卢佩燃气产品公司诉尼日利亚。（Guadalupe Gas Products Corporation v. Nigeria）（ICSID Case No. ARB/78/1）

申请人为美国的瓜达卢佩燃气产品公司（Guadalupe Gas Products Corporation）公司，1978 年 3 月 20 日向 ICSID 提交仲裁申请。1980 年 7 月 22 日，双方达成和解协议，并要求仲裁庭依据和解协议出具裁决。

2. 壳牌尼日利亚超深度公司诉尼日利亚。（Shell Nigeria Ultra Deep Limited v. Federal Republic of Nigeria）（ICSID Case No. ARB/07/18）

申请人为在尼日利亚注册的壳牌尼日利亚超深度公司（Shell Nigeria Ultra Deep Limited），2007 年 7 月 26 日向 ICSID 提交仲裁申请。2011 年 8 月 1 日，仲裁庭依据 ICSID 仲裁规则第

43（1）条和解和仲裁终止条款，终止仲裁程序。

3. 跨海石油开发公司和跨海石油勘探公司诉尼日利亚（Interocean Oil Development Company and Interocean Oil Exploration Company v. Federal Republic of Nigeria）（ICSID Case No. ARB/13/20）

申请人跨海石油开发公司（Interocean Oil Development Company）和跨海石油勘探公司（Interocean Oil Exploration Company）为美国公司，2013 年 9 月 9 日向 ICSID 提交仲裁申请。2013 年 12 月 11 日，仲裁庭组建，首席仲裁员为瑞士和美国籍，申请人指定仲裁员为英国籍，被申请人指定仲裁员为英国和加纳籍。因当事人对仲裁员资格提出异议，仲裁员已经在 2017 年 9 月 11 日提交说明，案件审理现仍处于暂停状况。

二、世界贸易组织 WTO 争议解决机制

中国和尼日利亚都是 WTO 成员。WTO 争议解决机制是在《关税及贸易总协定》（General Agreement on Tariffs and Trade，以下简称 GATT）争议解决机制的基础上产生和发展的，其中最重要的是乌拉圭回合（Uruguay Round）通过的《关于争端解决规则和程序的谅解》（Understanding on Rules and Procedures Governing the Settlement of Disputes，以下简称 DSU）。

DSU 它是为 WTO 这个多边贸易体制提供保障和可预见性的中心环节，是 WTO 规则实际有效执行的根本保证，这套争议解决机制在国际司法体制中是相当独特和成功的。"争议解决实体"（Dispute Settlement Body，DSB）是以 DSU 为核心的 WTO 争端解决机制在继承 GATT 争端解决机制的基础上设立的常设性管理争端机构，在 WTO 职能中是与总理事会平行的、以司法为核心的机构。

WTO 争议解决机制，虽然是在 GATT 争议解决机制基础上形成的，但应该说在每个方面都对 GATT 争议解决机制有所发展，是世界上独具特色的争议解决机制。其主要特点是：

（一）统一了争议处理程序

GATT 争议解决机制是由《反倾销协定》《补贴和反补贴协定》等几个部分组成，这几部分都规定了各自独立的争议处理程序和规则，不同的争议适用不同的解决程序。

WTO 争议解决机制不仅把 GATT 的货物贸易领域的各种争议处理程序统一起来，也把《服务贸易总协定》及《知识产权协定》的争议处理程序统一起来，制定了适用于货物贸易、服务贸易及知识产权等所有领域统一的争议处理程序，范围非常广泛。这种统一的机制对于提高争议解决的效率和加强各争议解决程序之间的协调，具有非常积极的意义。[①]

（二）设立了专门的争议强制管辖机构

在 GATT 中，对不同的争议设置了相应的机构来处理；DSU 则建立了统一专门的争议解决机构 DSB，负责管理规则与程序以及各有关协议中协商与解决争议的条款，DSB 具有独立履行司法职能的全部权力，从而克服了 GATT 中常遇到的争议双方"选择规则"和"选择机构"的困难，使解决争议专业化和法制化。

（三）规定了争议解决的时限

GATT 争议解决规则只规定各个程序在"合理期限"内完

[①] 黄京燕、范丽萍：《WTO 争端解决机制刍议》，载于《中国农业会计》2011 年第 6 期。

成。有些案件以合理为由拖到三至五年，到作出裁决时已失却了诉讼价值。DSU 对争议解决的各程序规定了严格时限[①]：

1. 请求协商的成员方若在 10 天内未接到对方的答复，或在请求协商后不超过 30 天或双方另外同意的期限内没有进行协商，则可直接请求成立专家小组。

2. 由 DSB 设立专家小组，不得迟于申请后的下次会议上设立。

3. 30 天内组成专家小组，若对 DSU 所规定的专家小组职权有增减或争论，当事方应在 20 天内达成协议。

4. 专家小组审理案件过程，一般不超过 6 个月，紧急情况下不超过 3 个月。

5. 专家小组中期评审报告，分送当事方征询意见的时限：

（1）专家小组报告分送 DSB 各方传阅，这段时间不应超过 9 个月。

（2）如无上诉，DSB 60 天内通过专家小组报告，上诉评审不超过 60~90 天，DSB 在 30 天内通过上诉报告。

可见，WTO 争议解决机制中，能够在一年之内完成争议解决程序，克服了 GATT 中某些案件拖延时间的弊端。

（四）确立了否决一致原则

在 GATT 机制中，协商一致原则一直是在解决争议时作出决议的传统方法，这也是联合国各机构和其他国际组织经由习惯而形成的替代以多数票表决通过的一项决策程序。由于它给予单个政府包括被诉方政府否决任何决定的权利，因此，缔约方赞成对这种"一票否决权"进行限制，但又希望在理事会决策的两个重要方面（理事会决定采纳裁决和理事会授权报复）保留它。协商一致原则的一般规则是，只要在决策会上没有人正式提出反

[①]　苏万觉：《WTO 争端解决机制述评及我国的应对》，载于《中国工商管理研究》2002 年第 5 期。

对，就算是通过本决议，缺席、弃权、沉默均不妨碍决议或决定的通过。[①]

否决一致原则又称"反向协商一致原则"，与协商一致原则正好完全相反，也就是说，在审议有关事项时，只要不是所有参加成员协商一致反对，则视为通过。否决一致原则主要适用于四个方面，即专家小组的成立、专家小组报告的通过、上诉机构报告的通过、对报复授权请求的通过。这种否决一致原则取消了被诉方原来在协商一致原则下享有的否决权，实际上是一种自动通过程序，或更准确地表述为"准自动通过"程序（Quazi Automatic Adoption）。

总之，WTO 争议解决机制采用否决一致原则，大大推动了争议解决进程，当一成员方认为其他成员方的行为违背了 WTO 原则或使其在 WTO 规则下享有的利益丧失或受到损害时，它就有理由期望获得迅速有效的解决，从而加强了 WTO 争议解决机制的有效性和权威性。[②]

（五）增设了上诉评审程序和上诉机构

由于专家小组报告一经通过即具有法律效力，但事实上专家小组作为一种临时成立的机构，在解释和适用 WTO 法律规则时又有可能犯错误，因此 DSU 设立了上诉评审程序，并由 DSB 设立了一个受理上诉的常设机构，这样，便达到在争议解决程序的司法性大大加强的情况下又确保了专家小组报告的合法性和维护当事方权益的目的。[③]

可见，上诉评审程序通过对专家小组评审工作的再评审，可以防止错案的发生，保证对有关协议规则的正确适用。更为重要

---

①② 苏万觉：《WTO 争端解决机制述评及我国的应对》，载于《中国工商管理研究》2002 年第 5 期。

③ 黄京燕、范丽萍：《WTO 争端解决机制刍议》，载于《中国农业会计》2011 年第 6 期。

的是，上诉机构在适用有关法律规则时所做的解释可以使有关规则的模糊内容得到明确，而这种解释在同类案例中的反复援用，还可能起到发展《世界贸易组织法》以及增加《世界贸易组织法》实施的可预见性的作用。[①]

（六）引入交叉报复权，加大了裁决的执行力度

DSU 规定在专家小组或上诉机构报告通过的 30 天内进行的 DSB 会议上，有关的成员方应通知 DSB 有关其执行 DSB 各项建议和裁决的意向，如果不能立即执行，可在一段"合理时间"内做到，这段"合理时间"不得超过 15 个月。如果在这段时间内不能做到，则须与起诉方谈判，以确定可相互接受的补偿。

在上述方法都不可行的情况下，DSB 还可以授权中止关税减让或其他义务，包括实行"交叉报复"。很显然，通过授权交叉报复，使有关当事方可以选择更有效的方式对违反协议的情况进行报复，有助于提高 WTO 争议解决机制的效力。[②]

（七）采用政治说理与法律方法相结合处理纠纷

WTO 争议解决机制将政治说理方法与法律方法结合起来，形成了独特的和平解决争议制度。以磋商、斡旋、调解和调停等形式为主要内容的政治说理使争议当事方的争议获得满意的解决；以仲裁、专家小组、上诉机构为主要内容的法律方法，可以弥补协商等政治说理方式的不足，可以为合理解决国际争议提供有力的制度保障。

[①②]　苏万觉：《WTO 争端解决机制述评及我国的应对》，载于《中国工商管理研究》2002年第 5 期。

三、中国和尼日利亚其他条约

1971年2月签署《中华人民共和国和尼日利亚联邦共和国建立外交关系的联合公报》。

2001年8月签署《中华人民共和国政府和尼日利亚联邦共和国政府贸易协定》《中华人民共和国政府和尼日利亚联邦共和国政府相互促进和保护投资协定》。

2002年4月签署《中华人民共和国政府和尼日利亚联邦共和国政府关于对所得避免双重征税和防止偷漏税的协定》。

2002年7月签署《中华人民共和国政府和尼日利亚联邦共和国政府领事协定》《中华人民共和国政府和尼日利亚联邦共和国政府加强麻醉药品、精神药物和易制毒化学品管制的合作协定》《中华人民共和国政府和尼日利亚联邦共和国政府旅游合作协定》等双边协定。

第五节　典型案例

挪威国家石油公司与约翰·阿贝贝（John Abebe）咨询费争议。[1]

1. 案件背景。

1990年，英国石油公司（British Petroleum，以下简称"英国石油公司"）与挪威国家石油公司签署战略联盟协议，整合资金、技术与资源优势以及国际作业经验和商务运作能力，联手开

---

[1] 刘舒考、张仁祥、兰洪黎：《浅谈挪威国家石油公司在尼日利亚的一项诉讼案》，载于《国际化经营》2013年第10期。

发国际油气业务。英国石油公司为了开发尼日利亚市场，口头委托尼日利亚当地人帮助打开尼日利亚油气市场。1991年，英国石油公司与约翰·阿贝贝签署了咨询服务协议，聘请后者担任其尼日利亚公司董事会副主席。同年，约翰·阿贝贝致信英国石油公司，要求分享其在尼日利亚公司净利润的1.5%，英国石油公司同意了这一要求。①

1992年，英国石油公司与挪威国家石油公司组成联盟进入尼日利亚市场，并于1993年获得三个区块油气开发业务。挪威国家石油公司为作业者，英国石油公司为合作伙伴。1999年2月，英国石油公司与阿莫科公司合并导致英国石油公司与挪威国家石油公司的战略联盟协议解除。1999年3月，英国石油公司撤出尼日利亚，业务重点转移到安哥拉，并将尼日利亚油气资产转让给挪威国家石油公司。

挪威国家石油公司继1992年和英国石油公司一起进入尼日利亚市场，1993年获得三个区块后，1999年又接手了英国石油公司在尼日利亚的油气资产；2000年，挪威国家石油公司将部分区块的作业者身份和权益转给雪佛龙；之后，挪威国家石油公司还获得了其他四个区块勘探区块的权益，但最终因失利而退出。挪威国家石油公司在尼日利亚只有两个区块，即Agbami油田（从1993年的区块中划分出来）和两个深水开发区块，并担当作业者。

2009年，即Agbami油田投产后的第二年，曾为英国石油公司签约的咨询顾问约翰·阿贝贝要求挪威国家石油公司支付其在尼日利亚油气业务中所获净利润的1.5%，作为他之前担任英国石油公司业务咨询顾问帮助其获得尼日利亚油气资产的补偿。但是，挪威国家石油公司拒绝了约翰·阿贝贝的要求。

2010年，约翰·阿贝贝以违约为由，将挪威国家石油公司

---

① 刘舒考、张仁祥、兰洪黎：《浅谈挪威国家石油公司在尼日利亚的一项诉讼案》，载于《国际化经营》2013年第10期。

告上法庭。从此，纠纷双方打起了长达数年之久的诉讼官司。

2. 司法处理进展及判决结果。

2010 年 12 月，尼日利亚拉各斯联邦高等法院判决原告约翰·阿贝贝胜诉，要求被告挪威国家石油公司支付其在尼日利亚1993 年三个区块中所获净利润的 1.5%，并派第三方公司对挪威国家石油公司进行财务审计。

原告约翰·阿贝贝认为，正是因为他通过辛勤的努力和不断与尼日利亚政府和石油界接触，才帮助英国石油公司与挪威国家石油公司联盟获取了 1993 年的三个区块，也才有今天 Agbami 油田的发现与开发。挪威国家石油公司与英国石油公司在联盟中是50：50 的对等关系，他与英国石油公司签署了咨询服务协议，且英国石油公司通过信函同意支付净利润的 1.5% 作为咨询费，该约定就应该成立。

被告挪威国家石油公司则坚持认为，约翰·阿贝贝及其公司Inducon 在 20 世纪 90 年代是受雇于英国石油公司和挪威国家石油公司联盟，任务是帮助公司拓展尼日利亚业务，寻找新区块，公司当时已经支付了其所有服务费用。挪威国家石油公司认为原告无强有力的证据证明英国石油公司同意向其支付净利润的1.5% 并签订了书面协议，只是信函或口头表示同意，相关代理协议随着 1999 年英国石油公司和挪威国家石油公司联盟的解体和英国石油公司从尼日利亚的撤离而终止。[①]

法官认定，英国石油公司与约翰·阿贝贝存在原告所述的有关协议，不论是口头的还是书面的，都应该遵守。如果约翰·阿贝贝得不到应得的这笔咨询费，这绝对是不公平的，不能因为英国石油公司的撤离而认为与原告的有关协议、义务或责任就自动终止。挪威国家石油公司和英国石油公司是同盟，又继承了英国石油公司在尼日利亚的相关资产，应该承担相应的责任。挪威国

---

① 刘舒考、张仁祥、兰洪黎：《浅谈挪威国家石油公司在尼日利亚的一项诉讼案》，载于《国际化经营》2013 年第 10 期。

家石油公司是石油开采的实际受益者，应该继承和承认有关协议，并按照有关协议规定，向原告支付其在尼日利亚 1993 年三个区块中所获净利润的 1.5%。

2012 年 6 月，挪威国家石油公司不服并向拉各斯上诉法院上诉，但上诉法院认为挪威国家石油公司缺乏善意，直接驳回了挪威国家石油公司的上诉，维持原判，并要求挪威国家石油公司支付 5 万奈拉的上诉费用。

2012 年 7 月，挪威国家石油公司再次上诉到拉各斯州高等法院（级别低于拉各斯联邦高等法院），法院直接驳回了挪威国家石油公司的诉讼仍维持原判，认为挪威国家石油公司缺乏善德，滥用法庭程序（指挪威国家石油公司应该到更高级别法院上诉），并要求挪威国家石油公司支付 20 万奈拉的诉讼费用，之后，挪威国家石油公司上诉到尼日利亚最高法院。挪威国家石油公司在尼日利亚还有油气业务，无法抽身，只有将官司打到底。据悉，最高法院尚未作出判决。

2016 年约翰·阿贝贝指控挪威国家石油公司违反法院禁令，非法转移 40 多亿美元的原油收入到尼日利亚境外，要求法院命令挪威国家石油公司将资产转回尼日利亚。

3. 经验教训。

挪威国家石油公司确实很冤枉，经过多年的风险投资和勘探作业，得到了相应的商业油气发现回报，本应分享利润时，却因合作伙伴英国石油公司在 20 多年前的一纸有关同意支付净利润 1.5% 作为咨询服务费的信函而蒙受巨大的经济损失。挪威国家石油公司的案件，给中资企业的经验教训有：

（1）在签署战略联盟或伙伴协议时，应该明确界定合作方前期和将来所签订合同或协议的处置方式和法律责任；

（2）在签署资产或股权买卖协议时，应该做好尽职调查，在协议中要划清历史责任，包括但不限于环保责任、社区责任、债务等，澄清卖方前期所签订合同或协议的处置方式和法律责任；

（3）在项目开发中，一定需要签订书面正式的代理协议，并明确代理的服务范围，代理协议应该为非排他性一事一议的；

（4）要弄清楚当地的诉讼程序，避免上诉到错误的法院，耽误时间和金钱。

第八章

尼日利亚其他法律风险防范提示

第一节　国家安全审查

一、国家安全审查制度概述

2016 年，中国企业境外投资的势头更加迅猛，仅 2016 上半年中国境外并购的交易金额已达到 1 116 亿美元，约占全球并购交易总规模的 21%。中国企业俨然已经成为全球并购市场的最大买家。然而，中国买家的高歌猛进也引发了很多国家的担忧，近期在德国、美国、澳大利亚等中国投资的热点国家接连出现关于中国投资的负面决定，显示各国在"不约而同"地收紧外国投资审批，对中国投资的态度也互相影响[①]。起源于美国的国家安全审查制度已经成为中资企业海外投资和并购所面临的最大法

<hr />

[①]　徐萍、姚平、Thomas Harrison：《国家安全审查：警惕中国企业出海的暗礁》，载于金杜说法微信平台。

律风险。

（一）国家安全审查的概念

国家安全审查制度是指东道国为保障本国国家安全利益，授权特定机关对可能威胁国家安全的外国投资行为进行审查，并采取限制性的措施来消除国家安全威胁的法律制度。

（二）国家安全的概念

对于"国家安全"，目前没有统一和具体的定义。各国为保持审查标准上的灵活性，一般也不在立法上对"国家安全"作严格的定义，以个案处理为原则。

"国家安全"的基本含义是一个国家处于没有危险的客观状态，可从三个方面理解：

（1）国家安全没有外部威胁与侵害的状态，主要包括其他国家的威胁；其他国外社会组织和个人的威胁；国内力量在外部所形成的威胁和侵害。

（2）国家安全没有内部的混乱与疾患的客观状态。

（3）同时具备没有外部威胁与侵害，没有内部混乱与疾患的客观状态。

进入 20 世纪 90 年代以来，国家安全突出表现在四个方面：即国土和主权完整、有效地保护公民权利；直接涉及国家经济发展之关键部门、产业和地区稳定；防范与抵制来自国内外的各种危机，包括经济的、政治的与军事的危机；与周边国家和地区维护好共同安全合作体系。

（三）国家安全审查重点关注的因素

影响"国家安全"的因素，一般由审查机关从多方面加以考虑。

美国《2007 年外国投资与国家安全法》规定了在国家安全审查案件中应当考虑的因素："（1）国防需求所需的国内生产；（2）国防部长判断某个案件对美国利益构成地区军事威胁；（3）国内产业用以满足国防需求的能力，包括人力资源、产品、技术、材料及其他供给和服务；（4）外国公民对国内产业和商业活动的控制对其满足国防需求能力所带来的影响；（5）交易对象支持恐怖主义或从事导弹技术、化学和生物武器扩散国家出口军事物资、设备或技术产生潜在影响；（6）对美国关键的基础设施，包括主要能源资产造成潜在的在国家安全方面的影响；（7）对于美国关键技术造成潜在的国家安全方面的影响；（8）交易是否属于隐藏着外国政府控制的交易；（9）是否是国有企业进行并购，该国有企业所属国是否有在防止核扩散、反恐、技术转移方面的不良记录；（10）并购对于能源和重要资源和原材料供给的长期影响；（11）其他总统或外国投资委员会认为适当、普遍和与特定审查和调查程序有关的因素。"

中国商务部、国资委等 6 部委于 2006 年颁布的《关于外国投资者并购境内企业的规定》第 12 条规定："外国投资者并购境内企业并取得实际控制权，涉及重点行业、存在影响或可能影响国家经济安全因素或导致拥有驰名商标或中华老字号的境内企业实际控制权转移的，当事人应就此向商务部进行申报。当事人未予申报，但其并购行为对国家经济安全造成或可能造成重大影响的，商务部可会同相关部门要求当事人终止交易或采取转让相关股权、资产或其他有效措施。"

综上所述，国家安全审查制度中所指称的"国家安全"主要是指，东道国的国防军事安全，和关系国计民生的关键部门和产业的安全（包括能源、电力、交通、食品安全、水利、通信等产业），以及民族工业的安全。

（四）国家安全审查制度的特点

1. 国家安全审查制度是国家主权的具体体现。

2. 负责国家安全审查的审查机构多样化。美国由 CFIUS（The Committee on Foreign Investment in the United States）多部门联合审查，法国由经济和财政部会同工业部\国防部负责审查，日本则是由财政部和负责工业的部门联合负责审查。

3. 国家安全审查主要对象为可能威胁国家安全的外资并购行为。

4. 国家安全审查程序的启动方式多样。主要方式包括：投资者自愿申报，如美国；政府主动审查，强制所有投资者申报，如日本。

5. 国家安全审查的标准具有一定自由裁量性。各国关于国家安全审查的立法有一个共同的特点，就是不对"国家安全"作强制性的规定，以保留审查的灵活性。但是各国会在法律中规定审查机构在进行国家安全审查时应考虑的因素。这种规定留给了国家安全审查的机构一定的自由裁量权。

6. 国家安全审查具有独立性，区别于反垄断审查。国家安全审查与反垄断审查存在很多相似之处，例如其实质都是对外国投资进行一定限制，但也存在很多差别，是两种不同的审查机制：

（1）理论基础不同：国家安全审查制度是基于国家主权原则；反垄断审查制度是政府对"市场失灵"的干预。

（2）立法目的不同：反垄断审查制度规制垄断和保护竞争；国家安全审查制度保护国家的产业安全、经济安全和国土安全等。

（3）适用范围和审查申报标准不同：①行业领域。安全审查主要限于战略性、敏感性行业和领域，重点是那些关系到国计民生和国家长远发展、国防建设、战略资源开发利用的行业内企业。需要接受反垄断审查的行业范围一般没有限制，只要可能对竞争造成损害，都要接受审查。②申报标准。就安全审查而言，规模标准只是申报标准之一，更重要的是其他标准。就反垄断审查而言，规模标准则是最重要的申报标准，对小规模的并购，尤其是被并购方属于小企业的并购一般采取豁免的态度。

（4）审查内容不同：安全审查的内容各国规定不一，但主要包括：是否直接涉及国防安全或与国防需要的国内产能和设施相关；是否对本国经济安全和产业安全造成实质性影响或者可能造成实质性影响；是否造成本国重要领域的研究开发、技术创新成果的流失；是否削弱本国行业的技术开发、自主创新能力或影响本国企业拥有核心技术的知识产权和知名品牌。反垄断审查的内容主要是外资并购是否会对其他企业在市场中自由竞争形成限制。

（5）实施审查的主体不同：安全审查主体应是由宏观经济管理部门为主的多部门联合审查体或者专门审查机构。反垄断审查则一般都是由专门的反垄断机构执行，如德国的卡特尔局，日本的公平交易委员会等。

二、尼日利亚国家安全审查及风险提示

目前，尼日利亚尚未规定国家安全审查制度，但是已经出台有关针对外国企业和个人开展经贸活动的禁止性、限制性法律法规及措施。

根据《1995年尼日利亚投资促进委员会法令》，尼日利亚禁止外国企业投资武器弹药制造、麻醉剂生产、精神类药品生产和军队、警察、海关人员服装的生产以及沿海和内路航运。

外国投资者投资尼日利亚银行，单个外国个人或机构投资者购买的股份不得超过尼日利亚最大单个个人或机构股东所持股份，同时外国投资者总持股比例不得超过银行总资本的10%；如外国银行要并购尼日利亚银行，该外国银行必须在尼日利亚经营5年以上，并在尼日利亚2/3以上的州设立分行（不包括州首府），同时外国银行在并购后的持股比例不得超过合并体总资产的40%。

随着中国企业海外投资和并购业务的发展，世界各国针对中资收购的国家安全审查或外资审批不约而同地呈现出逐渐收紧的态势。而各国安全审查机制均存在审查标准不明确、程序不透明以及政府享有广泛的裁量权等共同特点。在这一背景之下，对于中国企业在跨境并购中如何合理应对国家安全审查，我们有以下几点提示①：

（1）中国企业在开展海外并购时应对投资国的国家安全审查和风险进行充分的分析和预判。一些过往对中国没有严格审查或限制的国家现在发生转变，而一些传统上非敏感性行业也成为审查焦点，这需要中国投资者特别关注。投资者在对目标公司进行尽职调查时也需特别关注，是否涉及政府合同、敏感资产、敏感信息等可能会影响国家安全的因素，充分评估与国家安全审查相关的风险。

（2）在设计交易架构时应充分考虑国家安全因素。例如，很多国家的法律对国有企业规定了更为严格的审查程序。中国企业可以考虑尽量通过市场化的企业或基金结构进行并购、主动剥离敏感资产（如涉及军工或政府合同的业务）或者在东道国寻找合作伙伴联合行动等，以减轻东道国政府的顾虑。

（3）对于可能涉及国家安全审查的交易则需提前做好预案，及时、积极地与审查机构进行沟通，向审查机构提供全面

---

① 徐萍、姚平、Thomas Harrison：《国家安全审查：警惕中国企业出海的暗礁》，载于金杜说法微信平台。

的信息，或根据审查要求对交易方案做出必要的调整。对于敏感性高且受到广泛关注的项目则需考虑聘用有影响力的、能够游说当地政府的特殊公关顾问。在很多项目中，中国企业对国家安全问题的缺乏经验和"后知后觉"常常使问题变得更加棘手。

（4）国家安全审查越来越多地成为中国买家进行并购谈判的焦点问题，特别是要求中方承担与安全审查挂钩的分手费似乎已经司空见惯，而且中方还要为分手费提供银行保函或现金保证。对于并购协议中的此类条款，中方需在综合评估政治、法律及商业风险的前提下慎重考虑，而不是轻易承诺，以尽量争取将与国家安全审查相关的风险在交易各方之间进行合理的分配。另外，在最新的案例中也开始采用向保险公司定制 CFIUS 保险等转移风险和促成交易的方法。

第二节 外国投资者的待遇标准

一、国际投资的待遇标准概述

国际投资待遇也称外资待遇，是指东道国对外国投资和外国投资者给予法律上的待遇标准。

外国投资者待遇的标准问题，涉及国际投资中有关外交保护权、国有化及国家责任等一系列问题，是国际投资关系中的先决条件。

迄今为止，关于外资待遇标准，国际法上尚无统一、具体的规定，一般是基于国内法和国际投资条约的规定，特别是双边投资条约中的规定。在双边投资条约和某些区域性投资条约中，已经逐渐发展出相对成熟的外资待遇标准，形成了一个较为完整的体系。

外国投资者待遇标准包括一般待遇标准（General Standard）与特定待遇标准（Specific Standard）。前者适用于投资活动的各个环节和方面，而后者只适用于投资条约规定的某些特定环节和方面。其中的一般待遇标准可分为一般国际法认可的公平与公正待遇、国民待遇和最惠国待遇；特定待遇标准则关系到东道国在一些特定方面给予外国投资的待遇，尤其是投资及收益从东道国的自由转移、因征收和武装冲突及内乱所致损失的补偿、投资的促进、与投资及履行要求相关的准入权和个人的逗留权等。

一般待遇标准通常被视作具有原则地位，是投资条约谈判时缔约国交涉的重点。就日前的投资条约实践来看，国民待遇、最惠国待遇、公平与公正待遇是最为常见的一般待遇标准。

在经济全球化浪潮的冲击下，逐步实行投资自由化是一个发展趋势，给外资以更好的待遇或正在成为越来越多国家的选择。①

二、尼日利亚国内立法的相关规定

《尼日利亚投资促进委员会令》《尼日利亚出口加工区法令》等外商法律对外国投资者准入限制、投资者权利和优惠政策等进行的规定，具体内容参见本书第二章——尼日利亚投资法律制度。

---

① 杨慧芳：《外商待遇法律制度研究（法学理念·实践·创新丛书）》，中国人民大学出版社 2012 年版。

三、中国与尼日利亚双边投资协议和投资保护协定的相关规定

中尼两国政府积极鼓励各自企业互相投资，1997年5月在拉各斯签署《相互保护和鼓励投资协定》。2001年8月，两国政府在北京签署《中华人民共和国政府和尼日利亚联邦共和国政府相互促进和保护投资协定》，于2010年2月18日正式生效。2002年4月，两国政府于阿布贾签署《中华人民共和国政府和尼日利亚联邦共和国政府避免双重征税协定》，于2009年3月正式生效。中尼两国间签署的其他经贸协定有《关于建立中国投资开发贸易促进中心和尼日利亚贸易办事处的议定书》（2000年2月签于北京）《石油工业合作框架协议》（2001年8月27日签于北京）。

《中华人民共和国政府和尼日利亚联邦共和国政府相互促进和保护投资协定》第三条"投资待遇"规定：

一、缔约一方的投资者在缔约另一方的领土内的投资应始终享受公平与平等的待遇。

二、在不损害其法律法规的前提下，缔约一方应给予缔约另一方投资者在其境内的投资及与投资有关的活动不低于其给予本国投资者的投资及与投资有关活动的待遇。

三、缔约一方给予缔约另一方投资者在其境内的投资及与投资有关活动的待遇，不应低于其给予任何第三国投资者的投资及与投资有关活动的待遇。

四、本条第一款到第三款所述的待遇，不应解释为缔约一方有义务将由下列原因产生的待遇、优惠或特权给予缔约另一方投资者：

（一）关税同盟、自由贸易区、经济联盟以及形成关税同盟、自由贸易区、经济联盟的任何国际协议；

（二）任何全部或主要与税收有关的国际协议或安排。

第三节　外交保护

一、外交保护概述[①]

外交保护是指国家对其在外国国民（包括法人）之合法权益遭到所在国家违反国际法的侵害而得不到救济时，采取外交或其他方法向加害国求偿的行为。

外交保护是国家的权力。因为国家基于属人管辖，将国民的权利视为国家权益的组成部分，所以对其在国外的国民有保护的权力。外交保护既然属于国家的权力，国家就会决定是否行使外交保护权的自由裁量权，纵然国民可请求国家保护，但其国家是否在国际上进行外交求偿，是不受这种请求限制的。

（一）国民的外交保护及根据

外交保护的传统对象是保护国家的海外国民，是一般国际习惯法承认的。一国采取外交或其他办法保护其在外国国民权利的根据是受保护人具有该国国籍，国籍是确定个人与国家联系的纽带或依托，也是国家属人管辖权的根据。

（二）无国籍人和难民的外交保护及根据

随着国际关系的变化，特别是两次世界大战以及"二战"

尼日利亚

246

---

① 邵津：《国际法》，北京大学出版社第 4 版，第 80～83 页。

后的形势，造成大批难民和无国籍人出现。而许多难民和无国籍人都长久居住在他们的接受国，受该国类似国民的管辖，享受着与该国国民少有二致的待遇，并且当他们暂时到别国时，经常居住国还为他们出具护照或类似旅行证件，并允许返回。他们与经常居住地国形成了最密切的法律关系。据此，当他们的权益遭到临时所在国家的非法侵害又得不到救济时，其经常居住国可进行外交保护。这种保护的根据应是难民和无国籍人与其经常居住地国之间存在着最密切的法律关系。

二、外交保护的限制

虽然国家有外交保护权，但这项权利的行使要符合国际法规定的条件：

（一）保护国的国民或受其保护的其他人遭到所在国非法侵害

保护国的国民或受该国保护的其他人（无国籍人和难民）的权利遭到所在国家的非法侵害是外交保护的必需条件之一。因此，必须有所在国侵害事实的存在，国家才能进行外交保护。这样的侵害包括国家的直接侵害和国家纵容的私人侵害。

（二）受害人持续具有保护国的实际国籍或经常居住在该国

1. 受害人持续具有保护国的实际国籍。对国民来讲，虽然国籍是保护国对其行使外交保护的根据，但是一国依据国籍在国际上对抗另一个国家进行外交保护，还必须要求受害人持续具有该国的实际国籍（effective nationality or real nationality）。所谓实际国籍是指个人的国籍必须反映其与国籍国的真实联系，他属于该国实际人口，与该国保持实际的权利和义务关系。国籍持续是要求受害人从受害之日直至获得外交保护为止均具有保护国的国籍，称国籍持续原则。

2. 一个以上国籍人的外交保护。一个以上国籍人的外交保护涉及其国籍国之间可否进行外交保护和第三国如何接受其国籍国的求偿问题，应遵循受害人持续具有保护国实际国籍的条件。

3. 无国籍人和难民外交保护的非国籍条件。对无国籍人和难民的外交保护不要求国籍条件，只要求这类受害人长期居住在保护国，证明其在受损害之日和正式提出求偿之日都在该国经常居住或有惯常居所。

（三）用尽当地救济

一国国民在外国遭到所在国的非法侵害，其本国固然可以进行外交保护，但这并不意味着只要国民遭到侵害，国家就有权行使外交保护，而是要求受害人用尽当地救济后仍未实现其合法权利才能进行外交保护。因为加害国对外国人有属地优越权，有权要求他们首先采用该国的救济办法，所以只有在用尽当地救济后才能确定加害国的责任。

三、中国政府关于外交保护的实践

中国是世界上侨民最多的国家，数量已经超过 5 000 万，散布于全球各地。同时，随着中国经济社会的快速发展，中国海外留学、务工和执行公务的人员也越来越多。仅 2013 年，

尼
日
利
亚

248

中国内地居民出境就达 9 800 多万人次，2 万多家中资企业遍布五大洲。

随着中国"一带一路"倡议的持续推进，中国企业走出去的步伐将继续加大，中国公民走出国门的频度也将呈现上升趋势。因此，中国公民海外人身安全和财产安全的保护都成为新时期外交工作的着力点。

近些年来，中国外交工作越来越关注海外公民的安全，积极为中国同胞的利益着想，为维护海外公民安全采取了多次行动。

2011 年由于受到"阿拉伯之春"事件的影响，利比亚暴发大面积的骚乱，对中国海外公民的财产安全和人身安全造成了巨大的威胁。2 月底，中国政府宣布从利比亚撤出中国公民，截至 2011 年 3 月，中国出动包括民航、邮船、海军护卫舰和空军运输机等海陆空力量，顺利从利比亚撤离公民 3 万余人。这是新中国成立以来，中国政府组织的最大规模海外公民救援撤离行动。不仅保障了中国海外公民的安全，更向世界展示了中国的实力，大大提高了国家形象。

2015 年 3 月，随着也门局势的紧张，美国、英国、法国和德国等 10 多个国家陆续关闭使馆，要求本国公民撤离。在习近平总书记的指示下，3 月 27 日起中国海军舰队暂停亚丁湾护航任务，将战舰开往也门港口亚丁，负责撤离中国公民。此次撤离也是中国政府应有关国家请求开展的人道主义救援行动，是 2015 年中国海外利益维护领域的一大亮点。

2015 年 4 月 25 日，尼泊尔发生 8.1 级地震，地震发生后，加德满都出现了大量滞留旅客。在中央统一安排下，中国国航迅速投入应急救援准备工作。26 日凌晨，航班连夜返回，国航的第一架救援飞机从加德满都运送 560 余名滞留旅客返回成都。为保障加德满都航班运行，国航还调整航班 120 多班，其中更换机型 10 班。

这些年，中国在保护海外公民安全领域所做的工作，体现了中国外交理念的转变。随着中国国家实力的迅速上升，中国的国家利益也随之拓展。中国企业的"走出去"以及中国公民的"走出去"使得中国外交工作面临全新的挑战。有压力就有动力，近些年在秉承新型大国外交的宗旨下，中国外交工作不断取得突破。一方面，中国外交实现了从传统外交到"以人为本"的突破，不仅关注大国政治也同样为广大国民谋福祉，大大增加了民族向心力和凝聚力。另一方面，中国外交工作也更加细致入微。每一次的海外利益保护事件，都需要协调方方面面的力量，每一个细节都需要反复论证，并且争分夺秒第一时间反馈。这也给新时期的外交工作人员提出了新的挑战。因而，中国外交在海外利益保护领域顶住了压力，保障了广大中国企业以及中国公民在海外的安全，并将为"一带一路"倡议的持续推进提供强有力的保障，为实现"中国梦"添砖加瓦。

第四节　特　许　协　议

一、特许协议概述

特许协议（Concession Agreement）是一个国家（政府）同外国投资者个人或法人约定在一定期间，在指定地区内，允许其在一定条件下享有专属于国家的某种权利，投资从事于公用事业建设或自然资源开发等特殊经济活动，基于一定程序，予以特别许可的协议。其具有以下特征：

（1）主体一方是政府，一方是外国私人投资者；

（2）基于东道国政府的许可，行使专属于国家的某种权利；

（3）要经过东道国立法机关授权的行政机关批准或立法机关审议；

（4）既非国内法上的契约，又非国际法主体之间的条约，而属于"准国际协议"。

二、特许协议实践——以产品分成合同为例

尼日利亚政府与外国投资者签署的特许协议主要运用于基础设施、石油开采和矿业，其中基础设施主要采用公私合营（PPP）模式，石油开采采用产品分成合同模式。

1. PPP 模式。

尼日利亚关于 PPP 模式相关法律包括：《基础设施特许经营监督管理委员会法》《公共采购法》《公共企业（私有化和商业化）法》《公用事业收费委员会法》《公路法》《联邦道路维护机构法》《拉各斯州道路、桥梁和公路基建法》等。

根据《基础设施特许经营监督管理委员会法》，设立了基础设施特许经营监督管理委员会（ICRC），负责规范和监督 PPP 合同的签订和执行；《拉各斯州道路、桥梁和公路基建法》建立了拉各斯州公路特许经营的法律框架，是尼日利亚公路特许经营领域为数不多的法律之一。根据公私部门投入、风险分担以及合同期限长短不同，PPP 可以分为服务合同、管理合同、租赁合同、特许经营合同、特许协议方式等多种类型。特许经营年限一般为 25 ~ 30 年。

典型项目案例：拉各斯穆罕默德机场二期项目，占地 2 万多平方米，主要包括穆罕默德机场国内航站楼及配套设施建设，是尼日利亚本土公司在基础设施领域成功承接的第一个特许协议项目，被认为是尼日利亚首个成功实施的 PPP 模式项目。2003 年，Bi – Courtney 公司与尼日利亚联邦政府签署特许协议项目协议。

2007 年，该项目建成并投入使用，目前由 Bi – Courtney 公司下属 Bi – Courtney 航空服务公司负责运营。[①]

2. 产品分成合同模式。

根据 1969 年尼日利亚政府颁布的《石油法》，尼日利亚石油合同主要有产量分成合同模式（Production Sharing Contract，以下简称 PSC）、矿税制合同模式（Concession）和服务合同模式。

产量分成合同模式下，原油产量在各方之间按照约定的份额进行分配。所产石油除非合同另有约定仍属尼方所有，合同者对所产石油按照特定比例分成。

（1）风险承担和最低勘探义务。

合同者签署 PSC 后，根据合同进行勘探，并承担所有的勘探风险。OPL（Oil Prospecting License）基本勘探期 5 年，如果完成勘探义务可以续延 5 年。无论如何合同者应当完成 PSC 下的最低勘探义务，该勘探义务依据政府公布区块时宣布的最低义务工作量/投资支出，由合同者和政府协商确定，写入 PSC。如果届期未完成，石油部长有权废除 OPL。合同者负责合同区块的管理和运营。

（2）前端费用。

PSC 的前端费用包括缴纳定金和租费。定金主要是签字定金、发现定金和生产定金。租费主要是矿区面积租金。

举例来说，20 世纪 90 年代 BP 为三个深水区块支付了 4 200 万美元签字定金，Shell 为两个深水区块支付了 3 000 万美元签字定金。生产期应当缴纳生产定金，1993 年标准产量分成合同下，原油累计产量达 5 000 万桶时，生产定金是产值的 0.2%，该生产定金为不可回收成本，税前不得抵扣。2000 年土地租金前十年为 20 美元/平方公里/年。

可见，巨额的定金和租费是限制中小企业涉足尼石油领域的

---

① 中国驻尼日利亚大使馆：《相关法律法规》，http：//www. fmprc. gov. cn/ce/ceng/chn/nr-lyzc/xgflfg/，最后访问日期 2017 年 9 月 20 日。

天然门槛。

（3）矿区使用费（Royalty）。

矿区使用费在成本回收之前，以实物油的方式从产量中支付给 NNPC。不同年代和不同区块的矿区使用费比例不同，一般比例为 10%~20%。

（4）成本回收油（Cost Recovery Oil）。

如果从 PSC 区域内发现商业储量的石油，在扣除了矿区使用费之后，合同者可以用区域内所产石油补偿其先期投资，该部分石油被称为成本回收油（Cost Recovery Oil）。

前期石油作业中会计程序许可的各种成本均可以回收，成本将被分为资本性成本和非资本性成本。非资本性成本按 100% 予以回收，资本性成本按年 20% 的速度直线回收。20 世纪 70 到 80 年代，一般有成本回收限制；20 世纪 90 年代以后，多无成本回收限制。一般成本油的比例可能到所产石油量的 20%~50%。

（5）投资税收补贴。

石油公司的资本性投资可以享受相当于税收抵免的投资税收补贴，即在计算应税所得时扣减掉。

（6）教育税。

教育税支付额作为石油所得税税基的扣减项，一般税率为公司利润的 2%。

（7）石油所得税（Petroleum Profit Tax）。

石油许可证下的石油公司应当缴纳石油所得税，并且可以免除非石油行业的公司所得税。

石油所得税按照合同者获得的份额产量收入在扣除成本回收、投资税收补贴、教育税等之后净收入的一定比例收取。根据 1993 年标准 PSC 合同，持有 OML（Oil Mining Lease）的 NNPC 应当支付石油所得税。因此，在支付矿区使用费、扣除成本回收和投资税收补贴后，在利润油分配之前，NNPC 将提取税收油（Tax Oil）用以支付石油所得税。根据区块所处位置，这个比例一般在 50% ~ 85% 的高位。

（8）利润油。

在扣除了矿区使用费、成本油和税收油（Tax Oil）之后的产量为利润油，将在 NNPC 和合同者之间按照约定进行分成。一般根据日产量滑动比例。

（9）尼日利亚 PSC 合同的特色条款。

合同者为了保护自己，会在 PSC 中规定财税稳定条款和合同稳定条款。根据稳定条款，如果有关法规变动显著影响了 PSC 合同者的利益，合同双方应就 PSC 合同的相应变动尽最大努力达成一致。如 90 天内无法达成一致，任一方可提交仲裁。

为防止合同者通过合法的会计处理技巧在不同公司、不同区块、不同合同之间处理费用和成本，达到少利节税的目的，尼日利亚政府规定某一 PSC 合同区内发生的任何费用和收入只能在该合同区内汇总，不能在上游费用和收入区内汇集。

综上所述，在签署 PSC 之后，出产之前，先要缴纳包括定金和租费在内的前端费用。在石油出产后，先扣除矿区使用费（尼方得），再提取成本回收油补偿先期投资（合同者得），扣除投资税收补贴、教育税（所得税税基减少），扣除石油所得税（尼方得），余下的利润油根据约定进行分成。

举例来说，1973 年 Ashland 公司与尼日利亚政府签订了一个有效期 20 年的 PSC。其中约定产油量的 50% 作为成本油，被用来回收成本。余下的 50% 的产油中，再拿出 55%（即总产油量的 27.5%）作为税收油（Tax Oil）缴纳石油所得税。余下的部分（总产油量的 22.5%）将在 NNPC 和 Ashland 之间按比例进行分配（产量低于 5 万桶，分配比例为 65%：35%；产量高于 5 万桶，分配比例为 70%：30%）。

再举例来说，1993 年 PSC 中，NNPC 拥有 OPL 和 OML。初始产油应向 NNPC 缴纳租金和矿区使用费。剩余产量进行成本回收，无成本回收限制。余下产量按照比例支付石油所得税。最后剩余产量按滑动比例进行分配。

从总份额来看，在占尼日利亚原油产量98％的联合经营项目上，NNPC代表的尼日利亚政府平均拥有约57％的总权益份额。[①]

三、特许协议的法律风险与防范

一个完整的特许协议项目至少要经历建设、运营、移交三个阶段，通常历时二十至三十年，涉及到的投资动辄几十亿元，法律关系复杂，风险巨大。为了保证特许协议项目正常有序地运行，各当事人之间需要签订一揽子协议，这些协议构成了特许协议项目合同体系。在这一合同体系中，特许协议是实施特许协议项目的核心与前提，也是签订其他各项协议的基础。而政府作为特许协议的一方当事人，既是与私人投资者、项目公司处于平等地位的合作伙伴，又是特许经营权的授予者，承担着监督管理职能，这就使得特许协议不可避免地蒙上了一层行政色彩，政府很容易利用其特殊的主体地位侵害合同相对方的权益。因此，如何防范特许协议的法律风险，是每个投资者都应着重考虑的问题。

（一）特许协议的性质

由于基础设施关系国计民生，一直以来由各国政府垄断经营，私人资本只有基于政府的特别授权，才能对其进行建设及经营管理。即私人资本或其出资成立的项目公司通过与政府或政府授权机构签订特许协议，获得一定期限的特许经营权，并

---

① 佟刚：《域外法学之尼日利亚投资和融资法律报告》，北大法律信息网，http: // article. chinalawinfo. com/ArticleFullText. aspx？ ArticleId＝67096，最后访问日期2017年9月22日。

以该特许协议来规范双方在合作期间的权利与义务。因此，特许协议是实施特许协议项目的前提，是合同双方权利义务的基础，也是签订其他各项协议的基础，在整个特许协议项目中处于核心地位。

关于该特许协议的性质，历来有行政合同与民事合同之争，分别代表了大陆法系和英美法系对于这一问题的认识差异。由于特许协议项目关系到国计民生和国民经济命脉，如果没有国家干预，仅以私法对其实施调控，很容易由于私法主体的逐利性，对项目的公益性质及战略安全造成消极影响。在这种情况下，行政权力的适当介入有助于推进项目顺利实施，保证项目质量，保障社会公共利益。因此，在特许协议中，政府或其授权机构作为签约主体一方，不仅是与私人投资者或项目公司处于平等地位的合作者，还以行政主体的身份出现，代表社会公共利益，承担着监督管理职能，法律地位具有双重性。而法律地位的双重性决定了其权利义务的双重性，政府或其授权机构作为合同当事人，既平等享有合同权利，履行合同义务，又凌驾于私人投资者或项目公司之上，享有行政管理监督方面的特权和支持的义务。因此，特许协议兼具行政合同和民事合同的特点，合同双方当事人实际处于不对等的地位，主要表现在两个方面：

1. 政府是特许经营权的授予者。

在特许协议中，政府既是合同一方主体，又是特许经营权的授予者，即合同相对方的选择者，合同相对方能否取得特许经营权完全取决于政府单方面的决定。

2. 政府在合同中居于主导地位并享有行政特权。

在特许协议履行期间，政府为了维护社会公共利益，享有对合同相对方的管理权、监督权、制裁权，具有行政主体的身份，凌驾于合同相对方之上。

故在特许协议中，由于私人投资者或项目公司的主体资格是由政府单方授予的，其在谈判和签约时均受制于政府，处于弱势地位。而政府或其授权机构在合同关系中既是运动员，又是裁判员，很容易利用其所享有的行政特权，将诸多不平等条款写入特许协议，加重投资人的义务负担与违约责任，减轻政府主管部门的义务，或者免除政府主管部门的责任，甚至于把部分应由政府承担的义务与费用强加到项目公司身上，侵害投资人的权利。而投资人为了顺利获得特许经营权，迫于无奈往往忍气吞声作出妥协，往往为将来纠纷的产生埋下隐患。

（二）投资者如何防范特许协议中的法律风险

特许协议作为整个特许协议项目的核心与灵魂，必须授权明确，能够规范整个特许协议项目的建设、运营与移交过程，其内容至少应当涵盖特许经营权的范围、特许经营的期限及其变更、项目公司的组建、项目融资、建设、运营与维护和移交等特许经营的方方面面，同时对不可抗力、特许协议的变更、终止和解除，争议的解决等也应当作出约定。

特许协议项目中，政府与项目公司双方地位处于极不对等的状态。为了弱化当事人地位差异、防范政府违约风险、减少纷争，特许协议除了重点关注项目公司在项目设计、建设施工、交工与竣工验收、项目运营与维护以及项目移交期间的义务外，还应当关注政府的协助义务，合理设置合同双方在项目建设、运营和移交期间的权利义务，平衡当事人之间的利益，确保合同目的的实现。鉴于特许协议版本通常由政府单方拟定并提供的实际情况，以及政府在谈判中所处的强势地位，从保护投资人及项目公司的角度出发，应注意处理好如下几个方面的问题，防范特许协议中的法律风险。

1. 防止政府对项目公司股权转让的过度限制。

特许协议项目的客体是公用基础设施项目，关系着公共利益。政府为了保障公共利益必然会在协议签订的过程中，利用自身的公共职能加大项目公司的责任，特别是在对项目公司的经营管理上，政府往往会做出诸多的限制。如特许协议项目公司在经营管理公用基础设施的过程中，政府严格限制项目公司的股权变动，这种过度的干涉容易影响项目公司的利益。

2. 争取特许经营权的独占性、排他性。

特许经营权之所以成为特许协议项目的核心，是因为投资人只能通过对特许经营权的行使来收回投资并获得收益，直接关系到投资人的投资回报。而特许经营权又是政府单方面授予的，存在着政府收回授权或另授他人的风险，如果不对政府的授权行为予以限制，投资人的收益便没有任何保障。因此在合同谈判中，投资人或项目公司应要求政府作出承诺，确保特许权的任何部分在特许经营期间不再被授予他人，以保证特许经营权的排他性；同时要求政府保证不利用其行政主导地位自行或通过其指定的机构行使特许经营权的任何部分或全部，以保证该特许经营权的独占性。

3. 要求政府限制竞争。

限制竞争，即要求政府承诺在同一地区不设立过多的同类项目，以避免过度竞争引起投资者经营收益下降。限制竞争条款是特许协议项目中的重要条款，因为公共基础设施先期投资成本大、收益低、回收周期长，过度竞争会导致资源的极大浪费，不利于投资者投资的积极性。尤其是高速公路特许协议项目中，高速公路没有基本流量的保证，投资人的收益完全来源于对通行车辆收取过路费，如果有可代替的路线，将会导致车辆分流，严重影响投资人的成本回收及获得合理收益。因此，特许协议应当严格限制竞争，以确保项目公司收回投资并实现预期利益。

4. 拒绝运营期的履约担保。

在项目建设期，政府往往要求项目公司提供履约担保，从资金方面保证项目的顺利实施。但是项目建成后，政府的风险已大大降低。若政府此时仍然要求项目公司提供运营期维护担保，则该维护担保的合理性有待商榷。因为从投资人的角度来说，投资人完全依靠项目经营来收回投资成本和实现合理利润，其必然会保证项目设施的正常高效运转，因此没有必要设置运营期履约担保，即维护担保。在设置维护担保的情况下，投资人所增加的财务成本会增加到总投资额中，增加资金压力，造成资金闲置，对双方均没有益处。因此，项目公司在与政府的谈判中应尽量说服政府免除维护担保，或降低担保条件。

5. 逾期竣工的责任承担。

为了保证工期，特许协议一般都会约定项目公司逾期竣工的违约责任。对于逾期超过一定期限的，还会赋予政府单方解除权。

但特许协议项目建设周期长，整个建设工期可能受到项目范围变动、设计变更、政府未能按时完成征地拆迁、政府违约、项目资金不到位、项目公司拖欠工程款、承包人人手不足、设备缺陷、拒绝施工和不可抗力等各种因素的影响而发生变化。而一旦出现交工延误或逾期竣工的情形，政府往往要求追究项目公司的违约责任，轻则主张逾期竣工违约金，重则没收履约保函，甚至单方终止合同，给项目公司带来巨大的经济压力。而在建设工程实践中，造成交工延误或逾期竣工的原因往往是各项因素共同作用或连锁反应的结果，不能简单归咎于项目公司一方或某一项原因。故在诉讼或仲裁实务中，导致交工延误或逾期竣工的原因常常成为双方争议的焦点。为了有效避免纷争，同时保障公平正义，建议严格限定项目公司承担逾期竣工违约责任的条件，明确约定项目公司仅对自身原因导致的工期延误负责。

6. 拖延工期的惩罚与提前竣工的奖励。

如前所述，特许协议一般都会约定项目公司逾期竣工的违约责任，但对于项目公司提前完工的情形却疏于约定，有的合同仅约定"缩短的准备期、建设期相应延长收费期",而缺乏提前竣工的奖励。项目公司在保证质量的情况下提前竣工,使公共基础设施提前投入运营,有利于促进经济发展、符合社会公共利益。根据合同的对等原则,应当在合同中设置提前竣工的奖励。政府应根据项目公司提前完工的天数给予项目公司奖金,给项目公司以物质激励,促进项目公司提高效率。

7. 临时关闭项目的补偿。

由于项目公司主要通过项目运营向用户收取费用或出售产品等方式来清偿贷款、收回投资并赚取利润,一旦发生不可抗力、意外事件,或政府政策调整、变更规划等情况而临时关闭项目,项目公司就会丧失经济来源。而此期间的人工、设备等费用支出与消耗却不停止计算。短期临时关闭项目对项目公司的影响不大,但多次长时间的关闭项目,将会对项目公司的运营以及收益产生重大影响,甚至决定了项目公司能否收回投资并取得回报。因此有必要对关闭时间超过一定期限的情况进行考虑并设置相应的补偿机制。

8. 投资收益保障。

取得政府的收费批文和物价主管部门核发的收费许可证,是项目公司行使收费权的前提条件,也是项目公司实现特许经营权、收回投资并实现预期利益的关键。若由于政策变化或其他原因导致项目公司不能按期取得项目收费许可证,则投资人将会面临完全不能收回投资的风险,其长期的建设、高额的投资全部付诸东流,对投资人极不公平。因此有必要设置政府的违约责任,来确保收费权的实现,防范并降低风险。

另在政府根本违约导致特许协议被提前解除的情况下,项目公司尚未收回投资,更不可能实现预期利益。在这种情况下,政府一般会提出按照评估值无条件收购特许协议基础设施建设项目,但对于评估收购的启动、方法、程序等细节却鲜少约定,一旦发生争议,对项目公司极为不利。因为评估方法、评估程序的不同将会导致不同的评估结果，会对项目的评估值、政府的收购价产生巨大影响，也直接决定了投资人的收益。同时也不能排除政府利用其行政主导地位，利用评估机构少估、低估项目价值，侵犯投资人利益的风险存在。因此在特许协议项目特许协议签订过程中一定要细化评估收购条款。[①]

第五节　国有化问题

一、国有化问题概述

国有化（Nationalization）是将财产收归国家所有的行为。通常指的是将私人财产国有化，但是有时也指其他级别政府（比如市政府）的财产。一般情况下国家会支付一定的金额来补偿原来的所有者，但是有的时候这个价格比市场价格要低很多，所以会造成原所有者的损失。国有化的理由往往是因为某些产业比如公共供水、供热等均具有重要的战略作用。相似的，国有化的对立面通常是私有化，有时也可以是市有化。在私有化后发生的国有化经常称为再国有化。

从有关外资法律与实践来看，国有化一般应满足以下条件：

- 公共利益的需要
- 非歧视
- 符合法定程序

---

① 程海群、洪国安：《BOT项目特许经营权合同中的法律风险防范》，载于《现代商业》2011年第17期。

二、尼日利亚的国有化

尼日利亚于1995年1月16日颁布《尼日利亚投资促进委员会法》，其中第25条"不征用的保证"承诺"任何企业都免予联邦政府国有化或征用"和"任何个人均不得依法强迫他人交出其通过投资企业所得的资本收益"。

该法规规定"除因国家或公共利益需要，联邦政府不得对本法适用的企业进行收购，如确需收购，应根据法律规定：

（a）支付公正足额的补偿；

（b）接受所有权人就投资利益及补偿事宜提起的诉讼；"

该法规同时规定"应付的任何补偿必须按时支付，并在适用的情况下授权其进行可转换货币的转让"。

《中华人民共和国政府和尼日利亚联邦共和国政府相互促进和保护投资协定》第四条"征收"中有如下规定：

"一、缔约任何一方对缔约另一方的投资者在其领土内的投资不得采取征收、国有化或其他类似措施（以下称"征收"），除非符合下列条件：

（一）为了公共利益；

（二）依照国内法律程序；

（三）非歧视性的；

（四）给予补偿。

二、本条第一款第（四）项所提及的补偿，应等于征收公布前一刻被征收的价值，是可兑换的并能自由转移，该补偿的支付不应不合理地迟延且补偿包括按正常商业利率计算的利息。"

2007《矿产法》对征用和国有化规定很少。在尼日利亚国内政策和相关法律不变的前提下，矿权的存续相对稳定。但如果出现广泛的国有化和征收，投资者利益能得到保障的机会就比较渺茫。

第六节 特殊性问题

一、特殊风险分析

尼日利亚是西非第一大经济体，人口总量约占西非的60%，居地区第一位。目前，尼日利亚政局总体保持稳定，但政治制度仍不成熟，局部动荡长期存在。尼日利亚国内民族和宗教关系复杂，紧张状况广泛存在，且时常演变为局部暴力冲突。现政府面临着因地域、民族、宗教和文化差异导致的严重社会分裂，在经济差距和政权争夺中社会分裂又被进一步放大。由于尼日利亚"完全西化"的政治制度构建尚不成熟，且与基本国情存在脱节，加之西非地区整体局势脆弱，尼日利亚国内暴力事件乃至局部社会动乱爆发的危险将长期存在。综上，尼日利亚社会风险显著，今后一段时期内仍将保持在高位，且已成为影响其国家风险水平的主导性因素。

由于尼日利亚国家经济基础较为薄弱，中小企业较多，支付能力普遍有限，且尼日利亚尚未建立起与国际接轨的信用体系，当地企业违约的成本极低。相关机构发布的"非洲欺诈晴雨表"显示，尼日利亚是非洲大陆欺诈案件发生率最高的国家之一。

（一）治安安全风险

尼日利亚社会治安问题突出，是非洲治安状况最差的国家之一，抢劫、绑架、偷窃、谋杀等各种犯罪案件时有发生。虽然近年来尼日利亚政府采取了一系列缓解治安状况的措施，但收效甚微，治安状况短期内难以好转。高失业率是社会治安状况持续恶化的主要原因，贫穷、贫富差距过大以及社会腐败也使底层民众铤而走险。此外，尼日利亚警力不足、装备落后，大案要案破案率较低，工作效率低下，也是导致恶性案件频发的重要原因。2013年2月28日中午，拉各斯一家中资企业驻地遭遇5名武装歹徒入室抢劫，由于中方人员沉着应对，才避免了人员伤亡。2014年3月30日，甚至发生劫狱事件。

（二）恐怖袭击风险

近年来，尼日利亚小规模武装冲突不断，尤其是在东南部和北部。尼日利亚南北差异较大，恐情也有南北之分，近年来尼日利亚恐情呈现"南消北长"的态势。由于尼日利亚南部的尼日尔河三角洲地区盛产石油，该地区人民因石油收入分配问题和尼日利亚中央政府及外资油企矛盾不断。"尼日尔河三角洲解放运动"（简称"尼解运"）是当地主要反政府组织。东南部石油主产区安全形势不断恶化，武装组织长期在该地区袭击外国石油公司。在中部多民族和宗教杂居的乔斯地区，仇杀和爆炸事件也不断发生。北部和东北部地区则接连发生部族和宗教冲突。同时，由于尼日利亚边防力量薄弱，尼日利亚与喀麦隆、乍得、尼日尔等国接壤地区的不稳定因素也日渐突出。

（三）疾病风险

尼日利亚传染疾病较多。因此，建议在尼日利亚的中资机构和拟赴尼日利亚公司与人员应密切关注当地疟疾、霍乱及埃博拉等疫情发展，了解相关防护知识，切实做好卫生防疫，采取必要防护措施，避免接触可疑病人，一旦发现疑似病情，及时就医。

（四）政府腐败、贫富差距大、效率极低的风险

尼日利亚是世界上最腐败的国家之一。尼日利亚的腐败从父母贿赂老师为孩子考试作弊，到官僚体系中的公职人员交付"提拔费"，再到警察收钱后就睁只眼闭只眼等一应俱全。同时，尼日利亚政府效率低下，贫富差距较大。虽然尼日利亚石油资源丰富，但是80%的石油收入流向了政府。政府以现金形式支付给各州长和几百位关系紧密人士，于是这笔巨额资金实际上被1%的尼日利亚人占有，在尼日利亚的企业则不得不支出"腐败成本"。因此，建议中资企业不仅要对此高度认识，依法谨慎经营，不要随波逐流，甚至助纣为虐，也要防止当地政府或企业搞"钓鱼工程"，谨防被敲诈勒索，骑虎难下。

（五）劳务用工风险

尼日利亚针对外籍劳工管理有专门政策。自20世纪60年代独立以来，尼日利亚对外籍劳务管理一直实行配额制管理，即对在一定时间在政府或企事业单位工作的具有一定专业技能的外籍劳务人员发放工作许可证。近年来，随着尼日利亚教育和人才市场的发展，尼日利亚政府对外籍劳务人员的管理也日渐严格和规范。对于在尼日利亚或准备赴尼日利亚承接和实施工程的中国企业来讲，特别要注意做好这方面的尽职调查，避免因此延误工程或由于违法利用临时工作许可在尼日利亚长期居留和工作而导致损失。

（六）诈骗风险

尼日利亚是骗子的天堂，尤以拉各斯为甚。尼日利亚人对于

该国诈骗的情况也直言不讳。中国企业被诈骗的故事也多有流传。骗子们甚至会冒充政府官员、警察等公职人员行骗。2005年，曾有13家中国企业被骗，涉及金额约400万美元。前几年，浙江某建筑公司被所谓"尼日利亚合作方"花言巧语蒙骗，草率签署合同，将巨额现金打入对方账户，并向尼日利亚发来四个集装箱的货物。该公司老板来尼日利亚后发现拟合作项目子虚乌有，货物抵达后不能清关。该公司从国内招募8名劳务人员来尼日利亚后长期无工可务，只能靠好心华人周济度日。包括老板在内的9人无人懂英语，签证相继过期，机票被当地公司扣下，最后在总领馆的协助安排下才得以索回机票，通关回国。

曾经有尼日利亚不法商人采取先支付少量定金骗取中资企业发货，然后再以种种理由骗取货物等手段欺诈中国企业。部分相关案例如下：

案例1：某公司通过互联网结识了一位尼日利亚商人，双方签订了65 000美元的合同，尼日利亚商人预付了6 500美元，并承诺发货后凭提单副本付款。货物发出后不久，尼日利亚商人声称货款已汇出，并传来一份汇款底联，要求将提单等单据速寄给他。可是中资公司寄出提单后，始终没有收到货款，后经与尼日利亚银行核实，此汇款单是伪造的，但此时货物已被尼商提走，尼商不知下落。这是不法尼商惯用的一种做法，他们以优厚的价格为诱饵，并支付少量的定金以骗取中资企业发货，在骗取提单等单据并提取货物后便下落不明。

案例2：某公司通过互联网结识一尼商，尼商给出优厚的价格，中资公司与其签订了价值55 000美元的合同，尼商支付了10%的定金，并承诺装运后凭提单副本一次性支付剩余货款。待装运时，尼商声称在尼日利亚租船有困难，要求中资公司租船并垫付运费，为此中资公司垫付了19 200美元。货物装运后，中资公司迟迟没能收到货款，经多次追问尼商才回复说资金周转有困难，要求中资公司提供正本提单提货，否则中资公司将需支付上万美元的港口滞期费，如不支付港口滞期费，货物将被海关没收拍卖。中资公司提出要求退货，尼商又称必须付清全部关税和费用后才能退货，这些加上运费共计要 3 万多美元，中资公司迫于无奈只得将提单交给尼商，尼商拿到提单后便逃之夭夭。这是不法尼商惯用的另一种做法，先支付少量定金骗取中国企业发货，然后以各种理由胁迫中资公司提交正本提单，在拿到提单后便杳无音信。

案例 3：某公司在广交会上认识一尼商，经洽谈双方达成 18 000 多美元的户外灯交易。在实际发货过程中，中资公司代垫了海运费 2 800 美元，交易实际金额达到 20 000 多美元，尼商付了 3 000 美元作为定金。双方合同规定凭提示提单的副本及时付清货款以交寄正本提单，货物发出后中资公司数次凭提示提单等要求尼商付款。经多次交涉后，尼商通知中资公司他们已经付款，但中资公司却一直没有收到。这也是不法尼商惯用的一种做法，即先支付少量定金骗取中资企业发货，他们既不付款也不索要提单，待货到港口后他们拒不提货，要么以无主货名义由海关拍卖，他们从中牟取暴利；要么拒不提货，等中资公司提出要求办理退运或转卖时，他们提出种种理由要求中资公司降价。

案例 4：某公司通过互联网认识一位尼商，尼商要求该中资公司提供样品。该公司称样品可以免费提供，但运费需由客户承担。尼商很快提供了快递账号，但在尼商收到样品后，尼日利亚联邦快递公司通知中资公司该尼商的账号已不能扣款，尼商需提供新的账号，否则中资公司将收不到样品的运费，但此时中资公司已无法与此尼商取得联系。这是一种诈骗手段，不法尼商要求中国公司提供样品，不法尼商在拿到样品后或拒绝付款，或下落不明。

案例 5：某公司通过互联网结识一尼商，该尼商自称有很强的政府背景，要进行一项政府采购，量大、价格高、支付优惠，但中资公司需要先在政府登记，交付注册资金。待中资公司交付注册资金后，就再也无法与该尼商取得联系。这也是一种欺诈手段，即不法尼商谎称自己是某政府部门的官员或有很强的政府背景，要进行政府采购，以量大、价格高、支付优惠等条件吸引中国公司，待中资公司按其所说交纳所谓的注册资金等后，就再也无法与其联系[1]。

二、特殊风险防范

（一）加强对尼日利亚的了解。在尼日利亚的中资企业，包括实施建设工程的企业，都应加强对尼日利亚的认识和了解，对于尼日利亚诚信文化基础薄弱，企业信用和银行信用较差的基本国情应有清醒认识。

（二）提高警惕，慎重选择当地合作伙伴。不要轻易相信其声称的与高官或政府部门有特殊关系的说法，不要轻易支付前期款项、签约保证金、预付款等款项，谨防欺诈。

（三）选择可靠的付款方式。在进行设备材料采购、货款支付、聘用当地人员等经营活动时，应当特别要做好防范。在与尼商签合同时，不要接受远期 L/C 或货到付款 D/A、D/P 等方式。在支付时，要选择信誉好、实力强的当地银行作为自己的开户银行，不能只注重眼前的利率和优惠待遇，免得届时无法提钱汇款，发生不必要的损失；发货前务必要求对方以电汇付全款，或者坚持让对方开具国际著名银行保兑的不可撤销的信用证等。

（四）注重社区关系，加强安全防范。建议在尼日利亚中资企业加强安全防范和内部管理，保障人身、财产安全；妥善处理与邻里、当地员工之间关系，尽量减少矛盾冲突；勿在办公地和

---

[1] 程玉伟：《"一带一路"经验教训（案例一）：尼日利亚篇》，http://www.fabao365.com/zhuanlan/view_19841.html，最后访问日期 2017 年 9 月 28 日。

住处存放大量现金，勿让无关人员知悉存取现金、发放工资等信息；不要夜间外出，不要单独外出；遭遇歹徒要保持冷静，避免发生正面冲突。

（五）注意护照安全。中方人员外出时不要向包括警察在内的任何不熟悉的人出示护照。外出时可将护照留在驻地，随身携带护照复印件，以免遭敲诈或丢失护照。

（六）建议在尼日利亚的中资企业切实提高风险防范意识，事先尽可能多地通过律师事务所等机构（尤其是懂行的顶级律师）更多了解当地政治经济形势、法律法规以及贸易习惯做法，尽可能采取比较稳妥的收汇方式，进而规避贸易和法律风险[①]。

---

① 朱中华：《在尼日利亚从事工程承包的中国企业须防五大风险》，http：//blog. sina. com. cn/s/blog_8193711c0102v5ys. html，最后访问日期2017 年9 月28 日。

尼日利亚主要法律法规

1. 《宪法》Constitution of the Federal Republic of Nigeria C23 L. F. N. 2004

2. 《宪法修正案一》Constitution of Federal Republic of Nigeria（First Alteration）Act，2010

3. 《宪法修正案二》Constitution of the Federal Republic of Nigeria（Second Alteration）Act，2010

4. 《宪法修正案三》Constitution of the Federal Republic of Nigeria（Third Alteration）Act，2010

5. 《立法机构（权力及特权）法案》Legislative Houses（Powers and Privileges）Act – CAP L12 L. F. N. 2004

6. 《国家议会服务行为（废除及重启）法案》National Assembly Service Act（Repeal and Re-enactment）Act，2014

7. 《最高法院法》Supreme Court Act – CAP. S15 L. F. N. 2004

8. 《联邦高等法院法》Federal High Court Act – CAP. F12 L. F. N. 2004

9. 《上诉法院法案》Court of Appeal Act – CAP. C36 L. F. N. 2004

10. 《联邦首都特区法》Federal Capital Territory Act – CAP. F6 L. F. N. 2004

11. 《刑法典》Criminal Code Act – CAP. C38 L. F. N. 2004

12. 《刑事司法（其他规定）法案》Criminal Justice（Miscellaneous Provisions）Act – CAP. C39 L. F. N. 2004

13.《刑事司法（保释）（特别规定）法案》Criminal Justice (Release from Custody) (Special Provisions) Act – CAP. C40 L. F. N. 2004

14.《刑事程序法》Criminal Procedure Act – CAP. C41 L. F. N. 2004

15.《刑事程序（北部各州）法案》Criminal Procedure (Northern States) Act – CAP. C42 L. F. N. 2004

16.《刑事司法行政法案》Administration of Criminal Justice Act，2015

17.《公司与相关事务法》Companies and Allied Matters Act – CAP. C20 L. F. N. 2004

18.《破产法》Bankruptcy Act – CAP. B2 L. F. N. 2004

19.《版权法》Copyright Act – CAP. C28 L. F. N. 2004

20.《商标法》Trade Marks Act – CAP. T13 L. F. N. 2004

21.《专利及设计法》Patents and Designs Act – CAP. P2 L. F. N. 2004

22.《国家工业技术产权办公室法》National Office for Technology Acquisitions and Promotion Act (formerly National Office of Industrial Property Act) CAP. N62 L. F. N. 2004

23.《保险法》Insurance Act，2004［repealing Insurance Act，Cap I17，LFN，2004］

24.《投资证券法》Investment and Securities Act，2007

25.《借贷法》Loans Act – CAP L15 L. F. N. 2004

26.《本地贷款（记名股票及证券）法案》Local Loans (Registered Stock and Securities) Act – CAP L17 L. F. N. 2004

27.《婚姻法》Marriage Act – CAP M6 L. F. N. 2004

28.《国家初级卫生保健发展机构法案》National Primary Health Care Development Agency Act CAP. N69 L. F. N. 2004

29.《人身暴力（禁止）法案》Violence Against Persons (Prohibition) Act, 2014

30. 《中央银行法》Central Bank of Nigeria Act, 2007

31. 《银行和其他金融机构法案》Banks and Other Financial Institutions Act – CAP. B3 L. F. N. 2004

32. 《货币兑换（冻结指令）法案》Currency Conversion (Freezing Orders) Act – CAP. C41 L. F. N. 2004

33. 《汇票法案》Bills of Exchange Act – CAP. B8 L. F. N. 2004

34. 《外汇（监控和其他规定）法》Foreign Exchange (Monitoring and Miscellaneous Provisions) Act – CAP. F34 L. F. N. 2004

35. 《国家投资促进委员会法》Nigerian Investment Promotion Commission Act CAP. N117 L. F. N. 2004

36. 《消费者保护理事会法》Consumer Protection Council Act – CAP. C25 L. F. N. 2004

37. 《价格控制法案》Price Control Act – CAP. P28 L. F. N. 2004

38. 《食品和药品法案》Food and Drugs Act – CAP. F32 L. F. N. 2004

39. 《儿童权利法案》Child Right Act, 2003

40. 《国家妇女委员会法案》National Commission for Women Act – CAP. N23 L. F. N. 2004

41. 《劳动法》Labour Act – CAP. L1 L. F. N. 2004

42. 《联邦就业委员会法》National Directorate of Employment Act – CAP. N28 L. F. N. 2004

43. 《员工薪酬法案》Employee's Compensation Act, 2010

44. 《养老金改革法案》Pension Reform Act, CAP P4, LFN, 2004 [Repealed by the Pension Reform Act, 2011 subsequently repealed by Pensions Reform Act 2014]

45. 《国家最低工资法案》National Minimum Wage Act CAP.

N61 L. F. N. 2004

46. 《土地（给予特别保护等）法案》Lands（Title Vesting, Etc.）Act – CAP. L7 L. F. N. 2004

47. 《土地使用法》Land Use Act – CAP. L4 L. F. N. 2004

48. 《公司所得税法》Companies Income Tax Act – CAP. C21 L. F. N. 2004

49. 《个人所得税法》Personal Income Tax Act – CAP. P8 L. F. N. 2004

50. 《石油利润税法案》Petroleum Profits Tax Act – CAP. P13 L. F. N. 2004

51. 《增值税法案》Value Added Tax Act – CAP. V1 L. F. N. 2004

52. 《资本利得税法案》Capital Gains Tax Act – CAP. C1 L. F. N. 2004

53. 《娱乐场所税收法案》Casino Taxation Act – CAP. C3 L. F. N. 2004

54. 《教育税法案》Education Tax Act – CAP. E4 L. F. N. 2004

55. 《印花税法》Stamp Duties Act – CAP. S8 L. F. N. 2004

56. 《关税（倾销和补贴商品）法》Custom Duties（Dumped and Subsidized Goods）Act – CAP. C48 L. F. N. 2004

57. 《税收征缴（批准征收列表）法案》Taxes and Levies（Approved List for Collection）Act – CAP. T2 L. F. N. 2004

58. 《移民法案》Immigration Act – CAP I1 L. F. N. 2004 ［repealed by Immigration Act，2015］

59. 《护照（其他规定）法案》Passport（Miscellaneous Provisions）Act – CAP. P1 L. F. N. 2004 ［repealed by the Immigration Act，2015］

60. 《海关和税收管理法案》Customs and Excise Management Act – CAP. C45 L. F. N. 2004

尼
日
利
亚

61. 《进口（禁止）法案》Import（Prohibition）Act – CAP I3 L. F. N. 2004

62. 《尼日利亚进出口银行法案》Nigerian Export – Import Bank Act CAP. N106 L. F. N. 2004

63. 《进口装船前检验法案》Pre – Shipment Inspection of Imports Act – CAP. P26 L. F. N. 2004

64. 《出口程序法》Export of Nigerian Produce Act – CAP. E20 L. F. N. 2004

65. 《出口禁止法案》Export（Prohibition）Act – CAP. E22 L. F. N. 2004

66. 《尼日利亚出口加工区法》Nigerian Export Processing Zones Act CAP. N107 L. F. N. 2004

67. 《尼日利亚出口促进委员会法》Nigerian Export Promotion Council Act CAP. N108 L. F. N. 2004

68. 《石油天然气出口免税区法案》Oil and Gas Export Free Zone Act – CAP. O5 L. F. N. 2004

69. 《尼日利亚标准化组织法案》Standard Organization of Nigeria Act，2015

70. 《石油法》Petroleum Act – CAP. P10 L. F. N. 2004

71. 《尼日利亚石油天然气行业内容发展法案》Nigeria Oil and Gas Industry Content Development Act，2010

72. 《水资源法》Water Resources Act – CAP. W2 L. F. N. 2004

73. 《环境卫生官员（登记等）法案》Environmental Health Officers（Registration, etc.）Act，2003

74. 《环境影响评价法》Environmental Impact Assessment Act – CAP. E12 L. F. N. 2004

75. 《联邦环境保护署法案》Federal Environmental Protection Agency Act – CAP. F10 L. F. N. 2004（Repealed by the National Environmental Standards and Regulations Enforcement Agency，2007）

76. 《警察法》Police Act – CAP. P19 L. F. N. 2004

77. 《监狱法》Prisons Act – CAP. P29 L. F. N. 2004

78. 《建筑师（登记等）法》Architects（Registration，etc.）Act – CAP. A19 L. F. N，2004

79. 《建筑商（登记等）法案》Builders（Registration，etc.）Act – CAP. B13 L. F. N. 2004

80. 《仲裁和调解法》Arbitration and Conciliation Act – CAP. A18 L. F. N，2004

81. 《修筑交通（联邦主干道路）法案》Building Lines（Federal Trunk Roads）Act – CAP. B14 L. F. N. 2004

82. 《政府采购法》Public Procurement Act，No. 14，2007

83. 《贸易争端法案》Trade Disputes Act – CAP. T8 L. F. N. 2004

84. 《解决国际投资争端中心（判定生效）法案》International Centre for Settlement of Investments Disputes（Enforcement of Awards）Act – CAP I20 L. F. N. 2004

85. 《工会法》Trade Unions Act – CAP. T14 L. F. N. 2004

86. 《条约（缔结程序等）法》Treaties（Making Procedure，etc.）Act – CAP. T20 L. F. N. 2004

尼日利亚部分政府部门和相关机构

1. 财政部，网址：www. fmf. gov. ng

2. 外交部，网址：www. mfa. gov. ng

3. 国防部，网址：www. nigerian – army. org

4. 卫生部，网址：www. fmh. gov. ng

5. 教育部，网址：www. fme. gov. ng

6. 司法部，网址：www. fmj. gov. ng

7. 交通部，网址：www. fmw. gov. ng

8. 工业、贸易和投资部，网址：www. fmti. gov. ng

9. 内政部，网址：www. interior. gov. ng

10. 石油资源部，网址：www. mpr. gov. ng

11. 固体矿产部，网址：www. msmdng. gov. ng

12. 通信部，网址：www. commtech. gov. ng

13. 科技部，网址：www. fmst. gov. ng

14. 农业和农村发展部，网址：www. fmard. gov. ng

15. 环境部，网址：www. enviroment. gov. ng

16. 劳工和就业部，网址：www. labour. com

17. 青年和体育部，网址：www. youthdevelopment. gov. ng

18. 妇女事务部，网址：www. fmwa. gov. ng

19. 联邦首都区部，网址：www. fct. gov. ng

20. 电力、工程和住房部，网址：www. power. gov. ng、www. works. gov. ng

21. 航空部，网址：www. aviation. gov. ng

22. 预算和国家计划部，网址：www. nationalplanning. gov. ng

23. 水资源部，网址：www. waterresources. gov. ng

24. 新闻和文化部，网址：www. fmi. gov. cn

25. 尼日利亚联邦政府网，http：//www. nigeria. gov. ng/

26. 尼日利亚联邦国会网，http：//www. nassnig. org/

27. 尼日利亚联邦最高法院网，http：//supremecourt. gov. ng/

附录三：

能够为中国企业提供咨询的机构

1. 中国驻尼日利亚大使馆经商参处

地址：No. 34，Aguiyi Ironsi Street，Maitama，Abuja，Nigeria

电话：00234 - 7026035698

E-mail：abuja - ng@ mofcom. gov. cn

2. 中国驻拉各斯总领馆商务室

电话：01 - 2700299

传真：01 - 2711631

电子信箱：ng@ mofcom. gov. cn

3. 尼日利亚中国总商会

地址：Plot215，Cadastral Zone，Airport Road，abuja，Nigeria

电话：00234 - 8065842808

电子信箱：cccn. nigeria@ gmail. com

4. 拉各斯中国工商总会

地址：Plot935，Idejo Street off Adeola Odeku Street，Victoria Island，Lagos，Nigeria

电话：00234 - 13200876

电子信箱：cnc@ alpha. linkserve. com

5. 尼日利亚中国商贸企业协会

地址：4th Floor，138/146，Broad Street，lagos，Nigeria

电话：00234 – 18539278

电子信箱：qianguolin@ yahoo. com. cn

参考文献

一、参考网站

1. 中华人民共和国商务部网站
2. 中华人民共和国外交部网站
3. 中国驻尼日利亚大使馆
4. 中国驻尼日利亚大使馆经济商务参赞处网站
5. 尼日利亚联邦国内税务局网站
6. 尼日利亚联邦环境部官方网站
7. 尼日利亚海关服务局官方网站
8. 尼日利亚预算及国家计划部官方网站
9. 尼日利亚证券交易委员会官方网站
10. 尼日利亚劳工与就业部网站
11. 尼日利亚工业、贸易和投资部网站
12. 尼日利亚出口加工区管理局网站
13. 尼日利亚政府网站
14. 尼日利亚法人事务委员会网站
15. www. nigeria – law. org
16. www. lawnigeria. com

二、参考书目

1. 托因·法洛拉：《尼日利亚史》，中国出版集团，2010 年版。

2. 中华人民共和国商务部：《对外投资合作国别（地区）指南（尼日利亚）》，2016 年版。

3. Omosioni Sean Oru：《习惯法在司法体系中扮演什么角色》，载于万猛、顾宾主编：《中非法律评论（第二卷）》，中国法制出版社 2016 年版。

4. 张怀印：《尼日利亚伊斯兰刑法述评——从阿米娜"石刑"案谈起》，载于《长春工业大学学报（社会科学版）》2007 年第 19 卷，第 1 期。

5. 李其瑞主编：《法理学》，中国政法大学出版社 2011 年版。

6. 唐勇编著：《当代非洲七国经济法概述》，浙江人民出版社 2017 年版。

7. 王虎华：《国际法渊源的定义》，人大复印资料《国际法学》2017 年第 6 期。

8. 加里·B. 博恩著：《国际仲裁法律与实践》，商务印书馆 2015 年版。

9. 洪永红、夏新华：《非洲法律与社会发展变迁》，湘潭大学出版社 2010 年版。

10. 丁赛尔：《外国人入境工作管理法律和制度选择》，法律出版社 2014 年版。

11. 郑宪：《尼日利亚的海外移民状况及来华移民问题分析》，出境入境管理法、中国和世界论文集，2012 年版。

12. 夏利军：《中国企业在尼日利亚工程承包市场经营浅析》，载于《工程技术：文摘版》2017 年第 4 期。

13. 刘健、石慧：《尼日利亚新投资法评析》，载于《湘潭大学学报》1999 年第 5 期。

14. 唐明：《中国和尼日利亚外商投资法律制度比较研究》，载于《中国海洋大学》。

15. 何勤华、洪永红：《非洲法律发达史》，法律出版社 2006 年版。

尼
日
利
亚

16. 梅新育：《中海油尼日利亚投资评析》，载于《新理财》2006 年第 2 期。

17. 范建、王建文：《公司法》，法律出版社 2006 年版。

18. 万方，郑曦：《区域投资法律环境和风险与中国对策——以我国企业对尼日利亚投资为例》，载于《国际商务——对外经济贸易大学学报》2017 年第 2 期。

19. 李峰、吴海霞：《尼日利亚银行业危机与改革透视》，载于《新金融》，2014，302（4）：30~34。

20. 程迈：《坎坷动荡转型路——尼日利亚的宪法改革与教训》，中国政法大学出版社 2013 年版。

21. 邓群策：《尼日利亚法院对涉外商事案件法律的规定》，载于《云梦学刊》2002 年第 5 期。

22. 黄京燕、范丽萍：《WTO 争端解决机制刍议》，载于《中国农业会计》2011 年第 6 期。

23. 刘舒考、张仁祥、兰洪黎：《浅谈挪威国家石油公司在尼日利亚的一项诉讼案》，载于《国际石油经济》2013 年第 10 期。

24. 罗心甜：《友好解决争议：尼日利亚的经验》，载于《湘江法律评论》2015 年第 1 期。

25. 苏万觉：《WTO 争端解决机制述评及我国的应对》，载于《中国工商管理研究》2002 年第 5 期。

26. 王贵庭：《国际商事仲裁裁决的相关问题分析》，载于《理论月刊》2006 年第 11 期。

27. 朱伟东：《尼日利亚的普通法仲裁浅谈》，载于《河北法学》2003 年第 5 期。

28. 朱伟东：《尼日利亚法院处理涉外民商事案件的理论与实践》，载于《河北法学》2005 年第 4 期。

29. 朱伟东：《尼日利亚法院行使涉外诉讼管辖权的依据》，载于《西亚非洲》2001 年第 6 期。

30. 朱伟东：《尼日利亚〈仲裁与调解法〉述评》，载于

《仲裁与法律》2005 年第 2 期。

31. 朱伟东：《尼日利亚仲裁制度初探》，载于中国知网学位论文，2002 年，湘潭大学。

32. 朱伟东、倪洪涛：《尼日利亚法院对涉外商事案件准据法的确定》，载于《湘潭大学社会科学学报》2000 年第 24 期。

33. 杨慧芳：《外商待遇法律制度研究（法学理念·实践·创新丛书）》，中国人民大学出版社 2012 年版。

34. 邵津主编：《国际法》，北京大学出版社第 4 版。

35. 程海群、洪国安：《BOT 项目特许经营权合同中的法律风险防范》，载于《现代商业》2011 年第 17 期。

36. 李铮：《国际工程承包与海外投资税收筹划实务与案例》，中国人民大学出版社 2017 年版。

37. 朱青：《国际税收》，中国人民大学出版社 2016 年第 7 版。

38. Rendani Neluvhalani、邱辉、蔡伟年：《尼日利亚税制介绍——中国"走出去"企业投资尼日利亚的税务影响与风险关注》，载于《国际税收》2015 年第 6 期。

39. 刘舒考、张广本、胡立强：《尼日利亚油气合作中的典型涉税案例分析》，载于《国际石油经济》2015 年第 1 期。

40. 马建设：《中资企业在尼日利亚经营税务管理相关问题研究》，载于《时代金融》2016 年第 1 期。

41. 陈杭：《规避尼日利亚新政风险》，载于《中国外汇》2016 年第 6 期。

42. Nigeria Reviews Pioneer Status List for Industries, Products, BusinessDay：News you can trust, 2 August 2017, http：//www. businessdayonline. com/nigeria – reviews – pioneer – status – list – industries – products –2/.

43. Tax Alert – Nigeria：Reversal of Withholding Tax Rate applicable to Building, Construction and Related Activities from 2. 5% to 5%, http：//www. linkedin. com/pulse/tax – alert – nigeria – re-

versal – withholding – rate – building – wole – obayomi, 13 January 2017.

44. Worldwide Tax Summaries Corporate Taxes 2017/18 （Africa）, http：//www. pwc. com/taxsummaries, 1 June 2017.

45. 2017 Worldwide VAT, GST and Sales Tax Guide, http：// www. ey. com/gl/en/services/tax/global – tax – guide – archive.

46. 《为增加政府收入，尼日利亚央行要求商业银行开征印花税》，中华人民共和国商务部，2016 年 1 月 21 日，http：// www. mofcom. gov. cn/article/i/jyjl/k/201601/20160101239911. shtml。

47. Fred Onubia, Okechukwu J Okoro, Bibitayo Mimiko, Nigeria, Bruno Werneck & Mario Saadi, The Public – Private Partnership Law Review, 2ⁿᵈ Edition, Law Business Research Ltd, 2016.

48. 佟刚：《域外法学之尼日利亚投资和融资法律报告》，载于北大法律信息网，http：//article. chinalawinfo. com/ArticleFull-Text. aspx? ArticleId = 67096.

49. 《如何注册尼日利亚公司》，通往非洲网，http：//mp. weixin. qq. com/s? __biz = MzA3MDk0NDczMA = = &mid = 2006 46618&idx = 2&sn = 0110a9fd201fad13844b11086e5da684&3rd = MzA3MDU4NTYzMw = = &scene = 6#rd.

50. Udo Udoma &Belo – Osagie, Guide to Doing Business in Nigeria, p. 8, p. 10, p. 53, LexMundi, http：//www. lexmundi. com/ lexmundi/Guides_to_Doing_Business. asp.

51. Nigerian Investment Promotion Commission releases Pioneer Status Incentive Regulations, 安永网站, http：//www. ey. com/gl/ en/services/tax/international – tax/alert—nigerian – investment – promotion – commission – releases – pioneer – status – incentive – regulations.

52. Nigeria：What Are Sole Proprietorship and Partnership?, Daily Independent, 26 FEBRUARY 2015, ALL AFRICA, http：//

allafrica. com/stories/201502260847. html.

53. Terrorism Index, Vision of Humanity 网站, http：//visionofhumanity. org/indexes/terrorism - index/.

54. Enterprise Survey Nigeria Country Profile 2014, NGA_2014_ES_v01_M, 世界银行网站, http：//www. enterprisesurveys. org/ - /media/GIAWB/EnterpriseSurveys/Documents/Profiles/English/Nigeria - 2014. pdf.

55. The Global Human Capital Report, 世界经济论坛网站, https：//weforum. ent. box. com/s/dari4dktg4jt2g9xo2o5pksjpatvawdb.

56. WJP Rule of Law Index 2016, World Justice Project 网站, https：//worldjusticeproject. org/our - work/wjp - rule - law - index/wjp - rule - law - index - 2016.

57. Doing Business Economy Profile 2016：Nigeria, 世界银行, https：//openknowledge. worldbank. org/handle/10986/23323.

后 记

本书由中国能源建设股份有限公司组织编写。下属成员企业中国能源建设股份有限公司国际分公司、中国葛洲坝集团国际工程有限公司、中国葛洲坝集团海外投资有限公司、中国电力工程顾问集团公司、中国电力工程顾问集团华北电力设计院有限公司在尼日利亚耕耘多年，为本书贡献了大量撰写素材，增加了本书的实践性与参考价值，对本书编写有突出的贡献。

特别感谢本书各章编写人员，在时间紧任务重的情况下，不计个人得失，投入本书编写工作，保证了本书的顺利出版。各章编写人员如下：

第一章：沙烨、房莹

第二章：王寅玮、田浩硕

第三章：沈海伟、吴林霞

第四章：秦铁平、张志

第五章：南夷佳、沈悦

第六章：梅婕、荆晨光

第七章：王彬若、胡志、王甘

第八章：咸海生、李予林、刘京义

尼日利亚